Smart but Scattered:
The Revolutionary "Executive Skills"
Approach to Helping Kids
Reach Their Potential

# 聪明
# 却混乱的
# 孩子

利用"执行技能训练"
提升孩子
学习力和专注力

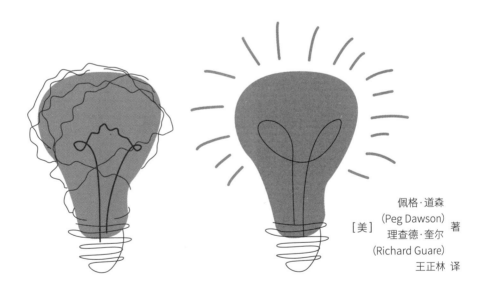

佩格·道森
(Peg Dawson)
[美] 　　　　　　著
理查德·奎尔
(Richard Guare)

王正林 译

机械工业出版社
CHINA MACHINE PRESS

## 图书在版编目（CIP）数据

聪明却混乱的孩子：利用"执行技能训练"提升孩子学习力和专注力 /（美）佩格·道森（Peg Dawson），（美）理查德·奎尔（Richard Guare）著；王正林译 . —北京：机械工业出版社，2020.9（2024.5 重印）

书名原文：Smart but Scattered: The Revolutionary "Executive Skills" Approach to Helping Kids Reach Their Potential

ISBN 978-7-111-66339-3

I. 聪⋯  II. ①佩⋯  ②理⋯  ③王⋯  III. 儿童教育 – 家庭教育  IV. G782

中国版本图书馆 CIP 数据核字（2020）第 232171 号

北京市版权局著作权合同登记  图字：01-2018-2418 号。

## 聪明却混乱的孩子
### 利用"执行技能训练"提升孩子学习力和专注力

出版发行：机械工业出版社（北京市西城区百万庄大街 22 号  邮政编码：100037）

责任编辑：彭　箫　　　　　　　　　　责任校对：殷　虹

印　　刷：三河市宏达印刷有限公司　　版　　次：2024 年 5 月第 1 版第 11 次印刷

开　　本：170mm×230mm  1/16　　　印　　张：23.25

书　　号：ISBN 978-7-111-66339-3　　定　　价：79.00 元

客服电话：（010）88361066  68326294

Smart but Scattered

# 目录

引言

# 引言

　　最让当今父母感到失败的是，看着自家的孩子尽管有强烈的把事情做好的意愿，但怎么也做不好日常生活中的普通事情，而孩子班上别的同学则可以把三年级的家庭作业用本子和笔记下来，并记得把数学课本带回家，然后在睡觉之前完成作业。为什么你的女儿做不到？和她坐下来好好聊一聊，你会很清楚地发现，她原本可以做好数学题，而老师也确认她的理解能力不错。许多上幼儿园的孩子可以和班上的同学围成一圈坐上 10 分钟，不至于出现情绪崩溃。为什么你的儿子，尽管从三四岁起就开始阅读，却不能在那种局面下静静地坐上 10 秒钟？也许你家 8 岁的孩子能够整理他自己的房间，几乎不会有什么麻烦，但要你家 12 岁的孩子去做家务，每个星期你都得和他斗争一番才行。你朋友的孩子也许不会忘记把学校发给家长的同意回执带回学校，不会丢失价格不菲的衣服，也不会在公开场合精神崩溃。为什么你的孩子却会这样？

你知道，你的孩子的大脑和心智发育都正常。然而，老师、朋友以及你的父母全都对你说，这个孩子没有发育到他应有的水平。你什么办法都想过了——恳求、吼叫、哄骗、收买、解释，甚至威胁或惩罚，为了让孩子开始认真做事，做好你希望他做的事，或者表现出他这个年纪应有的自我控制的行为，但全都无济于事。

这是因为你的孩子可能缺乏技能。你不可能让孩子去使用他们并没有掌握的技能，这就好比当你在初学者滑雪道里还没有学会滑雪时，也就不可能到黑钻石滑雪道里大展身手。你的孩子也许很想做他需要做的事情，也具备做好这些事情的潜力，但就是不知道该怎么做。研究儿童发育和大脑的科学家发现，大多数聪明却混乱的孩子都缺乏一些思维习惯，这些习惯被称为执行技能（executive skill）。这些基于大脑的根本技能，是执行下面这些任务时所必需的：整理物品、制订计划、着手做事、专注做事、控制冲动、掌控情绪、具备适应能力和灵活性等，而且做这些事情几乎是每个孩子在学校、家里以及和朋友在一起时的基本要求。有些孩子缺乏某些执行技能，还有些孩子在这些技能的发展上落后于其他孩子。

幸运的是，你可以采用很多办法来帮他。本书将告诉你怎样通过改变 4 ～ 13 岁孩子的日常体验来培育他们的执行技能，使孩子能够走上正轨，把事情做好。孩子的大脑培育和提高执行技能的基础，早在他出生之前就已经打下，你无法控制这种生物能力。但如今的神经系统科学家知道，这些技能是慢慢提高的，在人生的前 20 年里有一个明显的渐进过程。这将给你无穷无尽的机会在孩子的整个童年时期提升他们看起来缺乏的执行技能。

如果掌握了本书给出的策略，你就可以帮助孩子学会打扫他的房间、做完家庭作业、在轮流玩耍时耐心等待、应对失望情绪、适应计划中意想不到的变化、在新的社交场合中游刃有余、遵循指令、遵守规则、存好零花钱，以及做好许许多多的其他事情。你可以帮孩子满足其他数千种大大小小的要求，它们是孩子人生的一部分，同时也可以帮他们逆转在学校里落后于人、失去朋友、总体来讲跟不上同伴步伐等一些令人警醒的趋势。

我们在本书中提到的方法，适用于数千名孩子在学校的学习和在家里的生活。书中介绍的策略，需要投入一定的时间来运用，并且保持前后一致，但是，没有哪种方法是难到让我们无法学会的，有的方法你甚至会觉得有趣。毫无疑问，这些是对持续不断的监管、唠叨和哄骗的替代方法，将使你和孩子的生活更有趣。

## 本书能为你和你那聪明却混乱的孩子做些什么

有时候，所有孩子在某种程度上都难以做到井井有条、发挥自制力、与他人和谐相处。在美国，几乎所有的家庭都会围绕房间整理而经常爆发大人与孩子之间的冲突。在这个世界上，几乎没有哪个 13 岁的孩子能够在家长没有任何提示的前提下自觉地做好所有的家庭作业。但是，有的孩子似乎需要大人持续的监督和帮助，而和他同年龄的伙伴，也许已经开始自行完成某些任务了。你可能在想，什么时候你才能像其他父母一样，不用再为孩子的事情操太多心；什么时候你才能不需要持续不断地提醒孩子；什么时候你的孩子才能学会自己平静下来，不再依赖你帮他控制情绪。会不会有那么一天，你可以不用再担任孩子生活中的每一件事情的"幕后监督者"来确保他取得成功？

如果你只是单纯地希望孩子的技能发展能够自动出现大器晚成的飞跃，那么，这些转折点的到来，也许还要很长时间，而你在等待它们的到来时，孩子的自尊心可能遭到伤害，而你仍然备感失败、忧心忡忡。因此，如果你的孩子不具备满足其他人的合理期望的执行技能，那么，现在就采取措施帮助他学会这些技能才是合理的。最近，科学界已将执行技能判定为所有孩子与在童年时期对他们提出各种要求的大人进行交涉时的基础，随着孩子慢慢融入这个世界，父母的监督和指导逐渐减弱，这些基于大脑的技能会变得越来越关键。最后，它们可能对这些孩子成功把握成年后的生活至关重要。如今就采取行动来提升孩子的执行技能，可以使孩子在长大成人的路上省去许多艰辛。

如果你 5 岁的孩子缺乏执行技能或者在这方面落后于其他孩子，他也许无法忍受玩输了游戏、控制不了自己的双手，并且也无法和自己的玩伴和谐相处，以至于玩伴越来越少。假如你 9 岁的孩子不能制订并坚持他的学习计划，也许他永远无法完成这个年纪的孩子本该能完成的学校布置的长期学习任务。倘若你家 13 岁的孩子几乎控制不了冲动，那么，即使他已经同意照看家里的小妹妹，他也会仅仅由于你没有提醒他而自行出去和其他孩子一块儿骑自行车，把妹妹一个人丢在家里。你的女儿在步入青少年时期后，能不能在一辆坐满朋友的汽车里仍然专注地开车？你儿子会参加学术能力评估测验（SAT）复习班，还是会花时间给朋友发短信聊天或者玩视频游戏？你的孩子是不是拥有一些整理技能和时间管理技能，能够及时完成暑期任务并且控制自己的情绪，不对某位气恼至极的客户或老板大发脾气？

等孩子长大后，他是会离开家去独立生活，还是由于缺乏独立生活的能力而离不开你们？简单地讲，你的孩子能够成功地过上独立的生活吗？若是你从现在开始就着力帮助孩子培养他们缺少的或者较弱的执行技能，那么他们长大后能够独立生活的可能性将大得多。这是我们重点关注从学龄前儿童到中学生这个年龄段的孩子的原因之一：如果你在这个年龄段开始培养孩子的执行技能，那么等他上高中时，你将为他的成功奠定重要的基础，要知道，高中阶段是孩子的求学生涯和社交生活的重要组成部分。接下来你将发现，孩子拥有比你想象的更出色的自控、决策和解决问题的技能。虽然我们为中学生阐述的许多方法可能也适合你那已上高中的孩子，但由于和小孩子相比，社会对高中生执行技能方面的要求有很大的不同，也为了响应父母不同的指导方法，因此，对年龄大一些的群体的执行技能情况我们不再赘述。

## 关于本书

在密切关注其他孩子以及我们自己孩子的成长过程中，我们发现各种类型的孩子可能都在自身存在不足的执行技能上挣扎，这具体取决于他们的年龄、技能发展水平、自身的优势与不足，以及哪些问题会给你带来最大的麻烦等，你对他们的帮助也会各不相同。如果你可以盯住正确的行为、选择正确的策略，那你对孩子执行技能的发展与提升将产生正面、显著、持久的影响。本书第一部分的目的是帮助你想清楚你的孩子在哪些方面需要帮助，以及你应从哪些方面入手来增强孩子的执行技能。

第1～4章概述了各种执行技能，它们是如何形成的以及在常见的提升执行技能的任务中怎样表现，你和孩子身边的环境可能会影响执行技能的提升。不同的科学家和临床医生采用各种方式对执行技能进行归类与标记，但在这个领域，所有人一致认为，这是一些认知过程，需要：①计划和指导活动，包括使活动得以启动并看着它们逐步铺开；②调节行为，以便抑制冲动、做出优秀的决策、在你的措施不再奏效时改变策略，以及管理情绪和行为，以实现长远目标。如果你把你的大脑视为一个组织输入和输出的总枢纽，你会发现，执行技能有助于我们的管理输出功能。也就是说，它们帮助我们获取从我们的感觉器官、肌肉、神经末端等收集而来的所有数据，并且选择怎么响应这些数据。

在第1章中，你不但将更深入地了解执行技能的特定功能，还将稍稍了解大脑如何发育，更具体地讲，将了解执行技能如何从孩子一出生就逐步发展起来。这些知识应当能让你理解执行技能具有深远的意义，以及为什么执行技能的劣势或不足可能在诸多方面给孩子的日常生活带来阻碍。

当然，为了能辨别你的孩子在特定执行技能上的优势与不足，你必须知道各种各样的执行技能可能在什么时候发育成型，正如你得知道婴儿和学步儿童将在什么时候掌握诸如坐、站、走等运动技能那样。大多数父母对执行技能的发展轨迹产生了直观的感觉。父母和老师自然会调整期望，以便与每个孩子不断增强的独立生活能力相适应，即使我们并不了解这些阶段性突破所对应的执行技能具体是什么。第2章将更加细致地关注这一轨迹，列举了童年时期不同阶段需要运用执行技能的常见发展任务。我们还将告诉读者，执行技能的优势与不足往往是如何与个体特点相结合的，从总体上讲，人与人之间的技能发展情况的确各不相同。通过一组简短的测试，你将对你的孩子执行技能的优势与不足有一个初步的了解，这将有助于你着手辨别可能的干预目标，这些目标将在第二和第三部分中予以阐述。

正如我们说过的那样，孩子在生物学上发展与提升执行技能的能力，早在孩子出生之前就已确定，但孩子是不是能发挥出发展与提升那些技能的潜力，很大程度上取决于环境。身为父母的你，是孩子成长环境的重要组成部分。这并不是说，如果你的孩子的执行技能不足，都怪父母。但是，如果父母知道自己执行技能的优势与不足，可以在培育孩子的执行技能方面有所帮助，也可以减少由于父母和孩子之间的某些组合或匹配而可能引发的冲突。

让我们假设你的孩子整理能力极差，而且你也一样。那么，你不但会在教孩子整理技能的时候感到格外艰难，而且和孩子之间围绕房间整理而产生冲突的频率也会呈指数级增加。不过，知道了你和孩子之间的这种相似性之后，你也许能对孩子产生一种"同情"，发现你们两个人都需要学习这些技能。接下来，你和孩子共同学习这些技能，这样可以保护孩子的自尊并鼓励孩子合作。

或者，想象你和孩子之间存在一种组合而不是匹配的情形：你知道自己天生就是个爱收拾、有条理的人，而你的孩子所到过的每一个房间总是一片狼藉，只要知道这一点，你也许会对孩子的凌乱更有耐心，愿意帮助他培养你自己十分擅长的技能。这并不是说孩子在想方设法激怒你（故意不收拾房间），这只是执行技能的差异所致。第3章将帮助你理解自身执行技能的优势和不足有哪些，以及你应该怎样运用这些知识来帮助孩子。

你不能只是关注你和孩子之间的吻合度，孩子与他身边的环境之间的吻合度也很重要。如你将了解到的那样，一旦着手制定培养孩子执行技能的策略以弥补其某种执行技能的不足时，你应当做的第一件事是改变环境。当然，你不可能总是改变孩子生活的环境，而且，本书的主要目的之一是确保你将来不必费尽心力地改变孩子生活的环境，但在不同程度上，这是在孩子的整个童年时期到青少年时期父母要做的事情。

我们在插座上安装安全插头，以防爬行的婴儿好奇地把手指伸进带电的插孔；小时候跟同伴约着玩耍时，父母或保姆总是陪在孩子身边；我们限制孩子上网和玩电子设备的时间，以便让他把家庭作业做完。第 4 章将告诉你怎样关注孩子身边的环境，以便找出与他的执行技能相吻合的因素，还将指出你可以进行哪种类型的幕后监督，直到你的孩子不再需要相应的环境支持。

一旦你知道孩子执行技能的优势与不足，你和孩子之间以及孩子与身边环境之间的吻合情况如何，你就做好了培养他那些技能的准备。我们认为，我们的干预措施之所以有效，原因在于：①它们适合孩子的自然成长背景；②你可以从不同的角度进行选择。这些选择使你能够有针对性地采取措施来适应孩子，而且，如果 A 计划并不十分成功，它们将给你 B 计划。

第 5 章将向你介绍提升孩子执行技能的一系列原则。不管什么时候，只要你确定提升孩子执行技能的最佳切入点是找准一个特定的问题任务，或者是你孩子需要的一项特定执行技能，你就得遵循这些原则。在这些原则中，有三条原则为你将要采取的所有措施构建一个框架，并且在接下来的章节中（第 6 ~ 8 章）分别用一章的篇幅介绍其中的每条原则：①改变环境以提高孩子与任务之间的吻合度；②教孩子怎样完成那些需要执行技能的任务；③鼓励孩子运用他已经掌握的执行技能。正如你将看到的那样，一般情况下，我们建议综合运用这三条原则，以确保成功。接下来的第 9 章将教你怎样把这些原则全部综合起来。与此同时，你可能决定是否采用我们在第二部分中建议的某些铺垫方法，或者利用某些游戏来平滑、自然地提升孩子的执行技能。

你还要针对一些导致人们情绪激化的局面来提升某些执行技能，这些局面可能在各个方面引发孩子的问题。第 10 章教你一些常规事务，它们着眼于在我们的临床实践中看到父母最常报告的问题。我们在介绍这些常规事务时，为你讲述了一系列程序，有时候是一种脚本，这将帮助孩子学会如何不太费力地管理一些日常活动，无论是遵守睡前准备的常规事务、应对计划的变更，或者是完成学校布置的长期学习任务。许多父母发现，最容易的方法是着手去做这些常规事务，因为它们直接涉及某项造成冲突的任务，并且因为我们为你提供了你需要的所有步骤和工具，你可能发觉，这是让你习惯执行技能培育工作的最佳方法，也是实现可观察结果的最短路径。父母也需要激励，而且，没有什么能像取得成功那样使你笃定地继续前行。这些常规事务告诉你，怎样针对孩子的年龄做适当调整。它们还辨别了执行某一任务需要的执行技能，因此，如果你发现，要完成导致你孩子陷入最大麻烦的任务，同样需要这些技能，你可能决定阅读接下来的相应章节，并致力于培育与提升那些技能。

第 11 ~ 21 章分别介绍了每一种执行技能，并详细描述了这种技能一般的发展进程，并提供一个简单的评分量表，你可以用它来确定你的孩子在这项技能的发展上到底是正常还是落后。如果你觉得孩子的技能一般来讲足够了，但可以进行一些调整，那么你可以遵照我们为如何进行调整而列出的一些通用原则。不过，假如你认定孩子的问题更加显著，则可以根据我们提供的模型来制定你自己的干预措施，这些模型对应于几种更强力的干预措施，聚焦于在我们的临床实践中最频繁出现问题的领域。这些更强力的干预措施融合了我们在第二部分中描述的三种方法的要素。

我们相信，我们为你提供所有这些不同的选择后，你会找到帮助孩子将原本存在不足的执行技能发展成强势技能的方法。由于我们生活在一个不完美的世界中，所以，当你在现实世界中撞到南墙时，可阅读第 22 章提供的一些答疑解惑的建议，包括你应当问自己的关于你曾尝试过的干预方法的问题，以及对于怎样和何时寻求专业人士帮助的指南。

身为父母，你们可以帮助孩子运用优势执行技能来完成家庭作业并养成好的学习习惯，但不可能一路追踪到他在课堂里的表现。许多混乱的孩子不但在学校遇到问题，在家里也会遇到问题。事实上，让孩子人生中的第一批老师来告诉你，你的孩子在哪些执行技能上存在不足，也是很好的。第 23 章提供了一些建议来教你怎样与老师和学校合作，以确保孩子得到必要的帮助和支持，以及怎样避免与老师形成敌对关系和如何获得更多支持（例如，504计划或者特殊教育，如有必要的话）的建议。

你的孩子在你的帮助下培育的技能，应当有助于他更成功地度过中小学的学习生涯，但在中学以后，会发生什么？对于注意力分散的孩子，高中生涯和未来将会遇到更多的挑战，通常比孩子在年纪尚小时遇到的挑战，想起来更加可怕，而你则更加着重地关注独立成长有利的一面。本书的最后一章提供了帮助孩子应对未来人生阶段的指南。

现在我们知道，想一想孩子今后的路怎么走，以及想象当孩子成年后会发生什么，确实令人害怕。我们两位作者都知道，当我们最大的儿子在初中念书时，我们度过了多少无眠的夜晚，老想着他会怎样顺利地念完高中，更不用说高中以后的生活会变得怎样。

我们写这本书，部分是为了让你放心，孩子终会长大并且自己学会怎样在社会中立足。我们的孩子做到了，你的孩子也一样能做到。本书结合了我们多年的临床经验和育儿经历，我们希望它会对你有益，不论你的孩子现在正处在从童年到独立生活这段历程中的什么阶段。

# 1

第一部分

## 是什么使你的孩子聪明却混乱

# 第1章

# 聪明的孩子怎么会到头来如此混乱

　　凯蒂（Katie）今年8岁。一个周六的早晨，她母亲让她去整理自己的房间，并且警告说，她得把所有东西都收拾好，才能到街对面去和好朋友玩耍。凯蒂不情愿地离开客厅，在那里，她弟弟正一边目不转睛地盯着看周六早晨的动画片，一边在屋里的楼梯上爬来爬去。凯蒂站在自己房间门口，看着她要收拾的"现场"：芭比娃娃散落在一个角落，还有一堆洋娃娃、洋娃娃的衣服和配饰，从远处看去，仿佛一个五颜六色的吉卜赛人的破布袋子摆在那里。书架上横七竖八摆满了书，实在放不下了，有的书散落在地上。衣柜的门开着，她看到有些衣服从衣架上掉下来，罩住了放在衣柜底层的几双鞋子和一些棋盘游戏与智力拼图，这些游戏她最近都没有玩了。几件脏衣服被她踢到了床底下，但仍然可以从床单与地板的空隙间看到。在写字台旁边的地板上，乱七八糟地放着一堆干净的衣服，那是她昨天疯狂寻找自己最喜欢穿去学校的毛衣后留下的场景。凯蒂叹了口气，走到放着洋娃娃的那个角落。她把一对娃娃放到自己的玩具架上，然后捡起第三个娃娃，放在手臂够得着的地方，看着它穿的衣服。她记得这个娃娃是她准备参加舞会的时候得到的礼物，她现在不喜欢它穿的衣服了。她在一堆洋娃娃的衣服中胡乱翻找，想给它找件自己更喜欢的衣服。凯蒂刚刚扣好洋娃娃新换衣服的最后一颗纽扣，她妈妈就从门边探了个脑袋进来，"凯蒂!"语气中有些不耐烦。"半个钟头过去了，你还什么都没收拾!"妈妈来到芭比娃娃的这个角落，和凯蒂一同收拾洋娃娃和衣服，把洋娃娃放到玩具架上，洋娃娃的衣服放到一只权当衣柜的塑料箱里。两人收拾得很快。妈妈站起身打算离开，临走时对凯蒂说:"现在，看你怎么收拾那些书吧。"凯蒂走到书架旁，开始整理书籍。在地板上的那堆书中间，她找到了"棚车少年"系列读本中最新出版的一本，她正在看，但没有看完。她把书翻到放着书签的那一页，开始看了起来。她自言自语地说:"我只看完这一章就好了。"看完后，她把书合上，瞟了一眼房间四周，伤心地哭喊起来:"妈妈，要收拾的东西太多了! 我能不能先出去玩一会，过阵子再来收拾啊? 求求你了!"

凯蒂妈妈在楼下听到后，深深叹了口气。每次她让女儿做点什么，女儿总是精力涣散，垂头丧气，心里还想着别的事情。到最后，只有她坚持要女儿继续做下去并且寸步不离地跟在女儿身后，女儿才能把事情做完。这使得她只有两条路可走:要么认输，要么自己动手做完。她总在想，女儿怎么能这么不专心、这么不负责任呢? 为什么她不能稍稍推迟一会自己爱做的事情，先把必须做的事情做好呢? 难道一个三年级的学生就不应该自己动手做些力所能及的事吗?

凯蒂其实很聪明。自从她参加艾奥瓦州的成就测验以来，成绩一直优异。她的老师说她很有想象力，是个数学天才，词汇也学得很好。她还是个很乖的女孩。正因为如此，老师不愿意总是跟凯蒂的家长反映，说他们的女儿要么由于无法在小组学习期间保持专注而在课堂上捣乱，要么在安静的阅读课上经常需要老师提醒才能把注意力集中到书本上，而不再围着书桌翻来找去，低头摆弄自己的鞋带，或者和旁边的同学讲小话。凯蒂的老师不止一次地提示，如果家长尝试着再三强调遵守纪律和完成作业的重要性，也许这对凯蒂会有所帮助。每每这个时候，凯蒂的父母只得不好意思地回答老师说，他们已经用自己知道的各种办法来管教女儿，而女儿每次都真诚地承诺改正，但接下来就是无法兑现。在家里也一样，女儿首先答应妈妈收拾自己的房间或者安静地坐在桌子旁边，到最后却总是做不到。

　　凯蒂的父母已经束手无策，而凯蒂本人也面临着在学校落后于人的危险。为什么一个这么聪明的孩子，却总是如此混乱呢？

　　我们在"前言"中提到，聪明的孩子到头来之所以混乱，是因为他们缺乏一些基于大脑的技能，这些技能是我们所有人在安排和管理各种活动并且管好自己的行为时都需要的。并不是这些聪明的孩子在接收和整理从感官上得到的信息（输入）方面有什么问题——对于这些技能，我们通常认为是"智力"问题。说到智力，他们有很多，这正是他们能够轻松地理解除法、分数或者学会如何拼写的原因。但是，当他们需要整理自己的输出时，也就是说，当他们要确定在什么时候做什么事情并且需要控制自己的行为以便把事情做好时，麻烦就出现了。由于他们具备了吸收信息和学习数学、语言及其他学科的技能，你以为像铺床或遵守纪律这种简单得多的任务，对他们来讲犹如小菜一碟，但现实并非如此，因为你的孩子尽管有智力，但缺乏最好地利用智力的执行技能。

## 什么是执行技能

　　让我们纠正一种可能的误解。当人们听说执行技能这个术语时，以为它指的是优秀的企业高管需要具备的一系列技能，例如财务管理、沟通、战略规划、决策等技能。这的确出现了一些重叠（也就是说，执行技能肯定包含了决策、计划以及各种数据的管理，而和企业高管运用的技能一样，孩子们需要的执行技能将帮助他们做好需要做的事情），但事实上，执行技能这个术语来自神经科学文献，指的是人类执行或完成任务时需要的一些基于大脑的技能。

你的孩子（和你一样）需要执行技能来制订计划（哪怕是最基本的计划）以着手完成某一任务。即使是一些极其简单的任务，比如孩子在自己感到渴了的时候从厨房拿一杯牛奶来喝，他也得决定站起来，走进厨房，从橱柜里取个玻璃杯，把杯子放到厨房台面上，打开冰箱取出牛奶并把牛奶倒进杯子，然后把剩余的牛奶放回冰箱，关上冰箱门。接下来要么在厨房里喝掉牛奶，要么回到他当初起身的地方慢慢喝。要执行这一简单的任务，孩子必须首先抑制自己想从橱柜里抓一把薯条吃的冲动（那只会让他更加口渴），并且不去拿一瓶含糖的汽水喝，而是选择喝杯牛奶。如果他发现玻璃杯没有放在橱柜里，他得到洗碗机里看一看，而不是拿起父亲珍藏的那套水晶酒杯。当他发现牛奶所剩无几时，他必须平复自己的失望感，并在确定是妹妹喝掉了大部分牛奶的时候，克制住想和妹妹大吵一番的冲动。假如他不希望被父母严令禁止把吃的、喝的带到客厅的话，那他还得保证不把牛奶泼洒到客厅的咖啡桌上。

执行技能不足的孩子也许可以顺顺利利地给自己倒杯牛奶，但他可能在此过程中分神，做出差劲的选择，对情绪或行为缺乏控制，如打开冰箱门后忘了关上，把牛奶洒在厨房台面上和地板上，把没喝完的牛奶忘记放回冰箱从而导致变质，并且把自己的妹妹弄得哇哇大哭。但是，即使他能够不发生任何插曲地给自己倒杯牛奶，你也可以打赌，一旦遇到更加复杂且对他的计划能力、保持专注的能力、整理能力、控制情绪的能力以及采取行动的能力要求更高的任务时，他可能会遇到麻烦。

事实上，执行技能是你的孩子将你对他未来的期望和梦想（或者是他自己的期望和梦想）变成现实所需的技能。到了青少年晚期，我们的孩子必定会遇到一种基本的情形：他们必须具备一定的独立生活能力，以在这个社会上安身立命。尽管这并不意味着他们在任何时候都不能请求帮助或寻求建议，但是意味着他们不再依赖我们帮他们计划或安排他们的生活，告诉他们什么时候开始做事情，当他们忘了拿某样东西的时候带给他们，或者提醒他们在学校里专心上课。到了这个时候，我们做父母的任务才宣告完成。我们说起自己的孩子，就好像他们是"独立的"一样，并且在某种程度上高兴地接受这一事实，对他们抱有乐观的期望。社会机构也一样，出于大多数法律目的将他们定义为"成年人"。

要达到这个程度的独立，孩子必须培育执行技能。你也许亲眼见到过，一个女儿看到自己的妈妈离开房间后，过不了一会就开始哭喊起来，要妈妈回来。抑或你听到过你家 3 岁的孩子告诉她自己不去做某件事情，那语音语调跟你有几分神似。抑或你看到过一个 9 岁大的孩子发现球滚到街对面去时，先停下脚步观察片刻，确认安全后再跑过去捡球。所有这些示例，你都在见证着执行技能的发展。

## 我们的模型

我们对执行技能的研究可以追溯到 20 世纪 80 年代。在评估和治疗遭受过创伤性脑损伤的儿童时，我们发现，许多认知和行为困难，源于缺乏执行技能。我们注意到，具有明显注意力障碍的儿童也出现了类似的问题，尽管这些问题不太严重。我们从这些问题的起源开始，着手研究众多儿童的执行技能发展状况。尽管还有一些系统也涉及执行技能（本书的"参考文献"部分包括这些系统的参考），但我们的模型专为实现一个特定目标而设计，帮助我们想出各种办法，让父母和老师在已经表现出不足的孩子身上促进执行技能的提高。

我们的模型基于以下两个前提。

1. **大多数人都有一系列的执行技能的优势与不足。**事实上，我们发现，优势与不足似乎在一些大致轮廓上有着共同之处。在某些特定技能上较强的孩子（和成年人），通常在另一些特定技能上较弱，而且这种规律是可以预测的。我们想要建立一个使人们能够辨别这些规律的模型，鼓励孩子发挥他们的优势，着力弥补或绕开他们的不足，以提高整体能力。我们还发现，帮助家长辨别他们自身的优势与不足，也是有意义的，这样的话，他们便能最大限度地帮助自己的孩子。

2. **辨别存在不足的领域，主要目的是能够设计和执行一些干预措施，以解决这些不足。**我们想帮助孩子构建他们需要的技能或是他们掌控环境的技能，以便消除或防止与技能不足相关的问题。技能越是离散，人们就越容易对它们提出操作定义。当技能实现操作化时，人们就更容易制定干预措施来改进这些操作。例如，让我们以"混乱"（scattered）这个词为例。这个词用在书名中是很好的，因为身为父母，你一见到这个词，立马就知道它是描述你的孩子的。但这个词还可能意味着丢三落四或杂乱无章、缺乏坚持或者分心，等等。对其中的每一个问题，我们都建议采用不同的解决方案。我们对问题的定义越是明确具体，就越有可能制订一套真实解决问题的方案。

我们制订的方案包括如下 11 项技能：

- 反应抑制
- 工作记忆
- 情绪控制
- 保持专注
- 着手做事
- 制订计划 / 要事优先
- 整理

- 时间管理
- 咬定目标不放松
- 灵活性
- 元认知

对这些技能可以采用两种不同的方式加以组织，一种是从发展的角度来组织（孩子成长发育的次序），另一种是从功能的角度来组织（它们能够帮助孩子做什么）。知道这些技能在婴儿期、幼儿期以及其他发育期会以怎样的次序出现，有助于你和孩子的老师理解，在孩子的特定年龄阶段，你们可以预期孩子拥有怎样的技能。几年前，我们举办过一个研讨班，邀请了从幼儿园到八年级的老师参加。我们请老师辨别学生拥有的他们最为关注的两三项执行技能。小学低年级的老师重点关注着手做事和保持专注等技能，而中学老师则强调时间管理、整理和制订计划／要事优先等技能。很有意思的是，各个年级的老师都将反应抑制作为一项他们觉得许多学生缺乏的技能列举出来！不过，关键在于，如果你可以预料孩子会以什么样的次序培育这些技能，那么到最后，你就不至于浪费时间，试图在一个 7 岁孩子身上培育一项通常需要孩子到 11 岁时才能掌握的技能。你已经和孩子斗得够多了，真的没有必要去做些白费力气的事情。

表 1-1 按照执行技能出现的先后顺序来列举，一方面定义了各项技能；另一方面提供了该技能在年幼的孩子和青少年身上如何表现的例子。

表 1-1　执行技能的发展进程

| 执行技能 | 定义 | 示例 |
| --- | --- | --- |
| 反应抑制 | 在采取行动之前能够进行思考——这种抑制自己说某些话或做某些事的能力，使孩子有时间评估某个局面以及他的行为可能会对该局面产生什么影响 | 年幼的孩子可以在较短的时间内等待，不至于调皮捣蛋；青少年可以接受裁判的判罚，不会提出异议 |
| 工作记忆 | 能够一边完成复杂的任务，一边记住事情。这综合了汲取过去的学习经验的能力，以便应用到当前面临的局面或者设想将来的局面 | 年幼的孩子可以记住并遵守只有一两步的指令；中学生可以记住多位老师的期望 |

（续）

| 执行技能 | 定义 | 示例 |
|---|---|---|
| 情绪控制 | 能够控制情绪以实现目标、完成复杂任务，或者控制和引导自己的行为 | 具备这种技能的年幼孩子能在短时间内从失望情绪中恢复过来；青少年可以在游戏或考试中控制自己的焦虑情绪并仍然表现出色 |
| 保持专注 | 能够持续关注某种局面或任务，尽管自己可能注意力分散、疲劳或厌倦 | 年幼的孩子能够在大人不经常的监督下完成 5 分钟的家务活，是保持专注的一个例子；青少年可能在 1～2 小时内专注于家庭作业，中间只进行短暂的休息 |
| 着手做事 | 能够以高效或及时的方式，杜绝不必要的拖延而着手完成任务 | 年幼的孩子能够在刚刚得到指令后就开始做家务或完成某项任务；青少年不会立刻着手完成任务 |
| 制订计划／要事优先 | 能为实现某个目标或完成某项任务而制订总体计划，还包括能够决定哪些事情是应当着重关注的，哪些则不是 | 年幼的孩子在大人的辅导下能够想出平息与同伴冲突的办法；青少年能够围绕某项工作完成拟订计划 |
| 整理 | 能够创建和维持一整套方法记住某些东西放在什么地方 | 年幼的孩子可以在大人的提醒下将玩具放到指定位置；青少年可以整理和放置好运动器材 |
| 时间管理 | 能够估计某项工作任务需要花多长时间，知道如何分配时间以及如何在时间界限和最后期限之内完成，还包括知晓时间的重要性 | 年幼的孩子可以在大人设定的时间期限内完成简单的任务；青少年能够制定日程安排表，以便在最后期限到来前完成任务 |
| 咬定目标不放松 | 能够坚守某个目标，直至最后完成，不会推迟或者由于与目标相冲突的其他兴趣而分心 | 一年级的孩子能够在做完事情后再去休息；青少年可以为买下某样重要的东西而挣钱和存钱 |
| 灵活性 | 在障碍、挫折、新的情况或者错误出现的时候能够调整计划，它与适应不断变化的情况的能力有关 | 年幼的孩子可以在不至于产生重大痛苦的前提下适应计划的改变；青少年能够在第一选择并不可行的情况下接受替代方案，比如做另一件不同的事情 |
| 元认知 | 能够退后一步并对自己所处的局面从宏观层面进行观察，以探索怎样解决问题。这还包括自我监测和自我评估技能（例如，问自己"我做得怎么样"或者"我做了些什么"） | 年幼的孩子能够为响应大人的反馈而改变行为；青少年可以监测和批评自己的表现，并且通过观察其他技能更娴熟的人而改进自己的行为 |

　　婴儿研究的成果告诉我们，反应抑制、工作记忆、情绪控制以及保持专注等执行技能都在很早的时候形成，通常在婴儿半岁到 1 岁时。我们发现，当孩子想办法得到某件想要的物品时，制订计划的技能开始形成，这在孩子开始走

路的时候更加明显。灵活性这项技能显示了孩子对已经改变的情况的反应，在他们 1 岁到 2 岁之间形成。其他技能，如着手做事、整理、时间管理和咬定目标不放松等，则形成得晚一些，介于学龄前到小学低年级之间形成。

知道孩子怎样运用每一种技能（无论这种技能是帮助孩子思考还是帮助孩子行动），有助于你判断干预目标究竟是帮他换一种方式思考，还是帮他换一种方式做事。例如，若你的孩子工作记忆能力较弱，那你会努力为孩子想一些办法，帮助他更加可靠地获取关键信息（比如，她必须把哪些家庭作业从学校带回家）。如果你的孩子情绪控制能力较差，那么，在他发现弟弟坐在他的飞机模型上时，你要设法帮助他跟弟弟讲道理而不是动拳头。不过，思想与行为通常是紧密联系的，太多的时候，我们在教育孩子怎样用他们的思想来控制行为。

思考技能专为选择和实现目标或提出问题的解决办法而设计。它们帮助孩子描绘某个目标和通往该目标的路径，并且为他们提供在实现目标的过程中需要的各种资源。思考技能还有助于孩子记住目标的样子，即使目标可能还很遥远，并且还有其他活动占据了孩子的注意力，在他的记忆中占据了一定空间。但是，要实现目标，孩子还需要运用第二组技能，这组技能使孩子能够做一些完成他为自己确立的任务需要做的事情。第二组技能综合了一些行为，它们将在孩子一路前行时引导孩子的行动。

表 1-2 描述了这两组技能是如何区分的。

表 1-2 执行技能的两个维度：思考和行动

| 涉及思考（认知）的执行技能 | 涉及行动（行为）的执行技能 |
| --- | --- |
| 工作记忆 | 反应抑制 |
| 制订计划 / 要事优先 | 情绪控制 |
| 整理 | 保持专注 |
| 时间管理 | 着手做事 |
| 元认知 | 咬定目标不放松 |
| | 灵活性 |

当一切都按计划就绪时，首先从童年的早期开始，我们说出我们想要或需要做好的事情，计划并组织任务，压制与我们的计划相冲突的想法或感受，给自己加油打气，并且在障碍、分心的事情出现以及我们没有耐心的时候牢牢记住目标，在情况有变时改变我们的行动计划，并且持之以恒地努力下去，直至实现目标。这可能跟我们在有限的时间内做完 10 道难题一样紧张，或者像改建我们的房子一样规模宏大。不论我们是 3 岁还是 30 岁，我们使用同一组基于大脑的执行技能来帮助自己实现目标。

你可以看到，在孩子的大部分成长时期，那些执行技能不断改进。你可能记得，孩子 2 岁时，和孩子一块儿走在人行道上，你不得不时时刻刻抓着他的手；接下来，等到你女儿 4 岁时，你可以和她一前一后在人行道上行走了；再过几年，你便可以让她独自穿过街道了。在这每一个阶段，你都知道孩子的执行技能（也就是独立生活的技能）在提升，但没有提升到足够管理她自己的行为的地步，也没有提升到使她能在不需要指导的前提下解决眼前所有问题的地步。你教给孩子的每一件事情，都体现了你的一种本能理解，涉及你自己在帮助孩子提升和重新定义这些执行技能方面扮演着何种角色。那么，如果父母在扮演着这个角色，为什么有些孩子还是最终偏离正轨？

## 执行技能怎样在大脑中形成并发展：生物学和经验

孩子们怎样获得执行技能？和我们拥有的许多能力一样，获得执行技能有两个主要的助推因素：生物学和经验。在生物学方面，执行技能的潜力是天生的，孩子在刚一出生时，这种潜力便已经硬连接到他的大脑之中，这类似于语言能力发展的方式。当然，孩子在刚出生时，执行技能也和语言一样，只是作为一种潜力而存在。这意味着大脑内部已经具备了使这些技能发展的"生物设备"，但还有许多生物学因素影响着这些技能的发展。如果孩子的大脑受过重大创伤或者侵犯，特别是对大脑额叶的损伤和侵犯，将影响这些技能的发展。孩子从你和配偶这里遗传的基因也影响这些技能。如果你不具备良好的保持专注技能或整理技能，你的孩子很可能在这些技能的发展上也会遇到问题。至于环境，如果在生物学或生理上有毒有害，孩子执行技能的发展受影响的可能性也会加大。环境的"毒害"可能包括铅污染、孩子遭受虐待等诸多方面。不过，假如孩子身上的"生物设备"基本正常，而且不存在基因方面的缺陷或环境因素导致的创伤，那么大脑的发育可以正常地进行。

## 生物学：成长 + 修剪 = 执行技能

婴儿刚出生时，他的大脑重量约为 13 盎司（约合 369 克），到青少年晚期，孩子的大脑重量增加到近 3 磅（约合 1.36 千克）。大脑重量的增加，由众多因素导致。首先，大脑中神经细胞的数量快速增多。如果孩子在思考、感觉或行动，这些神经细胞必定会相互交流。它们可能相互"交谈"，而神经细胞形成的分枝，使它们能够与其他神经细胞相互收发信息。这些分枝（称为轴突和树突）的成长，在婴儿期和学步期尤为迅速。

此外，在这些早期的发育阶段，一种称为髓磷脂的物质开始形成包裹着轴突的脂肪鞘，这个过程称为髓鞘形成，它将携带着神经信号的分枝隔离开来，使得神经细胞之间的"交谈"更快更有效。髓鞘形成的过程会一直继续下去，直到青少年晚期和成年早期，并且负责通常称为的脑白质的形成。脑白质包含许多轴突束，它们将大脑的不同部位联系起来，使之可以沟通。

除了脑白质之外，大脑中还有脑灰质。这个术语之所以通常用于大脑本身的学习能力、思考能力的隐喻是有原因的。脑灰质由神经细胞（或者神经元）以及它们之间的连接（称为突触）等组成，这类脑物质的发育稍稍有些复杂。

妈妈怀孕五个月后，未出生的孩子大脑拥有大约 1000 亿个神经元，这相当于普通成年人的水平。在儿童时期的早期，大脑中突触的数量（大约 1000 万亿个）大大超过成年人大脑中突触的数量。如果脑灰质以这种节奏继续发育，到孩子成年时，他的大脑将变得无限大。不过，到这一时期，一种不同的现象出现了。在儿童 5 岁之前，脑灰质（指神经元，特别是突触）的增加达到顶峰，接下来，神经元的连接开始缓慢减少，或者称为"修剪"。起初的增长出现在儿童时期的快速学习和体验阶段。最近的大脑研究发现，随着这种学习和技能发展变得更加有效，若是脑灰质出现额外增长，实际上可能会破坏新的学习。

通过修剪，随着不需要的或没有使用的灰质连接逐渐消失，孩子巩固了心理技能。在孩子 11 ～ 12 岁开始出现第二个灰质显著增长时期之前，孩子的心理技能继续得到巩固。不过，到这个时期，另一个被认为是迅速的学习与发育时期开始了。在这次显著的灰质增长之后，又是一段时期的减少，通过在青少年时期的修剪来实现这种灰质减少。

了解执行技能的形成与发展，对我们有着重要意义。研究表明，在青少年时期之前的这种生长陡增，主要出现在大脑额叶之中。考虑到科学家一般认为大脑额叶系统在执行技能的形成与发展中发挥着重要作用，我们可以有把握地说，包括大脑额叶和前额皮质在内的这些区域，连同它们与相邻区域的连接，构成大脑形成与发展执行技能的基础。好比在接近青春期时，大脑已经做好了准备来发展执行技能，也明显地要求在青春期期间发展好那些执行技能。

图 1-1 展示了人类大脑一些主要功能的大体位置，包括在前额皮质中的执行技能。

美国国家心理卫生研究所的研究表明，在这个时期，额叶中出现了"不用则废"的过程。也就是说，使用中的神经连接就保留下来，没有得到运用的就被废弃。如果是这种情况，那么执行技能的训练就变得至关重要。它意味着，练习了执行技能的孩子不但学习着自我管理（也就是独立生活），而且还在此过程中发育着大脑结构，这些大脑结构支持着孩子的执行技能，直到青少年晚期和成年期。

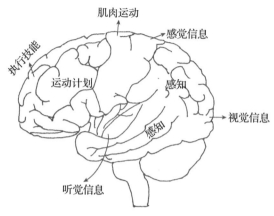

图 1-1　人类的大脑

注：图中包括人类大脑主要功能的大体位置。

练习之所以对执行技能的获得很重要，还有另一个原因。使用功能性磁共振成像（functional magnetic resonance imaging，fMRI）研究大脑的研究人员发现，当儿童和青少年完成一些需要执行技能的任务时，他们依靠前额皮质来做好所有事情，而不是将工作量分布到其他专用的大脑区域。例如杏仁核和脑岛，这两个大脑部位在人们快速做出影响安全与生存的决策（战斗或逃跑反应）时被激活。相反，成年人可以将工作量分配到其他区域，部分原因是他们经过多年的练习，形成了一些神经通路，使得这种分配成为可能。对儿童和青少年来讲，激活执行技能，需要付出比成年人更多的有意识的努力，这可能帮助解释了为什么儿童和青少年不太乐意运用他们的工作记忆技能来完成日常生活中的任务。

**这个时候，你和孩子的老师便能够发挥作用了。显然，对父母和老师来说，儿童时期是帮助强化孩子学习与发展执行技能的至关重要的机会。**

我们并不是想过于简化。人类的大脑是一个非常复杂的器官，而大脑成像研究中的一些证据表明，除了前额皮质之外，还有其他一些区域涉及执行技能的形成与发展。但是，前额叶系统是大脑中最晚发育完全的区域之一，通常要在青少年晚期或成年早期才发育完成，而且也是管理信息和确定我们将怎样行动的最终的、常见的通路。思考一下大脑额叶的关键功能，你不难发现，这些大脑结构对执行技能的形成与发展有多么重要。

1. 大脑额叶指引我们的行为，帮助我们确定应当注意些什么以及应当采取什么行动。**示例**：一个 7 岁的孩子看到他弟弟在看电视，他也想坐下来和弟弟一块儿看，但前提是他要先干完手头的家务活。因为他知道，如果停下手头的活，爸爸会不高兴。

2. 大脑额叶将我们的行为联系到一起，以便我们运用过去的经验来指导我们的行为并做出未来的决策。**示例**：一个 10 岁的孩子记得，上周她打扫了自己的屋子之后，妈妈让她和朋友一块儿吃了比萨。她决定打扫完自己的房间，寄希望于能够再吃一顿比萨。

3. 大脑额叶帮助我们控制情绪和行为，在我们致力于满足自己的需要和愿望时考虑外部与内部的局限性。通过调节我们的情绪和社会互动，大脑额叶帮助我们在不会导致给自己或他人带来问题的前提下满足自己的需要。**示例**：一位妈妈告诉 6 岁的孩子，他可以在视频网站上购买一个视频游戏。但当他们到商店去看时，商店里并没有他想要的游戏。孩子尽管有些生气，但在商店里并没有情绪崩溃，他无奈接受了妈妈说的"打电话给其他商店去找这款视频游戏"的承诺。

4. 大脑额叶观察、评估和调整，使我们能够纠正自己的行为，或者根据反馈来选择新的策略。**示例**：一个 12 岁的孩子错过了班级组织的一次野外考察，因为他是班上唯一一个忘记把家长的同意回执拿回学校的同学。下一次，他会记得把回执交给父母签字，并且确保头天晚上把回执放到书包里，以便到学校交给老师。

那么，你的孩子在生物学的因素上到底发育到了什么地步，能不能很好地形成与发展执行技能呢？首先，我们知道，执行技能对独立生活十分关键，而我们认为，这是我们对孩子寄予的基本期望。其次，孩子在出生时，执行技能只是作为潜力而存在，新生儿根本不具备实际的执行技能。最后，大脑额叶需要18年至20年乃至更长时间来发育完全，执行技能也一样。鉴于这些因素，孩子不可能仅仅依靠他们自己的大脑额叶来控制行为。那怎么解决呢？把我们自己的大脑额叶借给他们。虽然我可能不会从这些方面来想，但为人父母的过程，就是为孩子提供执行技能支持与训练的过程。

### 经验：把你的大脑额叶借给孩子

在孩子一生中最早的阶段，你就相当于孩子的大脑额叶，而孩子本人几乎可以说没有这项功能。你安排和组织好孩子生活的环境，使孩子安全又舒适；你监控孩子的生活情况（睡眠、饮食等）、发起和孩子的互动，并在孩子痛苦的时候解决他的问题。这个时候，作为一名新生儿，你的孩子几乎没有什么行为能力，很大程度上除了哭闹就是睡觉，他就用这两种行为来掌控他的世界，而且，他完完全全"活在当下"。不过，婴儿在五六个月大时开始发展一些使他们最终走向独立的技能。你可能注意到，孩子的意识增强了，尽管这些早期的变化用肉眼不容易观察出来。但对孩子本人来说，这些变化是巨大的。

婴儿五六个月大时形成的一项新技能是工作记忆，其在拥有这项技能之前，可能只对她能够看到、听到、触碰到、品尝到的正在发生的事情做出反应。但是，一旦她能够记住人、事情或物品时，哪怕是短时间记住，她的世界也会变得更大一些，而且，不论什么时候，只要她醒着，她便可以拥有这些。她可能开始做出选择与"决策"。例如，若是妈妈离开一会，没有马上回来，婴儿可能朝着她之前看到妈妈的地方望去，便开始哭起来。这样的话，妈妈可能会回来哄她。如果这种情况发生，那么在某种程度上，婴儿就"明白"了这个道理："如果妈妈离开，而我想让她回来，那我一哭，她就会回来。"

随着信息的增加和经验的增长，工作记忆使得孩子能够回忆过去的事情且将其运用到当前的局面中，并预测可能会发生什么。例如，假设你的孩子今年 11 岁。她可能对自己说:"上周六我帮妈妈洗完衣服,妈妈就和我去游泳了。如果今天我又帮她做些家务,我可以再央求她带我去游泳。"或者,17 岁的孩子可能说:"如果我的老板让我明天晚上工作,我得说我不能。上次我在考试之前加班,没有给自己留出足够的时间来学习,因此考试考砸了。"

显然,婴儿对妈妈的回忆,与他长到 11 岁或 17 岁时的回忆相去甚远。但是,从他能够在脑海中保留妈妈的样子,我们可以看到这种控制的开始。为帮助孩子发展与提升工作记忆之类的技能,你可以为他提供某些类型的经验。对婴儿,你可以提供控制性的、"因果关系"的玩具,这样,当婴儿做出某个动作(比如猛击它)的时候,玩具便会做某件事情(例如移动或发出声音)。或者,你可以让某个玩具"消失",然后让婴儿去寻找。一旦孩子可以行走了,你可以让她设法找回或搜寻一些物品。当孩子掌握了语言时,你可以通过让她记住你向她反复强调和演示的指令与规则来控制她的行为。稍后你再问一些问题,比如"对这项活动,你需要什么"或者"上一次发生这种事时,你做了什么"。

很明显,在帮助孩子发展与提升这种技能的早期,你得做大部分的事情,包括给婴儿一些玩具并设计一些她喜欢玩的游戏和活动。一旦孩子能够走路和说话了,他对你的依赖也渐渐减少,你不必离他这么近。事实上,孩子通过将你的某些行动和语言融入工作记忆之中,便开始将你的某些执行技能内化于心!

这将我们带到第二项重要的技能:反应抑制。在婴儿时期,这项技能的发展与工作记忆技能的发展大致在同一时间。能够对某个人或某一事件给予反应或者不给予反应,是控制行为的关键。我们都知道,当孩子不假思索地行动时,有可能陷入麻烦之中,而孩子的自我控制能力给我们留下了深刻的印象,这些孩子可能看到某件诱人的物品,却不会立即去触碰它或拿到它。

和工作记忆的技能一样,当婴儿在大约 6 个月大发展反应抑制这项技能时，我们看不到有任何明显的变化。但在 6 个月到 12 个月期间，婴儿抑制反应的能力急剧提升。你可能看到你家 9 个月大的孩子爬向隔壁房间的妈妈。尽管在一两个月之前，他可能在爬行的途中看到一件最喜欢的玩具，便不再爬向妈妈了，转而玩那件玩具。但现在，他会径直向妈妈爬去，不再理会那件最喜欢的玩具。在同一时期，你也许注意到，你家孩子在不同的局面下能够抑制某种类型的情绪表达而表现出另一些情绪。我们可能全都有过这种经历：我们想吸引 9 个月大的婴儿的注意，但他根本不予回应，甚至还转过脸去。我们感到被他拒绝了，对不对？即使在这么小的年龄，婴儿也开始了解到，对某个人或某一局面给予响应或者不给予响应，都有着强大的效应。三四岁的孩子通过"讲道理"而不是拍打试图和他抢玩具的玩伴的方式来展示这种技能。稍早前提到的 9 岁孩子看到皮球滚到街对面去时，先观察一下四周再跑到街对面去捡球，这是在运用同样的反应抑制技能。17 岁的男孩在朋友说"让我看看你能做什么"时仍然把车速控制在限速范围内，这也是反应抑制技能的展示。

作为父母，我们全都意识到反应抑制这项技能有多么重要：如果没有它，不但十分危险，还常常导致与权威产生冲突。当你的孩子还是个婴儿时，特别是一旦他能够爬行时，你要给他设定一些界限和限制，使用大门、房门、儿童安全锁，以及简单地把许多危险物品放在他拿不到的地方等，借给他这种大脑额叶的能力，你还会非常密切地看管着他。毫无疑问，你会试着大喊"不"或"烫"等，在少数情况下，你还可能让某种行为自然而然的后果出现，给孩子一个教训，或者，你也许无法阻止这些后果发生。比如，当你的孩子突然之间毫无征兆地接触到某些很烫的东西，或者眨眼之间从长椅上或垫子上摔落下来。随着孩子的成长，有些危险消失了（例如，孩子一度爬不上去的台阶，过了几个月后他能够安全地爬上爬下了），但还有更多的机会来发展与提升孩子的执行技能。

除了界限与限制，家长还开始教学生一些替代的行为（如爱抚家里的猫咪而不是扯她的尾巴，在跟同伴玩耍发生冲突时讲道理而不是打人）。和工作记忆一样，也在工作记忆的帮助下，孩子开始模仿家长的行为和说话，并且不知不觉中将家长的言行举止融入自己的言行举止之中。这都取决于你观察些什么，你开始站得远一些看护孩子，拓展为孩子设立的行为边界，更多地使用语言，并且寻求学校之类的其他机构来教给孩子这一技能。由于你明白你的目标是让孩子越来越独立和生活自理，所以，要持续不断地尝试着在自由与看护之间保持平衡。不过，把你的大脑额叶借给孩子，你所做的事情总是有两个组成部分：一是为孩子构筑环境，二是直接看护孩子。孩子通过观察并试图复制你的行为，而且反复地做这件事情，他将开始学会和接纳这些技能。常规事务中合理的一致性以及你确定的期望，对孩子将有所帮助。你还要运用语言来教孩子。久而久之，孩子将用你说的话来调节他自己的行为，实际上这也是他生来第一次对自己大声说这些话。过了几年时间，当孩子有了经验后，这些话将变成孩子内心的声音，只有他自己才听得到。我们的意思并不是让家长无限期地充当孩子的大脑额叶。随着孩子产生内心的声音，将这些技能内化于心，我们的作用自然而然也就减小了。

## 那么，为什么你的孩子缺乏某些执行技能

一种明显的可能性是被诊断患有注意缺陷 / 多动障碍（attention-deficit/hyperactivity disorder，ADHD）。典型的"混乱的小孩"就是患有这种障碍的孩子，如果你的孩子确诊患有这种障碍，你可能已经知道孩子的哪些执行技能受到了最大损害。研究人员正在逐渐达成一种共识：注意缺陷 / 多动障碍基本是一种执行技能障碍。例如，罗素·巴克利（Russell Barkley）将这种障碍视为自我调节能力减弱。虽说可能受这种障碍影响的执行技能有很多种，但反应抑制是受其影响的关键技能，而且，这种障碍还会影响其他执行技能的发展与提升。另一些研究人员强调了不同的方面，但也一致认为，如果孩子患有注意缺陷 / 多动障碍，某些执行技能将受到损害。受损害的技能

主要是反应抑制、保持专注、工作记忆、时间管理、着手做事和咬定目标不放松。其他技能也可能受其影响，但当孩子成长为青少年，若他患有这种障碍，家长和老师很可能会发现他在这一系列的执行技能中存在明显不足。反过来也一样，如果孩子在这一系列的执行技能中存在明显不足，他很可能患有注意缺陷/多动障碍。刚刚获得的一些大脑研究成果也与上述成果一致，认为患有注意缺陷/多动障碍的儿童的大脑额叶系统，可能在生理上和化学构成上都与其他孩子有区别。在这些儿童中，有些儿童的差别意味着"发育迟滞"，孩子（以及大脑）成熟要花更长的时间，哪怕只是比同伴晚了两三年。不过，对其他一些患有注意缺陷/多动障碍的孩子来说，这种发育成熟不会出现，其执行技能的不足会在成年期之前一直存在。

重要的是了解，即使没有被诊断为注意缺陷/多动障碍或者不具备其他任何"临床"诊断的条件，孩子在这些以及其他执行技能的发展方面也各不相同。正如对几乎所有技能，孩子（和成年人）都有一些优势与不足。一定有一些孩子觉得时间似乎无关紧要。另外，我们中有谁不认识几个做事心不在焉的人，他们总是把自己的东西丢三落四呢？类似这样的优势与不足的分布模式，可能是十分正常的发展差异。但那并不意味着，当有的不足影响到孩子在学校、在家里、在社会上、在体育方面的表现时，或者已经影响孩子在你希望他能够取得成功的领域中的表现时，你也绝不能采取任何措施，只能坐视不管，任由自家孩子和别人的孩子产生差距。执行技能对我们在这个复杂的世界中取得成功越来越关键，因此，如果你的孩子像本章开头描述的凯蒂那样，或者在其他方面似乎混乱，那么你值得花一些时间来提升一下孩子的执行技能，而且这到头来会节约你的时间，不让孩子的执行技能下滑加剧。

孩子可能在许多方面混乱。那些患有注意缺陷/多动障碍的孩子，以及在整理、工作记忆、时间管理等方面存在不足的孩子，明显"无法集中精力"。他们似乎在时间或空间中迷失，或者找不到一些东西，因此工作效率不高。不过，有些孩子在情绪上一片凌乱，他们的感觉分裂，使得情绪偏离正轨，妨碍他们高效地克服障碍或解决问题。也许他们会对自己身边发生的事情做出突如其来且冲动的反应，以至于使自己无法待在完成任务的正轨上。这些孩子同样也混乱，他们需要别人的帮助，将自己的情绪控制在正轨之内，以便顺利完成任务。

在下一章，你将能够评估你的孩子执行技能的优势与不足。这是弥补孩子不足并增强其优势的第一步。

第2章

# 辨别孩子的优势与不足

　　如果你不习惯从执行技能的角度来思考孩子的成长，那么你可能无法完全意识到大人对孩子学会决策并练习他们逐渐发展的执行技能究竟理解多少。看一看学校和老师为孩子的成长提供的界限与空间，可以让你更好地概览执行技能是如何随着时间的推移而发展与提升的。

　　想一想学前教育。优秀的学前教育计划使孩子们熟悉学校生活的节奏，给他们提供一些参加有组织的团体活动和自由玩耍的机会。团体活动要保持简短，因为这个年龄的孩子注意力短暂；老师通常每次只发出一两条指令，因为孩子记住复杂的或多个环节的指令的能力有限；孩子的学习材料也要清晰明确；而且，老师不能指望孩子自己安排好任务。虽然优秀的幼儿园老师期望孩子能够帮助收拾自己的东西，但老师知道，他们必须在一旁提示或提醒孩子做这件事。

自由玩耍的时间使孩子有机会稍稍独立地练习某些执行技能。在这些时间里，孩子使用计划技能和整理技能来编造游戏并确定规则。他们通过轮流玩、分享玩具、允许别的孩子担任领导者等方式来练习灵活性这项技能。同时，社交也被融入自由玩耍之中，使孩子学会控制冲动和管理情绪。当幼儿园老师给孩子规定一些关于行为的简单规则并定期评价这些规则的遵守情况时，如不在教室内跑动、在课堂内不准高声说话等，上述这些技能得到了增强。

到一年级时，老师可以将课堂行为准则以及其他时候（如下课后、在体育馆和在学校食堂）的规则区分开来。这个年龄的孩子更善于调节自己的行为，以融入不同的背景。例如，在下课时，和要好的同学歇斯底里地傻笑几声是没有关系的，但这在课堂上则不被允许。老师运用一些精心安排的事务和例行活动帮助孩子学会着手做事并保持专注，以便他们完成。老师提醒孩子在规定的时间开始学习，并且让他们在规定的时间内完成一些学习任务，这个时间期限要与他们的注意力跨度相一致，同时还围绕孩子应当做到些什么、必须在多长时间内完成等表达清晰的期望。随着时间的推移，老师通过逐渐增加需要已完成任务的数量和每项任务应当耗费的时间来拓展这些技能。

在这个年龄，对孩子工作记忆的要求也比入学前更大了。老师布置家庭作业，希望孩子记得完成，并且给孩子一些同意回执，要求他记得拿回家并让父母签名，同时，老师假设，如果孩子想在学校食堂吃些热气腾腾的食物，就要记得带上自己的午饭钱。当然，作为家长的你们也可以帮助孩子，在他放学后检查一下书包，确保在第二天上学前，书包里装好了第二天需要的东西。

到了小学高年级，老师开始以一种更直接的方式帮助孩子发展与提升整理技能和计划技能。他们希望孩子在课堂上跟上老师的节奏，保留井井有条的笔记本，并且使课桌保持合理的整洁。老师还开始分配一些长期的学习计划，要求孩子遵循一系列的步骤，并且严格遵守时间期限。要求学生着手做的事情变得更加开放，这需要他们运用元认知和灵活性的技能来解决问题，并且考虑多种可能的解决办法。

一旦孩子开始念初中，他们对执行技能的要求急剧增大，而我们可以说，在许多情况下，这些要求不切实际地猛增。我们在第 1 章中讨论过，大约在十一二岁的年龄，人类的大脑发育十分迅速，而这个年龄的孩子，在大多数教育体系中都开始上初中。早期的发展是不均匀和不可预测的，这意味着，至关重要的是给予孩子更多的支持。想一想孩子怎样学会骑单车。孩子骑着卸下了训练轮的单车，和骑着带有训练轮的单车相比，他们需要家长更多的指导、鼓励与支持。孩子开始步入青春期，与这一成长阶段相伴随的大脑的发育，同样离不开家长的指导、鼓励与支持。

对大部分孩子而言，初中阶段是他们第一次接触到好几位老师，每位老师都对学生有他的一系列期望，涉及怎样安排学习，笔记本得保持工整和有序，并且要按时交作业。对工作记忆、计划、整理和时间管理技能的需要，也相应增大了。只要看一看老师期望初中生能做些什么就可以了。

- 始终记得把要完成的作业记下来。
- 记得作业和其他材料（笔记本、文件夹等）在什么地方。
- 知道哪些学习资料每天要带回家，哪些又每天要带回学校。
- 为长期任务做好计划并加强监测，包括将任务分解为一些子任务，并制定完成的时间期限。
- 为怎样安排工作任务和要花多长时间做好计划，包括估算完成每天的作业以及长期的学习任务要花多长时间。
- 明白其他的责任或带上自己的随身物品——如体育馆的衣服、午饭钱、家长的同意回执等。
- 管理不断变化的复杂课堂，包括必须带不同的学习资料上不同的课，并且每个老师都有各自不同的组织风格和对学生的期望。

父母可以做些什么？孩子到了这个年龄，身为父母的我们很想停止对孩子的看护和家庭作业的监督，部分原因是孩子开始寻求更大的独立性和自由，不希望凡事都由家长细细审查。尽管有些孩子的执行技能已经发展到能够高度自我管理的地步，但大多数还达不到这个水平。你要了解你的孩子应该归入哪一类，如果他被归入"尚未发展"这个类别，那我们建议你每天检查一下孩子的家庭作业、帮助他记住长期的学习任务（例如，在日历上把学习任务贴出来，然后把日历放在房间中的显眼位置），并且问他怎么来安排考试的复习。

许多老师不会特别针对执行技能的发展与提升撰写他们的课程计划。最起码，老师和家长天生就大概懂得可以从不同年龄的孩子身上期待些什么，并相应地确立标准。老师还有机会让孩子在发育过程中接受一些更加正规的教育。不过我们认为，如果老师理解执行技能在培育孩子的独立和自主的学习方面发挥的作用，并且了解他们为鼓励执行技能的发展已经做了些什么，那他们可以做得更多一些。他们可以明确地教授执行技能，并且运用专为强化执行技能的发展与提升而设计的问题和提示来向孩子灌输式地教学。我们为教育者和学校心理学家之类的其他专业人士写过一本名为《儿童和青少年的执行技能》（*Executive Skills in Children and Adolescents*）的书，在书中描述了怎么做这些（参见本书末尾的"参考文献"部分）。我们刚才只是例证了标准的教育方法可以怎样助推执行技能的发展，以便你开始理解自己在家里该怎么做，以及你可以怎样更加明确地鼓励孩子提升他的执行技能。

想一想老师用来组织日常教学活动的常规事务、他们给孩子发出的明确指令，以及他们如何监测孩子的表现以确保孩子理解并完成学习任务。想一想老师怎样在课堂上组织教学，使孩子容易地处理那些常规事务。你们都很忙碌，要让你整天监管着孩子，并不现实。但是，假如你的孩子似乎缺乏某些关键的执行技能，你会发现，适当调整老师管理孩子的方法，然后将其在家里运用，是有帮助的。

也许你甚至比老师还能发挥更重要的作用，这是因为，和孩子在学校里相比，他们在家里时也至少需要运用同样多的执行技能。想一想打扫房间、控制脾气、应对计划的更改、收拾自己的物品，或者是你在本书里看到的其他例子。老师要管理20～30名学生，不可能指望他们为每个学生都提供一对一的支持，而父母则可以一对一地帮助孩子。涉及执行技能时，把你自己想象成孩子的辅导员。要当好辅导员，你不必去修一门儿童发育的课程，但得了解正常的执行技能发展是怎样的，以及你孩子的发展状况如何。这正是本章阐述的所有内容。

## 如何分辨你孩子的执行技能发展状况

评估你的孩子在执行技能的发展方面是否正常，有多种方式。

### 你的孩子在学校里一般能达到期望吗

首先，一般来讲，如果你的孩子在学校里比较成功，也就是说，能够考出理想的分数，同时还可以履行学校要求的诸如管理家庭作业等一些职责，那么，他的执行技能可能发展得不错。当然，也有可能你的孩子在学校里表现尚可，在家里表现却不那么好，这正是你要读本书的原因。出现这种情况的原因有很多，例如，家庭环境不如学校那么井井有条，家里可能出现更多给孩子带来压力的因素（如兄弟姐妹之间可能相互打闹，惹得对方心烦）；或者，你对执行技能的期望与孩子的发展现状不同步（要么太高，要么太低）。另外，你自己的执行技能的不足甚至使孩子觉得家里是一个更难待下去的地方（关于这一点，参见第3章关于父母与孩子之间吻合度的叙述）。

要搞清楚你孩子的执行技能发展状况，你得清晰地了解，在不同的年龄阶段，一般都期望孩子完成什么样的任务和履行什么样的责任。表2-1列举

了不同年龄段的孩子通常能够完成的、需要运用一些执行技能的各种任务，
他们要么能够自己完成，要么能在大人的提示或监督下完成。

表 2-1　需要具备执行技能的发展型任务

| 年龄范围 | 发展型任务 |
|---|---|
| 入学前 | 做好简单的事情（例如，"把你的鞋从卧室里拿出来"）<br>在帮助之下整理卧室或游戏室<br>在提醒之下做些简单的家务活和完成自助的任务（例如，收拾桌上的盘子、刷牙、穿衣服）<br>禁止的行为：不能碰滚烫的炉子，不能跑到街对面去，不能从别的孩子手里抢玩具，不能打人、咬人、推人，诸如此类 |
| 幼儿园到二年级 | 完成大人交给的一些差事（在两三步的指导下）<br>整理卧室或游戏室<br>做些简单的家务活和完成自助任务，可能需要提醒（例如铺床）<br>把作业带回家和带到学校<br>完成家庭作业（最多 20 分钟）<br>决定怎样花钱（自己的零花钱）<br>禁止的行为：不遵守安全规则、骂人、在课堂上不举手就发言、不能控制自己 |
| 三到五年级 | 完成大人交给的一些差事（可能包括延长做事的时间或者走更远的距离，例如到附近的商店买东西或者记得放学后做某件事情）<br>整理卧室或游戏室（可能包括使用吸尘器打扫、抹灰尘等）<br>做一些要花 15～30 分钟时间的家务活（例如，晚饭后收拾桌子、扫落叶）<br>把书和作业本带回家并将它们带回学校<br>离开家的时候知道收拾自己的东西<br>完成家庭作业（最多 1 小时）<br>为学校布置的简单任务做好计划（挑选要读的书、读书、写读后感）<br>为购买期望的东西而存钱，并且做好赚钱的计划<br>禁止的行为/自我调节：当老师不在教室时能够遵守纪律，禁止说粗话，禁止大发脾气和不良行为 |
| 六到八年级 | 在家的时候帮助大人干家务活，包括日常事务和临时任务（例如清空洗碗机、扫落叶、铲积雪），以及需要花 60～90 分钟完成的任务<br>在有报酬的前提下照顾年幼的弟弟妹妹或者其他孩子<br>运用一些方法来安排学校里布置的任务，包括家庭作业本和课堂笔记本等<br>遵守较为复杂的学校作息时间表，包括能够适应换老师和变更作息时间表<br>为长期的学习任务做好计划并实施，包括需要完成的任务和必须遵守的时间期限，可能需要同时对多项大型任务做好计划<br>安排好时间，包括课外活动、家庭作业、家庭事务的时间；估计完成每项任务所需的时间，并且相应地调整日程安排<br>禁止在家长、老师或其他大人不在的情形下违反规则 |

## 你的孩子和其他孩子相比之下怎么样

将你的孩子与他的朋友或同学进行一番对比，以粗略地估计其执行技能是否发展正常，可能是有益之举。不过要记住，正常发展的范围很广。正如我们不能指望所有孩子都在 1 岁时能够按时开始走路或者在 1 岁半时能够开始说话那样，对孩子来讲，围绕一个平均点而有所波动，是正常现象。有的孩子在 5 岁时就记得在早餐后要刷牙，但大多数孩子不记得，而且，有的孩子在 8 岁时还需要提醒才能做好这类自我护理。

如果你感到你的孩子在执行技能的发展上有所滞后，可能想和孩子的班主任老师谈一谈，毕竟老师了解你的孩子，并且可以提供一些客观的反馈，从他们那里，你可以得到另一种观点。老师还会自然而然地拿你的孩子和正常的孩子进行比较，特别是当他们连续几年教同一个年级，积累了数年教学经验的时候。你可能还发现，跟你孩子的儿科医师谈一谈也是有益之举，尤其是当你认为执行技能的不足可能与孩子的注意力障碍有关的时候。

### 你孩子的执行技能的优势与不足，是不是有一种可辨别的规律可循

虽然有些孩子的执行技能发展相比其他孩子全面滞后，但对孩子来说（同时，如你将在下一章看到的那样，也对大人来说），在某些技能上较强而在另一些技能上较弱是常见现象。正如第 1 章中提到的那样，有些技能的不足和优势似乎在个别孩子身上一同显现出来。例如，反应抑制技能弱的孩子在情绪控制方面也较弱。这些孩子不会"三思而后行"，并且不经过大脑思考就夸张地表现自己的感情，也就是说，他们可能说一些蠢话，同时在别人最轻微的挑衅下勃然大怒。灵活性较差的孩子也常常难以控制情绪，比如，当他们遇到自己不曾料想的计划变更后，往往突然崩溃。有些时候，孩子在三种执行技能上都表现较弱（反应抑制、情绪控制、灵活性），如果你的孩子属于这一类别，你便知道，孩子试图应对日常生活中的挑战与磨难（它们似

乎定义了你孩子的人生），是多么艰难！

　　我们经常看到的另一些执行技能优势与不足的组合包括：着手做事技能弱的少年通常也难以保持专注，不但迟迟不肯开始做家庭作业，还可能半途而废。一般而言，这些孩子在咬定目标不放松技能上也较弱。不过，我们发现，假如孩子在咬定目标不放松技能上相对较强，那我们可以鼓励孩子运用这一技能来克服他在着手做事和保持专注方面的不足。我们还可以激励这些孩子经常性地按时上交家庭作业，告诉他们，如果按时交家庭作业，就可以赢得一些积分，攒够分数，就可以买那个他们经常缠着我们买的视频游戏。另一个常见的优势与不足组合是时间管理和制订计划 / 要事优先。具备这些优势的孩子几乎都能处理好长期任务。不过，如果这两项技能是孩子的不足之处，那他们不但不知道怎样着手完成某项长期任务，还不知道什么时候着手做。最后，我们通常发现工作记忆与整理这两项执行技能存在关联。有时候，孩子使用一项技能的优势来抵消另一项技能的不足（例如，假如你记得自己把护胫板放在卧室的哪个地方，那么，卧室内再怎么杂乱都不要紧）。但遗憾的是，太多时候，工作记忆较差的孩子，整理技能也较差。这些孩子的父母需要花额外的时间让孩子做好参加足球赛的准备，也就是说，他们得花更多时间从一片杂乱中找到孩子需要的运动装备！

　　杰里米（Jeremy）今年 13 岁。一直以来，他都是一位认真的学生——把自己的笔记本整理得井井有条，把所有作业记下来，放学后一回到家就开始写作业，并且一直到写完才停下来。但是，他一接到长期任务时，若是自己没有在接到任务的第一天就动手去做，就会变得紧张。虽然这一切听起来还不错，但杰里米并不是特别擅长控制自己的紧张情绪。如果他忘了把某本学习辅导书放在哪里，或者忘记把迎考复习需要的某本书带回家，那他可能突然之间情绪崩溃。而且，他就是讨厌写作文的作业：想不出来要写些什么，等到自己总算想起该写些什么时，除了写些显而易见的东西之外，仍然无法想起再写些什么。他让母亲帮帮自己，接下来，如果自己不喜欢母亲的观点，或者假如母亲想让他自己开动脑筋思考的话，他就会大发雷霆。

杰里米 11 岁的弟弟詹森（Jason）则完全不同。詹森把家庭作业视为能拖则拖的负担，实在拖不下去了，也是尽可能迅速地完成。他的书包里一片狼藉，因为他每天放学时把纸张和书本一股脑儿塞进书包，留着自己稍后再去整理（但似乎从来没有做到过）。他母亲经常早晨提醒他按时到校，晚上提醒他做家庭作业。虽然每天的数学作业和拼写作业几乎让詹森感到疯狂，但他喜欢老师布置的更加开放式的学习任务。他有着活跃的想象力，要是和别人聊起奇幻小说与科幻小说有什么不同时，他可以滔滔不绝地聊一个小时。一些需要他想出怎样提高科研成果效能的科学项目，对他来说有着极大的趣味，他甚至不觉得这些是家庭作业。詹森无法理解他哥哥为什么做事情做得这么好，而且他哥哥则讨厌他每天早晨都让爸爸等他，因为他慢条斯理地做着早上要做的事情，全然不顾他们有可能上学迟到的事实。

一方面，杰里米发展得最好的执行技能，即着手做事、保持专注和时间管理等，似乎是他弟弟詹森发展得最差的技能。另一方面，詹森的优势，即灵活性、元认知和情绪控制等，他哥哥杰里米却存在不足。在想办法帮助孩子时，先了解执行技能在哪些方面构成了一系列的优势与不足，是有益之举。弥补技能不足的方法，通常也可以帮助提升另一项技能。如果我们可以帮助杰里米更加灵活地应对艰难局面，到最后也许还能帮他更有效地控制情绪。如果我们可以提高詹森杜绝不必要的拖延而开始完成艰巨的任务，我们可能发现他有更多的时间或精力来完成它们。

## 运用评定量表来发现你孩子的优势与不足

到目前为止，你可能已经足够熟悉单项的执行技能，以便十分准确地描述自己孩子的优势与不足。你可以完成下面这些量表中的某一个，来确认你对自己孩子发展状况的评估。由于不同的年龄段得到良好发展与提升的执行技能各不相同，于是我们制作了四份调查问卷，分别代表四个年龄段（入学前、小学低年级、小学高年级以及中学），你可以选择适合你孩子的量表。

虽然这些量表上的有些项目是明确的（比如，"能够完成需要 15 ～ 20 分钟的家务活"），但另一些则需要你进行适当的判断（比如，"轻松地适应意想不到的局面"）。当你不太确定如何评定某项内容时，把和你孩子年龄相同的其他孩子想象成你的孩子，或者想一想他的哥哥或姐姐在那个年龄时的情形。

### 针对孩子的执行技能的调查问卷——入学前 / 幼儿园版本

阅读下表中的每一项，然后根据你孩子的表现在该项上评分，再将每个部分中的三个分数累计起来。找出三个最高分和三个最低分。

| | |
|---|---|
| 完全同意 | 5 |
| 同意 | 4 |
| 不予评价 | 3 |
| 不同意 | 2 |
| 完全不同意 | 1 |

分数

1　在某些存在显而易见的危险的局面下采取合适的行动（例如，不去碰滚烫的炉子）

2　和别的孩子发生冲突时，不会紧紧抓住玩具，而是和他分享

3　在大人发出指示时，能够遵照指示等待较短的时间

总分

4　做些简单的事情（例如，在大人要求时把鞋子从卧室里拿出来）

5　记住了刚刚接到的指令

6　能够完成包含两个步骤的例行工作，其中每个步骤只给一个提示

总分

7　能够相当迅速地从失望情绪中恢复过来或者适应计划的更改

8　当别的孩子拿走玩具时，能够使用非暴力的解决办法

31

9　能够在团体中玩耍，不至于变得过度兴奋

总分

10　可以完成 5 分钟的家务活（可能需要监督）
11　能够端正地坐满幼儿园的"圆圈时间"（15 ～ 20 分钟）
12　可以坐着听别人讲一两个故事

总分

13　在得到大人的指令后能够立即遵守
14　在得到大人的指令后会停止玩耍而遵从指令
15　在提醒之下能够按设定的时间去睡觉

总分

16　能够在开始另一项任务或活动之前先完成手头的任务或活动
17　能够完成由别人提出的简单的例行工作或计划（用模型或演示）
18　可以完成包含多个步骤的简单艺术项目

总分

19　找个合适的地方把外套挂起来（可能需要一个提醒）
20　将玩具放在合适的位置（需要提醒）
21　吃过饭后清理饭桌（可能需要一个提醒）

总分

22　可以毫不拖延地完成日常事务（需要一些提示 / 提醒）
23　在需要的时候可以加快动作并更为迅速地做完某件事情
24　能够在时间界限内完成海量的家务活（例如，在打开电视之前先铺好床）

总分

25　在玩耍时或者假装的游戏中指导其他孩子
26　在和其他孩子争着要某样物品时，为解决这种冲突而寻求帮助
27　尝试不止一种解决方案来达到某个简单目标

总分

28　能够适应计划或例行事项的更改（可能需要警告）
29　可以迅速地从轻微的失望情绪中恢复
30　愿意和其他孩子分享玩具

总分

31　在第一次尝试失败后，能够在构建项目或难题的过程中做出
　　微小的调整　　　　　　　　　　　　　　　　　　　　...............

32　可以为解决某个问题而找到某种工具的新颖（但简单）的用法　...............

33　为怎样修理某些东西而给另一个孩子提建议　　　　　　　...............

　　　　　　　　　　　　　　　　　　　　　　　　总分...............

| 提示线索 | | | |
| --- | --- | --- | --- |
| 项 | 执行技能 | 项 | 执行技能 |
| 1～3 | 反应抑制 | 4～6 | 工作记忆 |
| 7～9 | 情绪控制 | 10～12 | 保持专注 |
| 13～15 | 着手做事 | 16～18 | 制订计划/要事优先 |
| 19～21 | 整理 | 22～24 | 时间管理 |
| 25～27 | 咬定目标不放松 | 28～30 | 灵活性 |
| 31～33 | 元认知 | | |

你孩子的执行技能优势（最高分）　　　　你孩子的执行技能不足（最低分）

...............　　　　　　　　　　　　...............

...............　　　　　　　　　　　　...............

...............　　　　　　　　　　　　...............

### 针对孩子的执行技能的调查问卷——小学低年级版本（1～3 年级）

　　阅读下表中的每一项，然后根据你孩子的表现在该项上评分，再将每个
部分中的三个分数累计起来。找出三个最高分和三个最低分。

| | |
| --- | --- |
| 完全同意 | 5 |
| 同意 | 4 |
| 不予评价 | 3 |
| 不同意 | 2 |
| 完全不同意 | 1 |

　　　　　　　　　　　　　　　　　　　　　　　　分数

1　能遵守简单的课堂规则　　　　　　　　　　　　　...............

2 可以在不产生身体接触的情况下和其他孩子十分贴近

3 在父母告诉他某件事情时，能够耐心地等着父母先挂断电话（可能需要一个提醒）

总分

4 可以完成两三个步骤的差事

5 记得住几分钟之前得到的指令

6 在一次提示下照着做完包含两个步骤的日常事务

总分

7 能够忍受大人的批评

8 不至于产生不必要的烦恼来应对感知到的"不公平"

9 可以在新的局面下迅速调整自己的行为（例如，一到上课时间立即安静下来）

总分

10 可以花 20 ～ 30 分钟时间完成家庭作业

11 能够完成需要 15 ～ 20 分钟的家务活

12 可以在正常时间内坐好吃一顿饭

总分

13 能够记住并遵守简单的、包含一两个步骤的日常事务（例如吃过早餐后刷牙和梳头）

14 在老师指示开始后，能够在课堂上马上着手做作业

15 在固定的时间开始做家庭作业（有人提醒）

总分

16 可以完成由自己设计的、包含两三个步骤的项目（例如艺术与手工项目，搭积木）

17 可以想出怎样赚钱 / 存钱去买一个价格低廉的玩具

18 可以在别人的帮助下完成有两三个步骤的家庭作业（例如写读书报告）

总分

19 在适合的地点穿上外套、冬季装备和运动装备（可能需要提醒）

20 在卧室里有专门的地方存放个人物品

21 不会遗失从学校带回来的同意回执和通知

总分

22 能够在大人设定的时间内完成简短的任务

23　可以在最后期限到来前确定合适的时间完成一项家务活（可能
　　需要帮助）　..............

24　可以在时间限制内完成一项早晨的常规事务（可能需要练习）　..............

　　　　　　　　　　　　　　　　　　　　　　　　总分..............

25　会坚持完成具有挑战性的任务，以达到期望的目标（例如，搭
　　建有难度的积木建筑）　..............

26　如果被打断，回来后将会继续完成某一任务　..............

27　将持续几小时或者几天来攻关某个期望的项目　..............

　　　　　　　　　　　　　　　　　　　　　　　　总分..............

28　和其他人相处得很好（不一定扮演负责人的角色，能够和他人
　　分享，等等）　..............

29　在没有遵守指令的时候忍受老师再次发出的指令　..............

30　轻松地适应意想不到的局面（例如，换了老师）　..............

　　　　　　　　　　　　　　　　　　　　　　　　总分..............

31　可以为响应家长或老师的反馈而调整行为　..............

32　能够看着别人身上发生了什么并相应地改变自己的行为　..............

33　可以说清楚某个问题的多种解决办法，并从中选择最佳方案　..............

　　　　　　　　　　　　　　　　　　　　　　　　总分..............

| 提示线索 | | | |
|---|---|---|---|
| 项 | 执行技能 | 项 | 执行技能 |
| 1～3 | 反应抑制 | 4～6 | 工作记忆 |
| 7～9 | 情绪控制 | 10～12 | 保持专注 |
| 13～15 | 着手做事 | 16～18 | 制订计划/要事优先 |
| 19～21 | 整理 | 22～24 | 时间管理 |
| 25～27 | 咬定目标不放松 | 28～30 | 灵活性 |
| 31～33 | 元认知 | | |

你孩子的执行技能优势（最高分）　　　你孩子的执行技能不足（最低分）

35

## 针对孩子的执行技能的调查问卷——小学高年级版本（4～5年级）

阅读下表中的每一项，然后根据你孩子的表现在该项上评分，再将每个部分中的三个分数累计起来。找出三个最高分和三个最低分。

| | |
|---|---|
| 完全同意 | 5 |
| 同意 | 4 |
| 不予评价 | 3 |
| 不同意 | 2 |
| 完全不同意 | 1 |

分数

1　在不发生身体冲突的情况下处理与同伴的纠纷（可能勃然大怒）
2　在大人没有立即出现的情况下遵守家庭或学校的规则
3　当大人提示时，能够从充满情绪的局面中迅速冷静下来或者使局面的紧张程度降级

总分

4　无须提醒，记得在学校后做某项例行的家务
5　把书、本子和作业带回家并带回学校
6　清楚地了解每天不断变化的常规事务（例如，放学后从事不同的活动）

总分

7　输了游戏或者没有获奖，不会产生过度反应
8　在团体中工作／玩耍时，能够坦然接受自己没能获得想要的东西的情形
9　对别人的揶揄，给予有限度的反应

总分

10　能够花30～60分钟做家庭作业
11　可以完成需要花30～60分钟才能完成的家务活（可能需要休息一次）
12　能够参加持续60～90分钟的体育活动、教堂礼拜仪式

总分

13　能够照着做已经练习过的包含三四个步骤的常规事务
14　能够一次性完成三四项课堂学习任务

15　可以遵守已确定的家庭作业时间表（可能在开始时需要提醒）..................

总分..................

16　能够制订计划并且和朋友做一些特别的事情（比如看一场电影）..................
17　能够想出怎样为购买更加昂贵的东西而赚钱 / 存钱..................
18　在别人将学校的长期任务分解成更多步骤的情况下，能够完..................
　　成这样的任务

总分..................

19　可以把卧室或其他房间的个人物品放在合适的位置..................
20　在玩完后或晚上回家时把玩具带回家里（可能需要提醒）..................
21　可以追踪观察家庭作业的材料与任务..................

总分..................

22　不需要他人的帮助，能够在合理的时间期限内完成日常的常..................
　　规事务
23　可以为其他的活动而调整做家庭作业的时间（例如，如果晚上..................
　　要参加一场童子军会议，则提前开始做作业）
24　能够足够提前地着手完成长期任务，以减轻时间压力（可能需..................
　　要帮助）

总分..................

25　可以为买下某件心仪的物品而连续三四周存下零花钱..................
26　能够遵循一个练习的时间表，使自己更擅长某一期望的技能..................
　　（体育运动、乐器等），可能需要提醒
27　可以在几个月时间内坚持某项爱好..................

总分..................

28　不会"陷入"某些情绪之中（例如失望、轻视）..................
29　当未曾预料的情况出现导致必须更改计划时，可以"切换挡位"..................
30　能够做一些"开放式"家庭作业（可能需要帮助）..................

总分..................

31　能够事先预料某一行动的结果，并相应地做出调整（例如，避..................
　　免陷入麻烦）
32　可以清晰地表达解决问题的几种方案并解释最佳方案..................
33　喜欢学校作业或视频游戏中解决问题的组成部分..................

总分..................

| 提示线索 | | | |
|---|---|---|---|
| 项 | 执行技能 | 项 | 执行技能 |
| 1～3 | 反应抑制 | 4～6 | 工作记忆 |
| 7～9 | 情绪控制 | 10～12 | 保持专注 |
| 13～15 | 着手做事 | 16～18 | 制订计划/要事优先 |
| 19～21 | 整理 | 22～24 | 时间管理 |
| 25～27 | 咬定目标不放松 | 28～30 | 灵活性 |
| 31～33 | 元认知 | | |

你孩子的执行技能优势（最高分）　　　　你孩子的执行技能不足（最低分）

.................................　　　　.................................

.................................　　　　.................................

.................................　　　　.................................

## 针对孩子的执行技能的调查问卷——中学版本（6～8年级）

阅读下表中的每一项，然后根据你孩子的表现在该项上评分，再将每个部分中的三个分数累计起来。找出三个最高分和三个最低分。

| 完全同意 | 5 |
|---|---|
| 同意 | 4 |
| 不予评价 | 3 |
| 不同意 | 2 |
| 完全不同意 | 1 |

分数

1　在同伴对抗或挑衅的局面下能够自行走开　　.................

2　如果已经做出其他计划，能够拒绝某项有趣的活动　　.................

3　和一群朋友在一起时，不会说些伤人的话　　.................

总分.................

4　能够记住多位老师布置的作业和规定的课堂纪律　　.................

5　能记住那些偏离常规的事件或责任（例如，野外考察的特殊指令、课外活动）　　.................

6　如果有充足的时间和进行过足够的练习，能够记住包含多个
　　步骤的指令

　　　　　　　　　　　　　　　　　　　　　　　　　总分

7　能够"读懂"朋友的反应并且相应地调整行为
8　在团体中工作/玩耍时，能够坦然接受没能得到自己想要的东
　　西的情形
9　能够适度地表现自信（例如，寻求老师的帮助，在学校舞会上
　　邀请某人跳舞）

　　　　　　　　　　　　　　　　　　　　　　　　　总分

10　可以花 60～90 分钟做作业（可能需要中途休息一次或几次）
11　能够忍受家庭聚会，不会抱怨无聊或者陷入麻烦之中
12　能够完成需要两小时才能做完的家务活（可能需要休息几次）

　　　　　　　　　　　　　　　　　　　　　　　　　总分

13　能够制定并遵守晚间家庭作业的时间表，杜绝不必要的拖延
14　可以按照与大人协商的时间开始干家务活（例如，放学后马上
　　做；可能需要书面的提醒）
15　当他记得一项已经承诺了要履行的义务时，能够先把有趣的
　　活动放在一边

　　　　　　　　　　　　　　　　　　　　　　　　　总分

16　可以在互联网上搜索，要么是为完成学校的学习任务，要么
　　是为了解一些有趣的东西
17　能够为课外活动或暑期活动制订计划
18　几乎不需要或者完全不需要大人的帮助，便能够完成学校布
　　置的长期任务

　　　　　　　　　　　　　　　　　　　　　　　　　总分

19　在学校有要求时，可以保存好笔记本
20　不会丢失体育装备或个人电子设备
21　使家里供自己学习的地方保持适度的整洁

　　　　　　　　　　　　　　　　　　　　　　　　　总分

22　通常能在睡觉前完成家庭作业
23　当时间有限时，能够就哪些事情要优先处理而做出良好的决
　　定（例如，放学后回到家，首先完成作业而不是和朋友玩耍）

24　可以持续几天时间专心投入某项长期任务

总分 ............

25　能够加倍努力来提高成绩（例如，改变学习方法，以便在考试
中考出更高分数或者提高成绩单上的成绩）

26　乐意从事艰巨的任务，以便赚一些钱　............

27　乐于在无人提醒的情况下练习，以提升某项技能

总分 ............

28　能够适应不同的老师、课堂规则以及日常学习活动

29　当自己的行为不够灵活时，乐于在小组中调整自己的行为　............

30　乐于适应或接受弟弟或妹妹的日程安排（例如，允许弟弟妹妹
选择看一场什么样的家庭电影）

总分 ............

31　能够准确地评估自己的表现（例如在体育比赛中或学校中的
表现）

32　能够理解自己的行为对同伴的影响并做出调整（例如，融入一
个团体或避免被揶揄）

33　能够执行需要更多抽象推理的任务　............

总分 ............

| 提示线索 | | | |
|---|---|---|---|
| 项 | 执行技能 | 项 | 执行技能 |
| 1～3 | 反应抑制 | 4～6 | 工作记忆 |
| 7～9 | 情绪控制 | 10～12 | 保持专注 |
| 13～15 | 着手做事 | 16～18 | 制订计划/要事优先 |
| 19～21 | 整理 | 22～24 | 时间管理 |
| 25～27 | 咬定目标不放松 | 28～30 | 灵活性 |
| 31～33 | 元认知 | | |

你孩子的执行技能优势（最高分）　　　你孩子的执行技能不足（最低分）

...............................　　...............................

...............................　　...............................

...............................　　...............................

...............................　　...............................

## 充分利用优势

你怎样运用这些信息来帮助孩子？看着孩子的执行技能优势，这些应当是你可以用来帮助他高效完成日常活动的技能。在此之前，我们介绍过一个例子，即运用"咬定目标不放松"技能来克服"着手做事"和"保持专注"方面的问题。另一个例子是运用孩子的"元认知"优势来帮他解决其他执行技能不足的问题。（例如，这样对孩子说："丹尼斯，我知道你擅长解决问题，那我们可以做些什么来帮助你记得自己的运动装备放在哪里，以便你不会在每次比赛开始之前像疯了似的到处去找它们？"）你还可以和孩子交流，说他特别擅长某项技能，要通过高效运用该技能来强化它，以这种方式来构筑孩子在执行技能上的优势。例如，若你女儿格外擅长"着手做事"技能，如果她在运用这一技能的时候获得你的表扬，她的表现会变得更好，那你可以告诉她："你在吃晚饭前就开始做家庭作业，我很喜欢。"或者说："当你该给兔子喂食的时候，我只要提醒你一次，你会就去喂兔子，这一点我很喜欢。"

也许你的孩子最具优势的技能仍然不是十分突出（平均分为 9 分或 9 分以下，就是这种情况）。尽管如此，当你的孩子确实高效地运用该技能时，你可以在那些时刻指出来，并且表扬他做到了高效运用，以此来培育这种技能。如果你儿子的反应抑制技能稍有欠缺，那么，当他弟弟把他的乐高积木弄得一团糟时，你表扬他"抑制了自己的怒火"，这一定能帮他提高这一技能。

表扬孩子运用执行技能，不一定非得在孩子具有相对优势的方面才提出表扬。不管什么时候，只要你看到孩子很好地使用任何一种技能，有效地运用表扬，有助于他培育该技能。这可能是家长和老师拥有的、帮助孩子培育技能和树立合适行为的方法，但目前，这种方法也许是人们用得最少的方法。

## 弥补不足

现在，看一看你孩子的执行技能劣势。你孩子做哪些事情可能令他们自己深陷麻烦或者让你感到特别恼火，这些事情可归入这三个得分最低的执行技能之中。也许你儿子经常不记得把家庭作业需要的书本带回家，或者经常把昂贵的体育装备忘在操场上或朋友家里，那么，工作记忆很可能是他存在不足的技能之一。如果你女儿凌乱的卧室成为你和她之间争论的焦点，而且，假如她总是疯狂地翻遍自己的书包，也找不到自己的本子或学习指南，那么，整理可能对她来说是个明显的挑战。

　　那么，对这些存在不足的技能，你可以做些什么呢？本书的第三部分将依次讨论每一种执行技能，并且概括一些干预措施，使孩子不足的技能的负面影响最小化，或帮助孩子提高运用该技能的能力。说到这里，你也许很想跳过剩下的内容，直接去读那些解决你孩子不足的章节，特别是如果你自己也在反应抑制这项技能上存在不足的话。我们将在下一章帮助你发现这个问题。不过，我们鼓励你按顺序依次读完本书的所有章节，再进行一番总结，因为我们在前面的内容中为你打下了基础，有助于你对照孩子的技能发展现状和他面临困难的特点来辨别最有效的干预措施。在你看到第三部分之前，我们还稍稍详细地介绍了你正在应对什么局面，并且在第二部分中提出了某些重要的一般性建议。

第3章

# 你自己的执行技能优势与不足有多重要

　　早晨 8:30，唐娜（Donna）的 14 岁儿子吉姆（Jim）去上学已经一个多小时了。现在，唐娜得去上班，但当她检查自己的包，以确保带了手机时，发现手机不见了。她记得在昨天的棒球比赛上儿子借过她的手机，打电话给一位朋友，约那位朋友一块儿骑车回家。他会不会打完电话后把手机放在他的运动包、夹克口袋或者牛仔裤口袋里了？因此，唐娜回到吉姆的卧室，翻箱倒柜寻找了一番，但没有看到手机的影子。通常，她只会走到儿子房间门口，关上房门，以便自己看不到房间里的一片狼藉。这是她最新采用的应对这个问题的策略（眼不见为净），多年来，儿子房间凌乱不堪的问题，已经导致母子关系紧张。根据唐娜儿子的说法，唐娜是个"有洁癖的人"——她不会让水槽里留下一只脏碗，讨厌孩子把牙膏挤出一丁点到牙膏管上，会把杂志整整齐齐地堆放在客厅的咖啡桌上，并且仔仔细细地回收任何一本上个月的杂志。不过，在唐娜看来，她儿子吉姆是个"十足的懒汉"——他似乎从来没有把旧的糖果包装纸丢出来过，更不要讲把手机之类的重要物品放在可靠的地方了。也许吉姆知道手机到底在哪里，但唐娜无法联系上他。她只是粗略地瞥了一眼凌乱的房间，就放弃了。她祈祷自己去上班的路上不会出现什么紧急情况，一旦那样，她将后悔没有把手机带在身边。

　　10岁的明迪（Mindy）的舞蹈训练课25分钟前就结束了，其他学生都被他们的父母接走，并且已经在回家的路上，但她爸爸还没有出现。明迪一边在教室外的大厅里走来走去，一边望向窗外，每当有汽车进入繁忙的社区停车场时，她都停下脚步，仔细看看是不是爸爸来了。她双拳紧握，脸上仿佛阴云密布。以前，她妈妈来接她时，她知道会早一些，她和妈妈都有着较强的时间观念。明迪每次去上学，至少提前15分钟出发，然后走到公交车站。她还清楚地知道自己做家庭作业要花多长时间，而且，每天晚上她都会在晚饭前把作业做完。但是，她爸爸似乎没有时间观念，是位习惯性的迟到者，总是在早晨去上班之前或者傍晚离开办公室之前试着"再做一件事情"。如果他下班后在自己的汽车旁边恰好碰到一位同事，而且还有事情商谈……嗯，别提了，两人至少要聊上10分钟，即使他知道自己向妻子保证过会在某个特定时间到家。不管什么时候，只要明迪的爸爸来迟了，明迪总是开始想象，是不是爸爸遭遇了什么不好的事情。也许路上遇到了一场车祸，抑或他忘记了要接她，并且在下午即将下班时安排了一次会议。当她看到爸爸的车在社区中心外面停下来时，没等爸爸把车门打开，便冲到汽车跟前。"你到哪去了？！"声音里明显有一丝恐慌。她爸爸一边从车里走出，一边把她搂在怀里，安慰地说道："嘿，宝贝。你知道我不会忘记来接你的。我只是接了个电话，本以为能一下子就打完，没想到多聊了一会。"

　　听上去很熟悉吧？如果你孩子存在不足的执行技能快把你逼疯，很可能是因为你在那些执行技能上有优势。你也许知道唐娜遇到的情形是怎发生的：你儿子也需要你反复督促，才能做好准备按时上学；而你自己，近五年来上班从没迟到过。你女儿一遇到计划更改的情况，哪怕是再细微的更改，也会觉得是件天大的事；而你自己，最多是有些惊奇而已。还有，如果你不威胁孩子要剥夺他的每一项权利，他似乎永远无法坐到书桌前开始写作业，或者，假如你不一直站在他身后，直到最后一分钟，他总是不能把作业做完；而你自己，总是第一时间把家务活和要做的事情做好，以避免心头老是牵挂着它们。唐娜无法理解她儿子吉姆怎能忍受如此凌乱的生活，但那是因为她并未拥有儿子依赖的工作记忆，也因为她不能理解，工作记忆这种执行技能怎么能很大程度上替代儿子缺乏的整理技能。同样，如果你主张立即着手完成令人不愉快的任务，并且似乎天生知道怎样将大型任务分解成小型的子任务，那么，若你看到儿子在长期任务上一再拖延，总要等到最后一分钟才开始动手，然后根本不知道第一步做什么，对你来说可能是一种加倍的刺激。

在和孩子们共同解决执行技能问题的过程中，我们发现，当孩子的父母与他们有着截然不同的优势与不足时，那些问题看起来往往更加严重。如果唐娜也缺乏整理技能，她可能对她儿子的不足感同身受，更加乐意和儿子分享自己怎样弥补这种技能的不足。相反，她有时候觉得儿子仿佛来自另一个星球，她难以填补自己与儿子之间的这种鸿沟，也难以帮助儿子培育他缺乏的技能。

明迪无法想象她爸爸为什么不能理解准时的重要性，当爸爸拖拖拉拉的行为让她感到气恼时，她总是无法轻易让自己平静下来。因为她爸爸并不认为稍晚一些来接她是件很大的事，并且很少失去冷静，所以依然对女儿的"过度反应"感到惊奇。父女俩并没有真正了解对方，而明迪在情绪控制上的不足，并没有得到解决——至少她的父亲没有帮她解决。

当父母有着某一系列的执行技能优势与不足，而他们的孩子则有着另一系列的执行技能优势与不足时，他们便错过了我们所说的"吻合度"。这种情况不但使得父母与孩子之间围绕日常事务产生冲突的可能性增大，而且没能为帮孩子弥补缺乏的执行技能打下基础。同时，如你将在第 5 ～ 8 章中了解的那样，一旦你学会第三部分中描述的干预措施，你便会发现，原来你可以采用很多方法帮助孩子弥补甚至消除执行技能的不足。在某种程度上，它们全都涉及用不同的方式和孩子交流。当你明白自己的执行技能优势与不足怎样与孩子的吻合（或者不吻合）时，那就不难知道要朝哪个方向去改变自己的行为了。当你对执行技能的一般特性以及你自己独特的处理风格有了更加清晰的了解时，你会发现自己更容易理解孩子，也能更轻松地辨别与孩子的优势相匹配的干预措施。

讽刺的是，不只是你和孩子具有相同的执行技能优势才能帮你们一块儿高效地完成任务，并且帮助孩子练习有助于她成长的执行技能，当你和孩子具有相同的执行技能不足时，同样也能帮助孩子。但前提是，你得清楚地知道这一点，若你不首先去了解你们都缺乏些什么技能（例如，你和孩子都缺乏保持专注的能力），当你们共同去做一件繁重的家务活（好比打扫车库卫生）时，你们到头来会感到极其失败。你和孩子都会互相责怪对方，因为你们都面对这样一个事实：对这件令人不愉快的任务，两个人都一拖再拖。你会更容易发现自己的孩子没有集中精力来做这件事，但你很难发现，原来你也和他一样难以集中注意力。这正是辨别你自己的执行技能优势与不足如此重要的原因。当你们开始去完成一些任务并且着手做一些日常工作时，知道你和孩子面临着同样的困难，你便能和孩子一道，用适度的幽默感和通力的协作来解决这些困难。

在探索你自己的执行技能状况时，你可能还找到了你和孩子实际上相吻合的另一种方式，但此前，你没有预料到你们会这样吻合。你也许有一种优势，它恰好对你孩子的不足形成了自然的弥补。例如，明迪的爸爸具有很强的灵活性。只要他认为这是一个优势，也许可以想一些办法来告诉明迪，灵活性能够帮助她应对自己的期望没有得到满足的情形。她可能因此了解到，原来有一些选择可以防止自己变得气恼和情绪失控。例如，明迪爸爸可以向明迪解释，他本人不像她那么善于掌握时间，假若他迟到 20 ～ 30 分钟，她再开始担心也不迟。或者，他可以建议和女儿一块儿玩个游戏，估计他自己将会迟到多久——女儿可以把她的估计值写下来，如果估计得很准，将赢得一颗金质的星星。这两个主意都有助于明迪理解，她和她父亲是不同的人。

生活中不守时的人比比皆是，如果明迪能够接受她爸爸的拖拉（谁知道呢），那么，当她将来发现自己找了个跟"亲爱的臭爸爸"一样的伴侣时，她便能够忍受了。

为帮助你理解自己的执行技能优势与不足，请试着完成下面这份简单的调查问卷。

## 针对家长的执行技能调查问卷

阅读其中的每一项，然后评估你认为自己是不是这种情况。接下来，将每个部分中的三个分数累加起来。

| | |
|---|---|
| 完全不同意 | 1 |
| 不同意 | 2 |
| 倾向于不同意 | 3 |
| 中立 | 4 |
| 倾向于同意 | 5 |
| 同意 | 6 |
| 完全同意 | 7 |

分数

1　我不过早下结论　⋯⋯⋯⋯⋯⋯
2　我在说话之前先思考　⋯⋯⋯⋯⋯⋯
3　如果没有掌握所有事实，我不会采取行动　⋯⋯⋯⋯⋯⋯

总分　⋯⋯⋯⋯⋯⋯

4　我对各种事实、日期以及细节记得很牢　⋯⋯⋯⋯⋯⋯
5　我十分擅长记住我全心全意去做的事情　⋯⋯⋯⋯⋯⋯

6 我很少需要提醒来完成任务

           总分 ...................

7 我的情绪几乎不会成为我履行自己职责的障碍

8 一些小事情并不会在情绪上影响我，或者让我从手头的任务
上分神

9 我可以先把自己个人的感受放在一边，聚精会神地完成任务

           总分 ...................

10 我发现自己很容易把精力全部放在工作上

11 一旦我着手某项任务，我会尽职尽责地去做，直到它完成

12 即使受到打搅，我也容易重新回到手头的任务上来，并且继
续认真地完成

           总分 ...................

13 不论任务是什么，我认为要尽快着手去完成

14 我通常不会出现拖延的问题

15 我很少把任务留到最后一分钟才完成

           总分 ...................

16 我在为一天的工作事先做计划时，先挑出紧要的事情，把它
们摆在优先位置，然后坚持按这种优先顺序来处理

17 当我要做的事情很多时，我可以轻松地重点关注最重要的事情

18 我一般把大型任务分解成一项项子任务，同时规定它们的时
间期限

           总分 ...................

19 我是一个喜欢井井有条的人

20 使自己工作的区域保持整洁有序，仿佛是我的天性

21 我擅长采用一些方法来安排自己的工作

           总分 ...................

22 一天下来，我通常完成了自己一开始着手做的工作

23 我善于估计做某件事情要花多长时间

24 我通常在约会和参加活动时准时到场

           总分 ...................

25 我觉得我自己受到目标的驱使

26 如果实现长远目标意味着我要放弃眼前的愉快，我可以轻松
地放弃，为长远目标而奋斗

27　我主张确立较高的绩效标准并努力去达到这样的标准

总分 .............

28　我可以泰然自若地对待意想不到的事件 .............

29　我可以轻松地适应计划和优先事项的改变 .............

30　我认为自己行事灵活，能够适应变革 .............

总分 .............

31　我定期评估自己的绩效，并且为提高个人绩效设计了一些方法 .............

32　我能够在做出客观的决策时，从当时的局面中退后一步思考 .............

33　我很好地"解读"了面临的局面，可以根据其他人的反应来
　　调整自己的行为

总分 .............

| 提示线索 | | | |
|---|---|---|---|
| 项 | 执行技能 | 项 | 执行技能 |
| 1～3 | 反应抑制 | 4～6 | 工作记忆 |
| 7～9 | 情绪控制 | 10～12 | 保持专注 |
| 13～15 | 着手做事 | 16～18 | 制订计划/要事优先 |
| 19～21 | 整理 | 22～24 | 时间管理 |
| 25～27 | 咬定目标不放松 | 28～30 | 灵活性 |
| 31～33 | 元认知 | | |

你的执行技能优势（最高分）　　　　　　你的执行技能不足（最低分）

.............................　　　　.............................

.............................　　　　.............................

.............................　　　　.............................

　　由于这是一份简要的调查问卷，针对每一项执行技能只包含有限数量的项，其结果可能并没有完全地吸引你，但它们应当让你大致了解自己身上来得最容易和最困难的执行技能。多年来，我们对许多成年人群体使用过这一调查问卷，结果发现，在 11 项执行技能中，每项技能的平均得分为 13～15 分（最高分是 21 分，每项执行技能中最高得分与最低得分之间的平均差异约

为 14，其中，可能的最大分差为 18）。这表明，一方面，人们通常认为他们自己的执行技能总体上发展得相当不错，另一方面，他们通常能清晰地辨别自己的优势与不足。

如果你仍不确定自己的执行技能的状况，逐项地仔细察看那些优势与不足，并且问自己，是不是记得你在孩提时代也有着相同的优势与不足。如果是这样，这些可能是真正天生的执行技能优势与不足。例如（这是佩格在说），我记得我还是个孩子时，母亲总是喋喋不休地提醒我打扫我的房间。并不是说我不喜欢打扫卧室卫生，只是说，要让我的卧室保持整洁，太费劲了。即使是现在，我已经成年，但仍对保持房间的整洁感到困难重重。相反，我记得自己总是对时间有着敏锐的意识（例如，我知道做某件事情要花多长时间，去某个地方要花多长时间等），因此，如今我有着出色的时间管理技能。现在，我在两个孩子身上发现了同样的优势与不足——我的两个成年儿子都难以保持整洁，但他们约会时从不迟到。不过，他们似乎还从他们父亲身上遗传了控制情绪的能力，直到今天，每当我由于不知道把车钥匙放在哪里，或者是其他小事或暂时的不变而感到恐慌时，两个孩子都揶揄我。

## 灵活性：父母－孩子之间不吻合的解药

你的调查问卷得分是不是表明你在灵活性上有优势？如果是，倘若你的孩子和你之间有着截然相对的执行技能模式，那你很幸运。灵活性意味着你也许适应能力很强，不太可能被你孩子的执行技能不足激怒或惹恼，不论他们不足的技能是什么。

- 你知道自己拥有灵活性这种天赋，要利用这一点来做出一个特别的承诺：在你孩子存在不足的执行技能快把你逼疯的局面下，要能保持放松。
- 缺点是，你也许发觉很难运用某种干预措施来解决你孩子不足的执行技能，并且在足够长时间内坚持采用这种干预措施，使之发挥应有的作用。不过，让我们从现在开始就坚持有益的干预措施，好吗？

当然，你可能跟我们研讨班的一位参与者那样，在做这个练习时忽然想起，有些时候，你一度存在不足的执行技能，如今已经具有优势了，因为你的父亲或母亲通过强化某些执行技能，帮助你学会了它。回顾你童年时期的执行技能优势与不足，并且将你的技能与自己的父母和孩子的技能进行对比，将会磨砺你的观察能力，使你更清晰地看出，你的父母和孩子究竟有着哪些相同的或不同的执行技能。这个练习不但帮助你更深入地了解自己，而且还更深入地了解你和孩子之间的吻合情况。

在第二种模式中，也就是你的不足恰好与孩子的不足相同的情况，由于你孩子缺乏"收拾烂摊子"的能力，或者缺少能够抵消你自己的技能不足的负面影响的能力，通常导致出现紧张的局面。例如，如果你和你女儿的工作记忆都不强，整理技能也很糟糕，那么，要让她时刻记得野外考察的同意回执、需要签名的成绩单，或者是足球比赛用的护胫板，有如登天那么难。我们还可以附加一条说明：有着不同的执行技能优势与不足的夫妻，通常也会由于同样的原因而彼此陷入困境。

## 弥补并非十分吻合的情况

那么，当这些情况出现时，怎么办？这里介绍一些能使事情发展稍稍变得顺利一些的秘诀。

**当你的执行技能优势恰好是孩子的不足时，可以采用以下措施。**

- **看看你和你孩子能不能达成一致，让孩子接受你提供的在他存在不足而你具有优势的技能上的帮助，以便他的不足将来不至于让他陷入麻烦。**例如，如果你擅长时间管理而你儿子不擅长，他可能接受你的帮助，让你估算写完读书报告的初稿要花多少时间，并且相应地制定日程安排表。不过，我们得赶紧补充一句：有些孩子（也许是大多数孩子）会抵触父母们提供的这类建议或帮助，特别是随着他们步入青春期，他们根本听不进去父母提出的关于任何事情的建议，更别说是他们的父母似乎觉得自己的技能超过自己孩子的技能的那些事情。

- **创造性地运用你的优势来帮助孩子强化技能。**例如，如果你拥有良好的整理技能，和你在这项技能上存在的不足相比，更有可能帮助孩子想出有效的整理方法（关于这一点的更多详情，将在第16章中描述）。但是，正如刚刚说过的那样，你的孩子可能对你的这种帮助并不领情，因此，也许你不得不采用创新的、微妙的方法来帮他。让我们假设你女儿很有艺术天分且视觉感官敏锐。你知道，一些储物容器有助于你轻松整理日常工作中用到的各种物品。你女儿可能也欣然同意运用这种工具，于是你带她去商店，买回一些颜色鲜艳的托盘和已经分区的储物器具，上面还贴有一些贴纸和标记。之前我们介绍过，明迪的爸爸运用他在灵活性上的优势，想出一种幽默的方法帮助女儿处理她的情绪。善于制订计划的父母可以这样来帮助孩子完成该任务：先让孩子把某项复杂任务的每个步骤分别写在单独的索引卡片上，然后把卡片的次序打乱，使孩子按照步骤之间的逻辑顺序再度排列。

- **特别注意辨别你存在不足而你孩子有优势的技能。**如果你知道，自己心头的一部分失败情绪，源于你的执行技能优势与不足与孩子的完全不同，那么，当你看到孩子身上确实表现出某些不足时，可能感觉不到太大的刺激或失败。但不要满足于这样，还要提醒你自己和孩子，在另一些执行技能上，你的孩子有优势，而你却不擅长。这种互补型的配对，可以使你在最需要士气高昂的时候保持昂扬的斗志。也许你的一项优势技能是反应抑制，但你儿子在这方面存在不足。你可能从另一个角度来看：在另一项同样重要的执行技能（也就是灵活性）上，你儿子有着巨大的优势，但你却不擅此道。"还记得我们上次一块儿去看电影，结果我想看的电影的票已经卖光了吧？我真的打算气恼地回家，你就说了一句，'嘿，也许我们可以看场别的电影。'结果，其他的电影我们都不想看，你又接着建议，我们先去玩一场小型高尔夫游戏，再回到电影院来看下一场电影。你的灵活应变能力，比我强太多了！"

当你和你孩子具有同样的不足时：

- **致力于解决不足，以便你可以笑对你们共同的不足，而不是为之悲伤**。你可以对你儿子说："孩子，你和我都是不爱收拾和整理的人，因此，我们也许可以互相帮助对方。这给人的感觉好比盲人牵着盲人过马路，但总比不采取任何行动强。"

- **由于你们两人中没有一个可以宣称自己在这方面有优势，因此，你也许可以和孩子一块儿商量怎样解决你们两人共同面临的问题**。你可能注意到，你和 13 岁的女儿都无法压制自己迅速迸发的情绪来心平气和地探讨某件事情。遇到这种情况，你们也许可以想办法相互帮助，转而探讨一些不至于令你们两人中的任何一人情绪失去控制的具有感情色彩的话题。

- **当你的孩子做了某件让你愤怒不已的事，你很想扬起胳膊给他一巴掌时，提醒你自己，你小的时候同样也遇到过类似的挑战，但不管怎样，如今已成年的你，不再觉得那个挑战很难克服了**。告诉你自己，你的孩子将来也会克服那一挑战的，尽管眼下他的方法似乎失灵了。也许你想到了一个自己童年时期的故事，可以讲给你的孩子听。我记得（这是作者之一的佩格在说）我的母亲曾跟我讲过，我的舅舅们怎样把她拖到我外婆面前，听我外婆读《奇幻森林历险记》（*Hansel and Gretel*）的结尾，以便我母亲知道，到最后，一切都会好起来。我小的时候也难以控制自己的情绪，但我发现，当听到我母亲是个小女孩时也面临着同样的问题，顿感安慰。

- **考虑采用一种更加系统的方法来解决你存在不足的执行技能，同时也想办法提升你孩子同样的技能**。你可以采用的步骤包括：

1. 认真填写第 2 章中合适的调查问卷，辨别你孩子存在不足的执行技能。

2. 填写本章的调查问卷，辨别你自己的执行技能劣势。一定要实话实说。在你的配偶或者十分了解你的其他人的帮助下填写调查问卷是有益之举。

3. 辨别你的孩子反复出现或一再重复的两三种行为，它们是某种执行技能不足的表现，你得想方设法地帮助孩子提高与你不足的领域相重合的技能。

4. 同样也辨别你自己反复出现或一再重复的两三种行为。想一想在哪些情况下，你不足的技能与日常工作及生活的高效运转产生了冲突。

5. 对你自己，辨别这种行为在哪个方面最令别人烦恼和气愤，并且找出你可以用来解决此问题的策略。

6. 和你的孩子围绕他的特定行为以及出现这些行为的局面等开诚布公地交谈。解释你自己是怎么遇到类似问题的，并谈一谈你打算怎样来解决。

7. 和孩子一道寻找你们一致同意的解决办法来解决孩子的问题，并且想出一种提示策略，以提醒你孩子记得使用该解决办法。

8. 观察行为并运用该策略。

我们推荐这个流程有几方面的原因。首先，为你自己和孩子完成调查问卷，确认你们共同具有的执行技能不足。其次，为你自己和孩子辨别导致问题产生的局面，有助于你们更好地理解该技能，以及它怎样影响你和孩子。这也许使你在被激怒之前，稍稍更容易从孩子的角度来思考。最后，为你自己制定一种干预措施，以辨别你孩子可以运用的可能的方法。

让我们通过一个例子来仔细观察这个过程，在例子中，一位父亲或母亲和孩子的整理技能都很差。艾伦·斯科特（Ellen Scott）告诉她 13 岁的女儿阿曼达（Amanda），整理技能的问题经常导致家里气氛紧张。阿曼达经常找不到她的作业本，也不知道家庭作业放在了什么地方。在家里，当她做完晚上的作业时，她把作业本放在杂乱的书桌上，并且不把所有东西都放回书包，这样就不能确保第二天早晨上学时她把东西都带齐。而且，她也找不到自己最喜欢的衣服或物品，因为卧室一片狼藉。而母亲艾伦意识到，她自己每个星期至少有一两次把手机随手放在某个地方，最后很难找到，等到早晨临出门上班时，也很难把手机带在身边。不但如此，她还经常忘记给手机充电，所以，有时候即使把手机带在身边，电池的电量通常也太低，手机无法使用。

艾伦起初确定了一种方法来帮助她记得自己的手机。她用手机设置了每天都有的提醒服务，下班回家后不久，手机便会响起来，这提醒她把手机放到充电的地方去。此外，她还在手机上设置了第二天早晨的闹钟，闹铃恰好在她出门之前响起，这提醒她记得出门带上手机。

现在，艾伦和女儿阿曼达坐下来一块儿探讨女儿的整理问题。她首先描述了自己怎样解决自己的整理问题，并要阿曼达辨别她自己希望以同样的方式解决的情形。阿曼达选择首先解决作业本找不到的问题。她描述道，她打算每天早晨醒来时在床头放一块儿霓虹标牌，上面提醒着："把作业本放到书包里了吗？"晚上，当她打算关灯并上床睡觉时，她也会看到这个标牌。那时，她会把标牌放进书包，并确保把作业本也一同放进书包，然后把标牌放在书包的最上面，以便在早晨出门上学之前，记得把它再放回床上。

## 当过度负载扩大差距时

我们都知道，当我们处在压力重重的局面下时，应对压力的能力也下降了。一个最为明显的例子是：假如你在最平静的局面下仍然有着"火爆脾气"（情绪控制能力弱），那么，当某天你遇到下面这种情况时，你知道自己很可能更加迅猛和更加强烈地发一通脾气。你半夜时分醒来照顾病中还没到上学年龄的小孩，但第二天早晨，当校车开到你家门口时，你家已上二年级的女儿开始大发脾气，因为她找不到自己打算带到学校去展示和讲述的玩具了。刚刚把女儿的事情弄完，你丈夫又说，他的汽车预约了维修服务，需要你上班的时候把他带去上班。你来到公司后，老板对你说，一位客户事先没有预约就来到你的办公室，想查一查他的账户状态，但你知道，这件事情还没有处理完。假如你还能在老板面前控制好自己的情绪，也许到最后，你那可怜的助理却沦为了你的出气筒。

多年来，在对执行技能的优势与不足开展的研究中，我们发现，一般来讲，在你背负压力或者工作或生活中的事情过多时，也就是我们说的"过度负载"时，你调用执行技能的能力也可能下降，但是，那些最容易受到损害的技能，往往也是你最差的技能。我们有时候称之为"脆弱器官理论"（在任何疾病中，一开始就最脆弱的器官往往最容易进一步崩溃）。例如，迪克（Dick）慢慢地了解到，当我处在特别的压力之下时（这是作者之一的佩格在说），即使他问我一个根本无伤大雅的问题，我也可能咬牙切齿地回答他。情绪控制不是我的强项。我知道，当我走进迪克的办公室，发现会议桌上堆满了纸张、文件夹和书籍，那他也许将自己的精力过度投入到这些事情上了，于是，他的整理技能还会比之前更差。

当你发展最差的执行技能似乎遇到挫折时，正好暗示你背负的压力越来越大。了解这一点，你也许可以采用一些方法来降低心理压力，或者采取措施应对你的执行技能的下滑。这些措施可能意味着请你的家人、朋友甚至孩子帮帮你（正常情况下，他们可能不会想到，你还需要他们的帮助），或者可能意味着在你应对压力重重的局面时，把手头的目标和任务暂时搁置，搁置的任务包括你与你的孩子为提高他的执行技能而做的事情。当你正处在家人患病、家里的经济捉襟见肘或者与配偶产生了婚姻危机等的时候，也许并不是教孩子打扫他卧室的最好时机。无论是要改变你自己还是孩子的行为，都是一项艰难的任务，只有你们都风平浪静的时候，才最有可能成功。

即使在你不必处理重大应激因素的时候，你也应当努力适应日常工作与生活中的各种局面，它们可能影响你有效坚持自己制订的帮助孩子提升执行技能的计划。在办公室忙完一天的紧张工作、头天晚上没有睡好，或者匆忙间要准备第二天的手术，都可能让你脾气暴躁，或者对孩子失去耐心。当这些事情出现时，假若你意识到，你要保持冷静、坚持到底，就得付出额外的辛劳，那你便为自己应对压力的局面做好了准备。在坚持不懈至关重要的情况下，意识到这一点尤为重要。如果你的孩子在你面前经常说"不"，那你最好付出额外的努力坚持下去，而不是就此放弃并决定明天再试一试。

但有时候，短时间搁置计划也是合理的。如果你和女儿苏茜（Susie）"约法三章"，今天就是你和她为她的科学项目制订计划的日子，不过，由于一些不可预见的情况出现，可能你觉得今天不适合做这件事情。你可以把这个问题作为两种可能的解决方案提出来，这样告诉女儿："苏茜，我今天有点不舒服，我知道我答应帮你来做科学项目的计划，但我觉得今天做不了。你是自己先做一部分，在你遇到困难的时候再停下来，还是宁愿等到明天，到时候我再给你更多的帮助呢？"有时，这些不可预见的情况出现，使得孩子能够以父母都想不到的方式随机应变。

影响干预措施的因素，不只是你本人的压力，你的孩子感受到的压力同样可能影响。那么，那些可能导致你孩子感到压力重重的事情是什么？一般来讲，它们可能与给你带来压力的事件一样——比如要在太短的时间内做太多的事情，期望他做他认为自己没有能力去做的事情，觉得受到了不公平的批评和指责（特别是由于他觉得自己无法控制的事情而受到批评和指责），或者是遇到一般的人际关系问题。在孩子的生活中，这可能意味着几个老师都布置了许多作业，或者老师布置了要求学生"跳出固有思维模式"思考的开放式学习任务。或者，也许你儿子回家后对你说，他的科学老师批评他在考试中抄袭，并且不听他解释。又或者，你的女儿告诉你，她偶然听到其他女孩子在浴室里议论纷纷，并且嘲笑她八年级了胸部依然很平坦，显然发育不正常。

这些事情中的任何一件，都可以用孩子的表现来干预。到底怎样用孩子的表现来干预，部分地取决于孩子的执行技能优势与不足的状况。帮助孩子应对这些局面的方法，也可能由于孩子的执行技能状况的不同而各异。尽管如此，一般情况下，我们建议你首先承认这个问题让你的孩子产生了什么样的感受。（心理学家称之为"反应性聆听"，例如，你可以这样对孩子说，"你一定觉得家庭作业像座大山，压得你喘不过气来"，或者"当你看到老师根本不听你的申辩时，你一定觉得特别无助"。）

好消息是，如果你意识到问题的根源，特别是发现某些执行技能一开始就存在不足，导致系统过载，那么，你可以在问题出现之前、之中或之后采取干预措施，使其后果的影响最小化。

当你在帮助孩子培育或增强执行技能时，知道了导致系统过载并加剧了执行技能差别的压力来源，是开始关注你的孩子与环境之间是否吻合的一种重要方式。父母和老师可以改变环境，以确保孩子任何时候都能与环境很好地吻合，以便有最大的机会来培育和提升技能。当你的孩子接到了直接涉及他的执行技能不足的任务时，改变环境尤为重要。有时候，你的孩子可以决定退出某项与他的执行技能极不相符的任务。另一些时候，你必须想办法操控环境，包括任务本身的各方面等，使任务与你的孩子的情况非常吻合。下一章将告诉你怎么做。

第4章

# 将孩子与任务匹配起来

　　卡门（Carmen）是个害羞的小姑娘，今年10岁，她在社交场合中难以做到快速反应，并且感到很别扭。她参加的女童子军计划在当地养老院举行一次聚会。为组织这次活动，童子军负责人给不同的成员分配了不同的任务。童子军打算在聚会上开展一次抽奖活动，负责人让卡门从养老院所有老人手中收集抽奖券，然后大声宣布老人们选择的号码。卡门当时没说一句话就接受了这项任务，但当她妈妈接她回家时，她在车上一反常态，陷入沉默。妈妈问卡门什么事情不对劲，卡门说没什么，一切都很好，但她整晚都在想着这件事情。最后，当她和妈妈在睡觉前安静地待着时，她终于肯告诉妈妈关于聚会任务分配的事情，并且承认，她真的不想做童子军负责人让她做的那件事。她妈妈从自己过去的经历中知道，每每遇到这种情形，可能导致肚子疼和睡不着。妈妈建议和卡门一块儿想想，能不能换一件别的事情做。卡门的钢琴弹得很棒，并且最近在苦练《圣诞颂歌》，因此，她妈妈建议她在聚会期间到后台去弹钢琴。卡门很喜欢这主意，因为她知道，一直以来自己都在刻苦练琴，有信心把这件事情做好。第二天，卡门妈妈打电话给童子军负责人，解释了卡门哪怕在一群人面前简短地说几句话，也会感到十分紧张，因此建议让卡门在后台弹钢琴。童子军负责人欣然同意，并解释说，以前不知道卡门还有弹钢琴的才艺。

在上一章中我们为你创造了机会来思考，你与孩子的执行技能之间的吻合度，将怎样影响你们的互动与交流。现在，你可能已经知道，孩子需要完成的日常任务，到底是由于你在孩子存在不足的执行技能上有优势而变得更难（对你们来说都更难），还是由于这些任务要求的技能，你和孩子都感到很困难而变得更难完成。知晓这一点，有利于为你和孩子之间更好的合作而重新构建一个平台。它可以扩展你的眼界，让你发现你以前没有考虑过的方法，并且一定还能减少冲突。你学会了充分利用你们各自的优势，到最后，能够提高孩子发展和运用他需要的执行技能的概率。

在卡门和她母亲的故事中，你可以看到这种好处。卡门的母亲生性开朗，而且不是始终对女儿的沉默寡言都很有耐心。但在当时，她知道自己的女儿可能缺乏灵活性，也不善于控制情绪，因此迅速提议一个充分发挥女儿优势的替代方案，而不是浪费时间试图劝诱女儿接受童子军负责人一开始分配的任务。卡门发现那件任务太难完成，并且从中产生不了任何积极的体验。

卡门的母亲意识到，女儿与最初接受的任务之间缺乏吻合。当孩子的执行技能与要求她完成的任务之间很好地吻合时，她将信心满满地接受任务，轻松完成。当两者之间不吻合时，孩子的反应难以预料。对卡门来说，公开的社交场合令她产生焦虑，她对这一任务的预期，导致产生了不舒服的身体症状。幸运的是，卡门参加的童子军活动只是一项闲暇活动，因而比孩子们必须完成任务的其他一些背景（如课堂）更加灵活。卡门的母亲也可以试着更改或替代她女儿的任务，以便提高孩子与任务之间的吻合度。

当然，对卡门来说，另一个选择是彻底退出这个活动。这自始至终是可以自由决定的活动的一种替代选择。但难就难在要一直衡量退出活动的利与弊：一方面，你不希望孩子每次尝试做某件事情都倍感失败；另一方面，你也不想拒绝孩子的成长机会，而几乎所有的活动，对成长中的孩子来说都是机会。因此，如果你能想办法既让孩子参与又使她感到胜任，那么，她可能用新培育的与 / 或提高的技能来增强活动的体验。

父母经常受困于这样一种误解：在表扬孩子聪明或有运动天赋等特点时，孩子的自尊会得到提升。表扬可能是有益的（我们将在第 8 章中探讨有效表扬的规则），但事实上，孩子提升自尊的一种主要方式是克服障碍。他们测试自身技能的舞台越多，也就会在跨越前进道路上出现的新障碍时变得越发自信。养育孩子的艺术，涉及能够以一定的准确度辨别哪些挑战恰好是孩子稍加努力时便可以成功克服的。

有时候我们也许明显地看出，最佳的选择是让你的孩子远离某个特定的局面，例如，当这些局面要求孩子掌握他本身并不具备的大量执行技能时。那正是许多教堂在孩子参加完礼拜仪式的开头部分，便趁着他们的注意力和冲动控制没有被太多消耗的时候，让他们离开仪式现场前往主日学校的原因。明智的父母会根据他们知道的孩子能容忍些什么来衡量家庭聚会的利弊，并且在孩子很可能中断结婚等仪式的情况下，不带孩子参加类似仪式，而是找保姆照顾孩子。当任务的要求与某个特定年龄的规范行为之间没有形成很好的匹配时，大人要采取措施提供替代的体验。但是，假如你孩子的发育滞后于他所在的年龄群体，这也许稍稍更难处理一些。作为父母，你的职责是采取干预措施并下决心保护你的孩子。

8 岁的雪莉（Sherry）受到好友劳拉（Laura）的邀请，平生第一次参加在朋友家过夜的晚会，这个晚会也是劳拉生日派对的一部分。雪莉妈妈知道女儿晚上很难入睡，需要开着灯睡觉，而且还对听到的声音感到害怕。雪莉常常在半夜里醒来，走进父母的房间，只为了确认他们都在那里。雪莉父母一直在想办法帮她解决这个问题，也看到了一些进步，但认为她还没有做好到陌生的家中参加过夜晚会的心理准备。于是，雪莉妈妈打电话给劳拉妈妈，解释了这种情况，并且告诉雪莉，妈妈可以让她参加派对，但到了睡觉时分，她得回家，因为第二天还有一项她想参加的家庭活动。雪莉对劳拉的生日派对充满期待，但她妈妈看出，当她发现自己不用在别人家里一个晚上时，明显松了口气。

不幸的是，并不是你的孩子整天面临的所有任务或局面都可以进行调整，以便与他现有的执行技能相吻合。学校无疑就是这方面的一个例子。

10岁男孩罗杰（Roger）讨厌写作文。他不但字写得很丑，而且写字这种机械的活动对他来说既缓慢又费力，他更是在写的时候想不起该写些什么。最后这个问题最致命！他坐在书桌前，望着摆在他面前的白纸，感到茫然和无助。这种失败的情绪在他心头渐渐累积，直到最终爆发。他冲妈妈大喊："我做不了这项愚蠢的家庭作业！我不知道为什么卡尔森老师总是让我们写作文。我不会写的，你也别想让我写！"他把面前的纸弄皱，把铅笔朝墙上扔去，气冲冲地跑回他的卧室，玩起了视频游戏。他母亲也感到失败至极，扬起胳膊作势要打他。她搞不懂的是，为什么罗杰会有这样的行为？当她把孩子的情况描述给老师听时，老师真的感到吃惊不已。在学校里，罗杰从来没有说过"不"这个字（尽管老师也承认，罗杰通常慢吞吞地完成作文，直到老师不得不将作文布置为家庭作业，让他在家里写）。

罗杰同样在灵活性和情绪控制上遇到麻烦（此外，他的元认知技能也较弱，意味着他难以想出一种合理的办法来解决摆在自己面前的问题），而老师要求他完成的任务，恰好涉及他存在不足的所有这些执行技能。然而，这是学校布置的作业，而罗杰的执行技能不足，使得他难以掌握一项重要的学术技能，而且，罗杰的母亲还不能像卡门的母亲那样，简单地为罗杰找一样别的事情来做。在罗杰的情况中，必须想办法将写作的任务变得对他来说更加可控。好在我们可以采用更多的方法来做到这一点，不是只有一眼看上去显而易见的那些方法。这些方法包括以下几种。

- 罗杰的母亲可以在他开始写作之前，先与他交谈一番，谈一谈作文的题目，以帮助他在脑海中构思文章的观点并组织思路。
- 罗杰的母亲可以帮助他把文章的内容写下来（由罗杰口授，母亲写下来），以消除对他来说使写作变得很难的手工劳动。
- 或者，老师也许愿意减轻这项学习任务，比如，只要求罗杰写两个句子而不是一个完整的段落，或者只要求写一段而不是三段。

这只是列举几种可能性。一旦罗杰的母亲和老师想办法来解决这个问题，还会有更多的可能性浮现出来。但是，假如他们想出的解决办法确实有效，他们必须准确地知道他们在处理什么问题，这意味着要对那项任务、完成该任务时必须身临其中的环境，以及孩子的能力等进行细致的分析。

1. 当你知道你孩子的执行技能不足时，密切关注孩子对分配的任务的情绪反应和行为响应。卡门并没有告诉她母亲，童子军的负责人分配了一项她不想去做的事情。她起初甚至不想让母亲知道，但在她和母亲每天晚上睡觉前安静地独处时，她终于向母亲袒露心迹。以前，往往在这种时候，她都把自己内心最深处的想法告诉母亲。罗杰也一样，在家里和在学校里的表现完全不同。在学校，他身边都是同学，假如像在家里那样耍性子、发脾气，他会觉得很尴尬。话又回到卡门。假如卡门的母亲在接孩子回家的路上没能密切地关注孩子轻微的但仍可察觉的行为变化，那她可能不知道孩子出了一些问题，而且永远也猜不到，原来女儿接受了一件自己觉得做起来十分困难的事情。到最后，卡门可能倍感失败，使自己暴露在我们此前讨论过的可能的伤害面前。若是罗杰的母亲只是一味指责儿子叛逆和只想逃避家庭作业，那她也许永远不知道写作的任务对她儿子来说有多难，因为老师并没有在学校里发现罗杰的这个问题。问题没能得到解决的时间越长，罗杰便越会觉得写作文很难，也会越来越坚决地逃避那些要求写作文的局面。

**2. 当你的孩子似乎在逃避某一任务时，考虑孩子无法完成这件任务的可能性。**对于具有挑战性的任务，孩子们采用广泛系列的情绪响应和行为来对待，这些响应和行为，也许并没有直接表明他们做不了别人要求他们做的事情。卡门打算退避，并且出现了肚子疼的生理症状，罗杰则把自己的想法表现出来。其他孩子也是逃避学习任务的大师，他们如果觉得写作文很难，可能起身去削铅笔，并在削铅笔的时候尽量拖延时间，然后随便找个借口去做别的事情，只要不写作文；抑或，他们可能与同学、兄弟姐妹、老师或爸爸妈妈聊起天来；抑或，只要身边的环境中有任何的"风吹草动"，他们马上把注意力分散到它们上面去。他们也许变得可笑或挑衅，或者抱怨疲劳（事实上，在某些孩子身上，费尽心力的任务确实会造成包括疲劳在内的负面效应）。孩子做的这里描述的所有事情，都是在无声地呐喊："我不知道怎么做这件事！"

当然，有些孩子就直接说出来，承认他们不知道怎么完成这一任务，但太多的时候，家长或老师的反应通常是："你当然知道怎么做。这很容易。"不幸的是，这种说法会让孩子感到自己"更蠢"，因为别人告诉他，他不知道怎么做的事情，实际上很容易。如果你跟孩子说过这样的话，那么问一下你自己，这些任务是不是需要用到你具有优势但你孩子存在不足的那些执行技能。如果是，当这句话刚刚在你的脑海中萌生时，你可以提醒自己，先别急着说出口，而是更仔细地观察任务本身的实际，并且思考一下为什么你的孩子完成不了。大人（特别是父母和老师）的工作是辨别任务的哪些因素使得孩子出现了相应的情绪反应或行为响应，以便理解孩子在大人面前表现出来的行为，以及导致这种行为的那些障碍到底有怎样的特点。

**3. 想一想那项任务需要什么样的执行技能，并问你自己，你的孩子是不是拥有这些技能。**当然，你不需要对孩子必须做的每一件家务活或者每一门家庭作业都进行这样一番分析，但如果你孩子对某件特定的家务或活动十分抗拒的话，考虑一下这种抗拒的部分缘由是否源于该任务与孩子的技能不匹配，是有道理的。当你完成第 2 章中的评价量表时，就已经确定了你孩子的执行技能不足有哪些，因此，你可以只是简单地问一问自己，你孩子正在设法回避的任务，是否需要用到他表现得较差的技能。作为选择，你可以着手将任务以及需要的执行技能一一列出清单，以确定哪项执行技能在手头的任务中发挥主导作用。

让我们以打扫房间为例。这是一项几乎所有父母都希望他们的孩子能够完成的任务，但如果你看一看完成它需要的执行技能，便会发现，存在着执行技能不足的孩子，还是可能以各种各样的方式犯错。对于需要完全独立地完成房间打扫任务的孩子来说，最起码需要以下这些执行技能：

- 着手做事——孩子必须能在没有人提醒的前提下着手执行任务。
- 保持专注——孩子必须能足够长时间地坚持执行，直到任务最终完成。
- 制订计划 / 要事优先——孩子必须制订一个计划并且确定什么是重要的，什么是不重要的（例如，在清理房间中的物品时，知道哪些需要保留，哪些应该扔掉）。
- 整理——孩子必须拥有某种管理自己物品的方法，使房间里的每一样东西都有存放的地方。

当某项任务需要多种执行技能时，你要在孩子必须使用某种存在着不足的技能时决定将任务分解。然后，你可以支持孩子提升那一项技能。假如孩子的问题是动手做事的能力差，那你和孩子要就什么时间打扫完房间以及孩子需要什么样的提醒等达成一致。假如孩子的问题是难以保持专注，那你和孩子可以将打扫房间的任务分成若干子任务，并且针对何时完成每一项子任务制订相应的计划。如果孩子的问题是计划能力差，那你和孩子可以坐下来探讨一番，将打扫房间涉及的步骤列一个表，并将其转换成一份任务清单。如果孩子的问题是整理能力差，那你可以看看你怎样帮助孩子对卧室重新布局，使她能够更容易地整理她的物品。这些例子正是本书的第三部分将要描述的。

**4. 思考孩子身处的环境中是否有些因素使任务变得更艰难**。对执行技能弱或者刚刚掌握某些技能的幼童，即使是环境中一些很小的事情，也可能干扰他们对那些技能的运用。一些分心的事物，比如开着的电视机或是孩子无意中听到一些有趣的交谈，可能是一种干扰。对有些孩子来说，在他们完成一项艰巨的任务时，有人站在旁边盯着他们看，也可能让他们停下来，特别是当他们觉得旁人正在评判他们时。如果你很难让孩子练习钢琴，那么，当孩子正在练习时克制自己提出"建设性建议"的冲动，也许是个好主意。

另外，在某些情况下，完全让孩子单独完成某项任务，可能反而妨碍任务的完成。例如，难以保持专注的孩子很容易受到内部和外部一些令他们分心的事情的干扰，那些事情将他们的注意力吸走了。在制订计划或灵活性等技能上存在不足的孩子，如果让他们单独去完成任务，他们可能不知道怎样开始或者如何随着时间的推移取得进展。当任务是开放式的（也就是说，有许多种可能的路径或者多个可能的解决办法）时，尤其不能把孩子丢在一边。对很多孩子来说，让他们自己去完成任务，他们会觉得任务似乎压得他们喘不过气来——完成任务的步骤太多，要逐一做完这些步骤，需要耗费的时间太长，而且没有人在旁边鼓励他们或提供正反馈，他们很快就会灰心，并因此放弃。

你也许还对你孩子运用某一特定执行技能的能力感到迷惘和不知所措。有时，孩子面临的局面各不相同，使得他们运用执行技能的能力也迥然相异。例如，某个孩子能够在学校里完成作文（他身边的其他同学都在写，他也知道老师一直在看着他，并且会定期来到他的课桌旁，看看他写得怎么样，或者提些小建议），但也许无法在家里写好一篇类似的作文（在家里，他受到的监督少一些，不太相信爸爸妈妈能够在他写不下去的时候帮他）。如果你可以辨别在某种局面下有利于孩子成功完成任务的因素或在另一些局面下导致孩子失败的因素，也许可以"改变环境"来增大成功的可能性。

影响孩子出色运用执行技能的一个显著因素是孩子对手头任务的兴趣大

小或者成功完成该任务的动力强弱。例如，有的孩子经常忘记把家庭作业带到学校去，却完全记得把家里的 CD 碟放到书包里，到学校和同学分享。有的孩子忘记在放学后向数学老师请教关于考试的问题，却记得今天早晨爸爸或妈妈说过，放学后他们可以到商场里去，用礼品券买东西。如果这些描述听起来跟你的孩子很像，那并不一定意味着他的工作记忆很差——只是意味着，孩子要参加某项特定活动的额外动力，胜过了他们天生就比较弱的记忆。知道孩子在动力足够强劲的情形下可以更有效地运用执行技能，你就能想办法将任务完成情况与某些激励因素联系起来，诱使孩子付出更大的努力去完成任务，那些任务要求他们运用也许并非那么容易便能调用的执行技能。

第 6 章将更加详尽地描述可能妨碍孩子运用执行技能的环境因素，并且提出一些关于改变环境以帮助孩子取得更大成功的建议。第 8 章将更多地探讨如何激励孩子运用和发展他们不太擅长的执行技能。

**5. 如果你的孩子有时候可以执行任务，但并非所有时候都这样，也许只是意味着你已经找出了他的执行技能的不足之处。**能够去做某件事情与能够持之以恒地做某件事情，有着天壤之别。若你在整理方面存在困难，如果我们让你保持书桌干净和整齐，你便会对此深有体会。没错，你完全能够整理好书桌。你知道怎么清理。例如，你可能决定把书桌上的哪些东西保存下来，然后把其他东西一件一件地处理掉，并决定怎样来处理（扔掉、存档、放进"待办事项"盒子、送给别人，等等）。然而，一旦你清理好书桌，想一想你要日复一日地保持书桌整齐干净，该有多难！这正是孩子面临的情形，因为这项任务要求他们运用自己存在不足的执行技能，他们也许知道做些什么和怎样来做，但是，只要他们的父母或老师要求他们持之以恒、日复一日地保持书桌整洁有序，就完全是另一回事了！

如果你和孩子遇到了类似这样的情形，你还是有一些选择的。你可以尝试着掌控局面，不至于到最后无从收拾。比如，对整理技能差的孩子，这可能意味着每天睡觉前花 10 分钟时间收拾游戏房，而不是等到周末再来收拾，到那个时候，房间里的杂乱会进一步加剧。对时间管理能力弱的孩子，这可能意味着针对他以为能在半个小时之内完成、而你知道得花好几个小时完成的任务，给他制定一个日程安排表。

不过，在有些情况下，你也许发现，最好是"有选择地战斗"。这就是说，有的时候要顺其自然。譬如，当孩子做完家庭作业或者经过超长时间的体育训练后已经十分疲惫了，那就把打扫房间的任务留到明天去做。情绪控制存在问题的孩子格外容易从一系列的来源中感受到压力，这些压力源不仅影响他们控制情绪的能力，还殃及他们运用其他执行技能的能力。疲劳、饥饿、过度刺激、在学校不开心、计划出现了意想不到的更改，等等，全都可能影响孩子调用资源和使用执行技能的能力，并且可能需要家长帮助他们控制自己的行为，进行实时的调整。不过，如果父母发现他们自己过于频繁地顺其自然，可能得看看是不是能够减少激发孩子行动的"触发因子"。不论什么时候，只要有可能，最好是减少对孩子的要求，而让孩子完全地摆脱困境。例如，与其让他们花 10 分钟时间整理游戏室，不如让他们今天只把乐高积木收拾好，其他玩具留到明天再收拾。

**6. 如果你的孩子有些时候能够处理好任务，想想是什么使他取得成功。**
也许你听到自己说过类似这样的话："你上次就抱怨这件必须做的事情，但你最终还是把它做好了，因此，别再抱怨了，动手做吧。"如果你说过这样的话，可能忽略了某些重要的因素。首先，你上次给孩子提供了多大的支持和哪种类型的支持，使得孩子能够成功完成任务？你也许做了很多，让孩子觉得这件任务容易完成一些，但你自己甚至没有注意到自己做过。这些事情包括：

- 和孩子讨论过，在他开始做事之前，必须先做些什么（有时候我们称之为"给水泵充引液"）。
- 为孩子分解任务。
- 允许孩子只做 5 分钟便休息一下。

这只是一些可能性。如果你的孩子无法持续地完成某一特定任务，让你感到困惑，试着回顾一下成功的经验与失败的教训。你甚至可以匆匆记下任务中涉及的各种不同的环境因素，将它们记在两列中，然后进行对比，看一看成功的因素是什么。

**7. 如果孩子似乎具备完成任务的执行技能，那么，问题是不是孩子不相信他能成功？** 这是有助于确定吻合度的另一个重要变量，是孩子对自己取得成功的能力的估计。如果你仔细观察任务，然后将任务要求具备的技能与孩子的技能进行对比，还观察完成任务时所处的环境，而你仍无法搞懂你孩子为什么无法完成好手头的任务，那这也许是孩子缺乏信心的信号。孩子缺乏信心，可能出于以下的众多原因。

- 任务看起来太大了，他们无法透过任务的规模来理解，完成任务的每一个单独的步骤都在他们的能力范围之内。
- 他们在许多其他的事情上尝试过，并且都失败了，以至于他们将这次的任务与那些失败了的事情混淆了，以为这次同样会失败。
- 他们过去的努力曾遭到批评，他们不想再次冒被批评的风险——当孩子有着完美主义倾向时（这种孩子的父母常常也有完美主义倾向）尤其如此，因为不论他们多么漂亮地完成任务，永远也不能完全达到父母的期望或者他们想要取悦或留下印象的其他人的期望。
- 有些人总是在一遇到障碍的时候就着手干预和施以援手，因此，孩子从来都不知道，他们原本是可以自己去克服障碍的（或者是在最小的帮助之下去克服的）。

有时候，一项任务可能恰好没有超出孩子的能力范围，而你也知道得很清楚。但是，假如你孩子认定她不能胜任这项任务，那她可能分心，去干些别的事情。每当她遇到自己确实无法完成的任务时，她也同样会掉转头去干别的事情。幸运的是，你可以采用同一种方式来应对这两种局面，那便是：在某些小地方改变这项任务，以帮助孩子体验到迅速的成功。当任务真正处在孩子的能力范围内时，只要孩子发现她真的成功完成了，并且从别人那里获得了一些肯定的反馈，那么，整项任务的成功通常来得更快一些，问题也弱化得更快一些。

在很多情况下，应对这些局面的一种方式是帮助孩子着手完成任务（不论任务是什么），并且让他知道你不会让他失败（也就是说，你总会在他完成任务的过程中提供必要的支持）。你可能发现，运用"学骑卸掉了训练轮的单车"的类比是有益之举。让你的孩子知道你会始终帮助他，好比他在学骑单车时，你在后面扶着，直到他对你说"可以松手了，让我自己骑"。如果任务确实在你孩子的能力范围内，那么，这种自信加上你早些时候提供的支持，对孩子来说应当足够了，而且他会很快让你知道，"可以放手了，让我自己来"。这种方法在孩子面对许多他们认为自己做不了的家庭作业时格外有效。让他们开始做，给他们一些小小的提示和无声的鼓励，并且表扬他们的坚持不懈或者刻苦认真。假如他们开始泄气或遇到障碍了，你再介入并提供更加实质性的支持。

让孩子练习问题的解决方案或者演练问题的情形，是帮助孩子获得信心的另一种方式。也许你儿子想打电话邀请一个朋友来家里玩，但他不确定怎么打这个电话。给他一份脚本，然后和他玩一次"角色扮演"，直到他能够自如地打电话为止。你也许想用好几种可能的结果来练习（例如，当朋友出于不同的原因而拒绝邀请时，怎么处理），以便你孩子对许多可能的结局做好心理准备。

当任务和环境与孩子的执行技能情况并不是很匹配时，不管到底是哪些细节不匹配，孩子都将设法控制局面，如果无法控制，则要么逃离，要么退避。在此前描述过的场景中，卡门和罗杰试图避免当时的局面来响应。患有亚斯伯格综合征⊖（Asperger Syndrome）的孩子缺乏灵活性，并且难以应对随

---

⊖　尽管"亚斯伯格症"是美国精神病学会在《精神疾病诊断和统计手册》中使用的首选术语，但其症状通常被称为"亚斯伯格综合征"，因此，我们在这里使用这个术语。

意的交谈，那他会用自己的兴趣来主导交谈，以此来重新构建局面，以便与他的技能相匹配。即使是并未患有亚斯伯格综合征但缺乏灵活性的孩子，有时候也会有这个问题，并且以同样的方式处理。管理情绪或控制冲动能力较差的孩子通常难以应对身边有许多事情发生或者事件的发展十分迅速的局面，他们可能远离或退避到安静的角落。我最小的儿子（这是作者之一的佩格在说话）还是个学龄前儿童时，当朋友来家里玩并且待的时间太长时，他往往开始做出恶劣的行为。他并不知道怎么让朋友回家，但他知道我会读懂他的行为发出的暗示，并且告诉他的朋友，这次和同伴约好的玩耍时间到了。在本书的第二部分，我们将阐述你需要了解的一系列局面，以便你做出相应的调整，使你的孩子与他需要完成的任务之间的吻合度进一步提高。

第二部分

# 奠定有益的基础

S m a r t   b u t   S c a t t e r e d

# 第5章
# 提高孩子执行技能的十条原则

　　到目前为止，你应当很好地理解了执行技能有多么重要，尤其在孩子去达到通常施加给他这个年龄的孩子身上的要求时，它们更是极其重要。你可能对孩子的优势与不足有了更清晰的了解，也知道了你的孩子为什么在完成某些任务时很困难，而完成另一些任务却轻而易举。你也许已经想出了一些点子来充分利用那些优势，以便你的孩子如你期待的那么聪明，而且比之前精力集中得多。现在你知道了怎样使你和你孩子之间最大限度地吻合，也知道了怎样应对你们之间不可避免的鸿沟，我敢打赌，你和孩子之间发生冲突的概率已经稍稍降低了一些。

　　在本章中，我们将所有这些背景信息精选为十条原则，这些原则应当能指引你帮助孩子成长与发展。你可以用它们将第三部分中描述的策略运用到你孩子的独特情形和性格特点上去，或者用它们构思你自己的策略。不论是哪种方式，它们都是一些规则，用来帮助孩子管理当前具有挑战性的任务，提升孩子发展落后的执行技能，并鼓励孩子练习运用执行技能，使自己在这些方面的潜力最大化。你将在第二部分的其余内容中更多地了解这些最重要的原则。

**1. 向孩子传授他存在不足的技能，而不是指望孩子通过观察或耳濡目染学会它们。**

有些孩子似乎天生就能有效地运用执行技能，而另一些孩子，如果让他们独自去运用，总是遇到困难和挫折。这可能与学会阅读等其他技能有一定的相似之处。少部分孩子看起来能够自己学会阅读，而大部分孩子需要接受正规的教育才行。另有少部分孩子似乎无法迅速或顺利地获得这一技能，即使他们也在课堂上接受了阅读的教学。许多父母和老师通过心理学家称为的"偶然学习"（incidental learning）来促进孩子执行技能的发展与提升，也就是说，他们为孩子提供松散的结构、模型和偶尔的提示与暗示，而孩子需要的就是这些。或者，也许在更简单的时候他们只需要这些，也就是说，当别人对孩子的要求不太高、老师和父母能够提供的监管与支持更大的时候。

然而，在如今这个时代，大多数孩子时常为某些任务犯难，那些任务需要一定的执行技能，却超出了孩子的技能范围。为了响应这个更加复杂的世界，我们不能让孩子的执行技能听天由命。我们得给孩子提供直接的教学，也就是确定问题行为、辨别目标行为，然后设计和执行教学顺序：起初是密切地监督，接下来将提示与支持慢慢地减小，直至隐去。我们将在第7章中更详尽地描述这个着眼于完成特定任务的过程。但还有另一些更加自然的方法来传授执行技能，那便是通过铺垫甚至玩一些游戏，以鼓励孩子从整体上发展执行技能，而不是紧盯着一项需要某些技能的特定任务。这种方法也将在第7章中更加全面地描述。此外还要注意，这一原则怎样与第3条原则相联系。你在向孩子传授技能时，采用修改任务使之变得可掌控的方法，便是从外部环境开始，但最终的目标是让孩子将教给他们的技能内化于心，以便孩子将技能列入"技能库"中，并且可以自由地运用到将来需要完成的其他任务上。

**2. 考虑你孩子的发育水平。**

我们不会期望 5 岁的孩子安排和准备他们在托儿所里吃的午饭，不指望 10 岁的孩子独自为他们的夏令营准备行李，也不会期望 14 岁的孩子一个人居住在公寓里。然而，我们在实践中发现，许多父母对他们孩子的独立性抱有不切实际的期望。例如，我们曾遇到过一位母亲，她希望自己 8 岁的女儿能记得每天早晨服用哮喘药物，这对大多数孩子来说，至少要到小学高年级甚至更大一些的时候才能做到。而且，我们经常和一些高一学生的父母打交道，在这些父母中，有些人的孩子没有围绕将来要上的大学而制订明确的计划，也不理解考入大学需要做些什么，父母为此气恼不已。从我们的经验来看，即使是高二和高三年级的孩子，也往往需要父母的帮助和咨询师的指导（或者是两者兼有）才能做好这些事情。

了解什么是任何特定年龄的孩子的正常状况，以使你不会对孩子抱有太多期望，是解决执行技能不足的第一步。我们在第 2 章的表 2-1 中列举了我们期望孩子一般在什么年龄能够完成要运用某些执行技能的任务。我们还在第三部分列出了一些更加详尽的任务清单，你可以用这份清单来辨别孩子在特定执行技能的发展方面做得怎样。

但是，知道任何特定年龄的孩子的一般情况，只是过程的一部分。当你孩子的技能发展滞后或者不足时，你得介入并干预，不论他目前的技能发展水平如何。虽然一个正常的 12 岁孩子也许能在每周日程安排表和一两次提醒（或者三次）的帮助下自己动手整理房间，但如果你家的 12 岁孩子还从未整理过他的房间，那么，适合大多数 12 岁儿童的执行技能结构与策略，也许不适合你家孩子。如果你孩子的情况跟他的同伴相异，或者跟你的期望不同，你还得将任务的要求与孩子的实际发育水平匹配起来。第 2 章中的

表 2-1 应当有助于你了解你孩子的发育年龄，至少涉及你关注的特定执行技能的发展年龄。

**3. 从外部转向内部。**

如我们提到的那样，当孩子还很小时，你基本上扮演着孩子的大脑额叶的角色。所有的执行技能培训，都是从孩子之外的某些事情开始的。你还没有教育孩子不能冲着过马路的时候，在你们两个来到街角即将过马路时，你会和他在一起，抓着他的手，确保孩子不会冲出去。到最后，由于你一再强调"过马路时看两边"的规则，你的孩子将这一规则逐渐内化于心，接下来你会观察孩子遵守该规则的情况，再到后来，你的孩子可以自己处理过马路这件事情了。你在想尽办法组织和构建你孩子身边的环境，以弥补孩子尚未发展成型的执行技能的不足。因此，当你决定帮助孩子发展和提升更有效的执行技能时，应当始终从改变孩子的外部因素开始，再转向要求孩子改变的一些策略。这方面的一些例子包括：

- 提示孩子睡觉之前刷牙，而不是指望他自己记得。
- 使任务简单化，而不是指望年幼的孩子花很长时间完成某件家务活。
- 将生日派对的规模控制得小一些，以避免难以控制情绪的孩子受过度刺激。
- 让学步期或入学前的孩子在穿过繁忙的停车场时抓着你的手。

**4. 记住，改变外部因素，包括改变环境、调整任务，或者改变与孩子互动的方式等。**

不管什么时候，只要你试图改变孩子的某些外部因素，使任务变得可控并鼓励执行技能的发展与提升，就一定要考虑上述三种可能性。这些事情也许十分简单，比如，让患有注意缺陷／多动障碍的孩子在厨房里做家庭作业，以便你可以监督和提醒，并且鼓励他聚精会神地做下去。对于情绪控制能力差的孩子，这也许意味着找些更年轻的玩伴，将跟同伴约好的玩耍限定为一次只跟一个孩子约，或者让爸爸、妈妈或保姆现场监督，尽管这些事情并不是为他这个年龄的孩子而做的。你还可以采用多种方式改变任务，以便孩子选择与你迄今为止发现行不通的不同路径，以实现最终目标。本书第三部分中的大部分内容将告诉你怎么做。最后，你可以改变自己（或者老师之类的其他成年人）与孩子互动的方式。你可能已经做了一些事情，现在知道怎样将你的执行技能与孩子的技能进行对比，但对于以不同方式互动以及改变环境或修改任务，还有一些更加具体的建议，都将在第 6 章中介绍。

**5. 运用孩子天生的渴望变得熟练与获得控制的动机，而不是与之相悖。**

任何一个 2 岁孩子的父亲或母亲都知道，孩子从很小的时候就在奋力争取掌控自己的人生。他们通过熟练掌握某件事情和致力于得到他们想要的东西来掌控人生。父母乐于看到孩子渴望变得熟练：最初还是个婴儿时，孩子练习着独自站立或者爬楼梯；过了几年后，他会坚持着学习骑两轮单车；又过了几年，他再坚持着学开汽车。对于孩子在想要某样东西时想方设法地获得那样东西这件事，父母往往稍稍有些矛盾，因为有时候，孩子想要的与父母想要的产生了冲突。

不管怎样，你可以采用一些方法来支持孩子的计划，同时继续掌控局面。这些方法包括：

- 确定日常事务并制定日程安排表，以便孩子知道什么时候将会发生什么，并且将其作为日常生活中的一部分加以接受。这对那些每天都要做的活动尤其重要，比如吃饭、睡觉、做家务、做作业等。同时，这还让孩子知道，在一天中的某些时间或某些活动上，父母的日程安排表是占主导的。当你率先占据了那些"空间"，你的孩子不大可能坚持声称必须由他自己做主，因此也减少了他对你制订的后续计划的抵触。

- 插入一些选择，使孩子产生某种控制感。这可能包括让孩子选择做什么家务活、什么时候做或者以怎样的次序来做。

- 一小步一小步地练习艰难的任务，并且逐渐提高要求。

- 运用谈判。这样做的目的是让你抛弃"脱口而出地说不"的做法，同时确保孩子能够从"必须做"过渡到"想要做"。这个过渡的过程，也被称为"奶奶的法则"，因为奶奶们总是善于让孩子先完成某件家务活，再给孩子吃一块儿她亲手做的美味的巧克力片曲奇饼干。

**6. 改变任务，使之与孩子的能力相匹配，以便孩子尽力去做。**

有的任务比另一些任务需要付出更大的努力。这对成年人来讲也一样。想一想你在办公室总是一拖再拖的那些事——你知道，对你一再拖延的事情，你总是可以想出比它更紧迫的 100 万件事情来。或者，想一想几个星期来一直让你丈夫（妻子）感到心烦的那件家务活，并不是他（或者其实是你）不能做这件家务活。

但事实上，需要付出努力的任务有两种：一种是你确实不擅长的任务，另一种是你十分擅长但你就是不喜欢做的事情。对孩子来说也一样，因此，取决于考虑中的任务属于哪一种，你得对孩子运用不同的策略。

如果我们探讨的是孩子并不十分擅长的事情，你可以采用下面的方式来处理：将任务分解成许多的小步骤，要么首先从第一步开始，直到最后一步；要么首先从最后一步开始，倒推到第一步，如果孩子没有掌握之前的步骤，不要进入下一步。以铺床为例。从最后一步开始，意味着你把前面所有的步骤都做完，只把最后一步留给孩子做（你把床罩铺得整整齐齐之后，叫孩子把枕头放到床上去）。从第一步开始，意味着只是让孩子把床上最外面的床单铺整齐，其他步骤由你来完成。当孩子做得不错时，你要表扬他，并且只让孩子反复练习第一步，直到这个步骤成为孩子的第二天性，或者做起来十分容易，以至于闭着眼都能完成。到这个时候，你再转入下一步。

但是，第二种需要付出努力的任务，往往确实让父母产生强烈的情绪。对这些任务，你可能指责你的孩子"就是认为自己不喜欢做"。我们作者的感觉是，如果任务变成你和孩子的"战场"，那么在孩子看来，也许不只是这项任务令他们觉得讨厌那么简单。因此，我们的建议是：如果你和孩子就这项任务战斗了好几次，但你都没赢，最好改变这场战斗的特性。于是，你的目标是教育孩子全力以赴地去做，要让他们克服自己半途而废或者转而做其他更喜欢的事情的想法。要做到这一点，方法是使第一步足够容易，以便孩子不会感到整个任务格外艰难，并且在孩子完成第一步之后立即给予奖励。接下来，你慢慢地增大孩子为获得奖励而必须付出的努力，要么提高任务的要求，要么延长孩子做事的时间，并且在满足你的条件之后，他才能赢得奖励。

我们和一些父母合作过，他们的孩子总是抗拒需要付出努力的任务。我们发现，在衡量任务对孩子的难度时，让他们使用一个量表（比如从 1 到 10）是有帮助的。10 代表孩子可以做，但感觉**特别艰难**的事情，而 1 则代表**根本不用费力**就能做好的事情。设计或调整任务的目的，是使它的难度感觉像是这个量表中 3 的水平。

例如，在我看来（这是作者之一的佩格在说），整理我的书房感觉就像攀登麦金利山那么难（我不是一位登山者），部分原因是，这件事情给我的感觉是永远也做不完。于是，整理整个书房好比量表上的 10。那么，我能不能只花 1 分钟时间来打扫书房呢？没错，那太容易了，因此，只花 1 分钟来打扫，好比量表上的 1。那么，量表上的 3 意味着什么呢？哦，也许是打扫 10 分钟或 15 分钟。没错，如果我一次性把整个书房打扫完，可能不止花 10 ～ 15 分钟的时间，但每次花这么长时间来打扫，总比我从来不去打扫书房会更快一些完成整理整个房间的任务。

同样，你可以帮助你孩子运用这个量表去思考怎样做他们需要做的事情。让我们假设你希望家里 13 岁的儿子在整个暑假期间坚持修剪草坪，再假设你发现自己要催他一个星期，他才能把草坪修剪完。到最后，你终于意识到，他之所以逃避这项任务，是因为他觉得做这件事格外无聊（因此需要付出大量的努力）。你也许觉得，对他解释 1 ～ 10 的量表是有帮助的，因此让他评估一下修剪草坪这项工作，然后问他，如果将修剪草坪的任务从 10

的难度降低到 3，可以如何调整。他起初的回答可能是"给我一台可以坐着操作的剪草机，上面还有很酷的小工具"。只要你向他解释为什么这是不可能的事情，让他意识到，对他来说，难度 3 意味着他得花多少时间来剪草，或者说，将难度降低到 3 的水平，他是不是还能获得想要的奖励。

这个量表还可以应用于令孩子反感的家庭作业。你可以让你女儿首先评价一下，她觉得每一门作业有多难，然后开始为家庭作业制订计划。接下来，她可能根据自己的评价来决定先做哪门作业，而你也可以鼓励她在做那些她评价的"得分"较高作业的过程中适当休息一下（或者，甚至在容易的作业和难的作业之间来回切换一下）。

**7. 运用刺激增强教育效果。**

刺激就是奖励，就这么简单。它们可能是一句简单的口头表扬，或者是一个精心设计的计分系统，只要达到一定分数，孩子每天、每周或每月都能赢得奖励。

有的任务，对孩子来说，熟练掌握任务就是一种足够的刺激。大多数孩子天生就盼着熟练掌握某些事情，比如学会自己站起来或爬楼梯，学会骑自行车或者学会开汽车。我们期望孩子完成的许多任务，都缺少内在的刺激，尽管这在某种程度上对不同的孩子来说不一样。例如，我们遇到过一些乐于帮助妈妈整理房间或者帮爸爸打扫车库的孩子。他们获得的奖励，要么是有机会和爸爸妈妈待在一起，做一些"大人的事情"，要么是获得源自看到最终成果的一种满足感（如看着整洁的房间或车库），不过，后面这种情况不太常见。对大部分孩子而言，同样的这些任务令他们很讨厌，以至于要尽最大的努力避免。家庭作业是另一个例子。很少有孩子放学后会迫不及待地回家做作业，但对有的孩子来讲，家庭作业做得好，他们的成绩就好（或者，如果他们老是逃避家庭作业，则会因为成绩不好而感到羞耻），这就足以促使他们按时完成好家庭作业。不过，我们和很多孩子接触过，他们觉得，与家庭作业相联系的奖励和惩罚，并不足以使他们毫不抗拒地乐意做作业。如果你孩子也这样，那么你要考虑一些额外的刺激，以便孩子认真对待家庭作业，不至于把它变成他和你之间的主要"战场"。

刺激可以产生一些良好的效果，让孩子努力学习某项技能，使得执行某项任务所付出的努力变得不太讨厌。我们将在第 8 章中更多地探讨这一点，但是，奖励还对行为具有激励的效果。它们让我们"有盼头"，激励我们坚持不懈地完成艰巨任务，并且帮助我们战胜自己对手头的任务产生的负面想法或感觉。我对童年时期有一种美好的回忆（这是作者之一的佩格在说），记得我父亲常常把自制冰激凌作为炎炎夏日的一份特别的点心。于是，我觉得和哥哥们轮流去转动手动曲柄，也非常值得（尽管我的手臂肌肉并不发达），因为我知道，只要完成这项艰难的体力活，就能赢得奖励。

最后，在完成任务之后给予孩子奖励，是在教育孩子推迟满足，这本身是一项宝贵的技能。第 8 章将描述制定与技能教学相伴随的奖励方法的过程。

**8. 为孩子的成功提供只是足够的支持。**

这个道理似乎不言而喻，但事实上，这条原则执行起来可能比它表面上看起来的更难。这条原则包括两个同等重要的部分：①**只是足够的支持**，②**为了孩子的成功**。父母和其他跟孩子接触的大人往往犯两种类型的错误。他们要么给予太多的支持，这使得孩子尽管成功了，也没能提高自己独立执行任务的能力；要么给予的支持太少，使孩子无法成功，这同样永远无法提高孩子独立完成任务的能力。

这里有一个简单的例子。当孩子准备学会自己开门时，你们不再给他开门，而是站在一旁，做好干预的准备，直到孩子再也无法继续下去，就出手帮助。也许孩子将小手放到了门把手上，但不知道怎么转动。于是，身为父母的你们，轻轻把手放在他的手上，然后教他转动门把手，直到门能够打开。当孩子下一次又遇到关着的门时，也许知道要转动门把手，但没能将其转得足够多，还是没法打开门。你再次把手放在他的手上，但是只能在他尝试着打开但没有成功之后才干预。通过反复的练习，孩子最终能够自己开门了。然而，如果你坚持要给孩子开门，那他永远也学不会自己开。如果你站在那里，让孩子一次又一次失败，那么，他也学不会怎么开门，到最后，这也许成了他要想尽一切办法逃避的一种不愉快的体验。

同样的原则也适用于你想让孩子熟练掌握的其他任何任务。确定他可以自行将任务完成到什么地步，然后出手干预——不过，不要为他做事，只是提供足够的支持，以帮助他度过最困难的时期，继续向着成功迈进。这种支持取决于任务的情况，既可以是实际的支持，也可以是口头的鼓励。这也许需要一定的练习，而且一定需要予以密切观察，但你终会掌握其窍门。

**9. 在孩子熟练或成功掌握技能之前继续支持和监督。**

我们看到父母知道如何将任务分解，怎样向孩子传授技能，如何强化孩子的成功，但孩子仍然没能学会他们想要掌握的技能。这常常是因为父母没能运用这条原则与／或下一条原则。这些父母确定了一个流程或程序，发现它们起了作用，但接下来却没有掌握孩子的情况，寄希望于孩子能够独自地持续成功。我们发现，一个更常见的例子是，父母教给孩子一些方法来帮助整理房间。例如，他们可能引领孩子走一遍整理书桌的流程，或者给孩子买一些整理学校物品需要的笔记本或文件夹，甚至帮孩子决定如何使用那些笔记本，但他们过早地期望孩子能够独自坚持，按照整理方法做下去。

一些朋友曾告诉我们，有的"富兰克林规划师"（指一些所谓的"励志大师"）过去常说，人们要花 3 周的时间来学会某一习惯。我们不确定这种说法的背后是否有研究作为依据，甚至也不确定这对成年人来说是否正确，但对于孩子来讲，特别是执行技能存在不足的孩子，这个时间期限也许过于乐观了一些，至少，假如希望孩子能在 3 周的时间内完全将执行技能投入使用，真的过于乐观了。我们经常鼓励父母注意观察孩子进步的微小信号。你一开始越是能够精确地找准问题，就越有可能看到孩子的进步。在着手执行本书中描述的任何干预措施或者甚至采用你自己想出的干预方法之前，要马上花几分钟时间，把问题到底是什么样子（或者听起来是什么样子，比如，

有时候孩子乱发脾气）写下来。用精准的语言来描述那种问题行为（例如，
忘记交家庭作业，只要计划有变便高声哭喊），并且要么估计、要么计算这种
行为出现的频次或持续的时间。如果这是一种涉及紧张程度的行为（如大发
脾气），你可以用一个量表来评价，量表上的指示从"轻微"直到"严重"。
你可以定期（也就是说，每隔几个星期）把你记下的东西拿出来，看看孩子
的进步是否明显。我们在本章结尾处提供了一个工作表（见表 5-1），帮助你
监测孩子的进步。

表 5-1　我们取得了多大的进展

| 日期 | 执行技能 | 准确地描述该行为<br>（它看起来 / 听起来是什么样） | 频次<br>（这种行为有多么经常出现？——每天、每周出现的次数） | 持续时间<br>（它持续多长时间） | 强烈程度<br>（在从 1 到 5 的量表中，这种行为的强烈程度怎样？） |
|---|---|---|---|---|---|
|  |  |  |  |  |  |
| 后续的日期 |  | 该行为是不是看起来 / 听上去仍和以前一样？ | 如今，它多么经常出现？ | 如今它持续多长时间？ | 如今它的强烈程度如何？ |
|  |  |  |  |  |  |
| 第 2 次后续的日期 |  |  |  |  |  |
|  |  |  |  |  |  |

　　不过，应当指出的是，在尝试着改变某一行为的早期阶段，有时孩子起
初反而变得更糟糕，过了一段时间之后才会好转。假如你的孩子在睡觉前哭

闹，非要你和他一同睡才能安静地睡着，而你决定扭转这一行为，那么，你有可能发现，在你试图扭转的这段时间里，孩子要么哭闹的次数增加了，要么哭闹得更厉害了，过段时间才会开始慢慢好转。专为解决情绪控制或反应抑制问题而设计的行为干预措施，特别是当你忽视孩子的一系列行为，同时又试图教给他一些替代的行为时，尤其有可能导致孩子的行为问题起初更加严重，过段时间后才会出现明显的进步。

你设计（和测量）干预措施时越是仔细，就可能越快看到孩子的进步。在我们的经验中，有些父母比另一些父母能够更好地采用精准的干预措施，并持续做好记录。对不那么精准的父母而言，定期的"核实"应当有助于你们发现，孩子实际上已经进步了。

**10. 当你不再给予孩子支持、监督和激励时，要逐渐地减小，绝不能突然取消。**

即使你坚持足够长时间地支持孩子，使孩子能够学会独立完成任务或运用技能，但有些时候，你也很想突然间不再支持他。不过，请不要这样做，而是慢慢地减小支持力度，使孩子能够逐渐独立地学会和运用技能。让我们回到第 2 章中讨论过的骑单车的类比。如果你曾教过孩子骑单车，你便知道，一开始时，你要抓紧自行车的后座，使车身保持直立，随着孩子不断地练习，你时常松手一两秒，以测试孩子是不是能够使自行车保持平衡，不至于大幅度摇摆。如果他能做到这样，慢慢地，你松手的时间逐渐延长。不要一开始总是抓着单车后座，然后突然间松开双手，指望孩子和单车都不会倒下，平稳地向前驶去。这不现实。

要记住第 8 条原则：只为孩子的成功给予足够的支持。当孩子不需要你一再提示或提醒时，不要老是提示或提醒。但也不要从全力的支持突然转变为完全不再支持！

我们将在接下来的三章内容里更多地探讨这种逐渐减小支持的过程，在第三部分中，你将看到详尽的图解来描述这一过程在实际中的运行。

不论你什么时候决定如何应对孩子存在问题的任务，或者，不论你什么时候想要磨砺一种整体技能，这些原则应当是可以依靠的。事实上，你可能发现，只要你在使用第三部分中介绍的策略时觉得自己被困住了或者停滞不前，回头仔细地审视这些原则，是有裨益的。我们有时忘记了，在生活变得复杂，生活对我们自己和我们孩子的要求更加多样化的时候，坚持一些基本的原则是多么重要。

# 灌输执行技能的三种方式

在这些原则之中，我们嵌入了你可以采用的、观察自己想要改变的任何行为的方式，包括获取和使用执行技能。行为管理专家通常称之为ABC模式。A代表前因（antecedent），B代表行为（behavior），C代表后果（consequences）。关键在于，有三次机会来采取措施，以便引发期望的行为或者改变想要改变的行为：一是改变行为发生之前的事情（外部因素或者环境），二是直接着眼于行为本身（通过传授和教育），三是通过强加的后果（激励或惩罚）。在第6章中，我们将着重关注行为的前因来探讨如何改变环境，以减少执行技能的问题，也就是说，着重关注使得执行技能的问题要么好转、要么恶化的外部条件。在第7章中，我们转而观察行为本身，并且告诉你可以怎样直接教孩子运用执行技能。最后，在第8章中，我们探讨使用激励来鼓励孩子使用执行技能。等到你读完所有这些章节，你也就做好了准备来构思和设计自己的干预措施，以提高孩子的执行技能，或者为理解这些干预措施构筑了坚实的基础，有助于你最大限度地利用我们为你制订并将在第三部分中介绍的干预措施。

第6章

# 改变环境：A 代表前因

　　4 岁的乔纳斯（Jonas）从一出生就是个调皮孩子。他婴儿时期患有疝气，睡眠缺乏规律，吃东西挑食，等到他能够表达自己的喜好时，他总抱怨自己衣服上的标签、紧身的裤子以及袜子上的缝合处。他的父母常常发现他在家庭聚会上情绪崩溃，而且父母几乎可以准确地预测这种崩溃何时会出现。乔纳斯似乎无缘无故地便会大发脾气，但父母也注意到，当他感到饥饿、疲惫或者受到过度刺激时，他的情绪更有可能爆发。把脾气发出来，似乎是乔纳斯知道的处理自己情绪的唯一方式。渐渐地，他的父母想出一些办法来减少那些问题。他们尽可能让乔纳斯的日程安排固定，也就是说，每天醒来和睡觉、吃饭、洗澡等，都在同一时间发生。他们限制乔纳斯看电视的时间，禁止他看任何有暴力倾向的动画片，并且形成了一些睡前的固定仪式。跟同伴约好的玩耍，限定为一次只跟一个孩子约，并且绝不允许超过一个半小时。当他们受邀参加别人的家庭聚会时，到得稍晚一些，走得稍早一些，而且，如果有必要的话，父母中的一个人会在聚会的中途把乔纳斯带出去走一走。这些改变的结果是，乔纳斯大发脾气和情绪崩溃的现象戏剧性地减少了。

你也许十分熟悉我们已经描述过的，用来辨别乔纳斯存在情绪控制问题的单项执行技能。乔纳斯父母采用的帮助他减少情绪爆发的方法，恰好归入本章将会讨论的这类策略。他们并没有直接教育乔纳斯如何控制情绪，而是组织所有的外部因素（前因），减小他感到"情绪超负荷"的可能性。还记得第 5 章介绍过的第 3 条原则吗？对乔纳斯的父母来说，"从外部转向内部"这条原则就是黄金准则。他们知道，让这么小的孩子学会控制情绪是不现实的，因此精心设计他每天的日程安排表，以便他的情绪不太可能失去控制。他们关注改变外部因素的各种方法（来自第 5 章中介绍过的第 4 条原则），但着重强调改变社会环境和实际环境。

改变外部环境的原则极其重要，也极其有效，因为它为孩子消除了做决定的负担。你不能要求孩子控制他自己的行为，也不能教会他如何控制他的行为——除非有可能通过例子来示范。你或许还发现，改变外部环境的方法易于采用，因为作为父母，你过去常常将改变环境作为管理孩子许多不成熟行为的方法。例如，你竖起一些物理障碍，使刚刚学会走路的孩子无法爬上楼梯，不至于在楼梯上跌倒；你把易碎的物品放在孩子够不着的地方；而如今，你为孩子确定日程安排表，保证他睡眠充足；你买回健康的食物并且将吃东西限定在吃饭时间或点心时间；孩子看电视时，你控制他观看的节目类型和时长，诸如此类。现在，你很大程度上在学着以同样的方式解决执行技能的不足。

如我们解释过的那样，在你孩子的大脑额叶发育成熟，足以使她做出良好的选择和决定之前，作为父母，你们要扮演他的大脑额叶的角色，替孩子做出那些选择和决定。随着孩子日渐成熟，你慢慢地将那个决策的过程转交给他，但要记住，他发育成熟的速度，不一定刚好和其他孩子一样。如你在第 5 章中了解的那样，应对孩子执行技能的不足，首先要从孩子的外部因素着手。要从改变**环境**而不是改变**孩子**开始。随着时间的推移，你再将改变环境的努力转交给孩子，将孩子变成你的干预措施的目标对象。你通过向孩子传授技能来做到这样，但只要你开始传授的过程，就要遵循由外及内的顺序。

回到乔纳斯的例子：他的父母通过外部的努力，解决了他情绪控制能力弱的问题。制定日程安排表和确立日常事务，调整看电视的时间和节目内容，让孩子少接受过度刺激的事情，等等，所有这些，没有一件是专门用来教导乔纳斯如何调节行为或控制情绪的，但它们确实营造了更加平和的家庭氛围，减小了导致乔纳斯情绪波动的事件发生的可能性。随着乔纳斯渐渐长大，他的父母可以开始和他谈心，聊一聊什么样的事情让他感到生气，在这些事情出现时可以做些什么来避免生气或者应对它们。等到乔纳斯在身心发育上已经做好准备，越来越能够理解自己的行为时，他会开始适应周边的环境，以满足自身的需要（例如，假若他不喜欢家庭聚会的嘈杂氛围，会自动离开，起身前往自己的房间独自玩耍）。这还使他懂得怎样应对一些令自己心烦意乱的局面，例如，通过使用自我安抚的方法或者寻求大人的帮助。

你可以采用众多方法来改变或组织外部因素，以抵消孩子存在不足的或者尚未发育完全的执行技能的影响，但这些方法，全都归入了第 5 章第 4 条原则中提到的三个类别。你可能发现，下面的某些理念听起来很熟悉。也许你已经用上了它们中的某些，只是自己并未意识到而已。或者，你只是断断续续地使用它们，没有始终如一地使用。如果你的孩子患有注意缺陷 / 多动障碍，你可能已经学会了某些行为调节方法。假如你的情况跟这些都不相符，也不要以为这里就没有你需要的东西。我们将向你介绍如何系统地运用这些策略，帮助你挑选也许你迄今为止从未用过的特定方法，并且告诉你，可以怎样把注意力更加集中在某些方法上（这些方法有针对性地解决孩子存在不足的特定执行技能），而不是把所有方法一股脑儿不加选择地教给孩子。对有些孩子来说，着手提高自己的执行技能，需要和父母联手改变环境，哪怕是以相当基本的方式来改变。因此，不要以为你之前尝试过所有这些方法就够了。那还不够。你将在第三部分中更多地学会如何为孩子设计干预措施。

## 改变实际环境或社会环境，以减少问题

这类改变环境的方法，可能以诸多的形式呈现，这取决于不同的执行技能不足和存在问题的特定领域。在改变实际环境方面，由于着手做事、保持专注或时间管理等技能存在问题而难以顺利做完家庭作业的孩子，通常可以改到厨房里做作业，在那里，让他们分心的东西（比如玩具）少一些，父母监督起来也更容易，这将使孩子受益。对那些因整理技能不足而导致卧室凌乱不堪的孩子，只允许她把少量的玩具带到卧室，或者给她买些箱子或储物容器来存放各类玩具（外面还贴上显眼的标签），可以帮助孩子收拾卧室。对难以控制情绪的孩子，父母应当限制孩子接触可能导致麻烦的场景、局面或设备。对有可能跑到马路对面去捡球的孩子，不允许他在家中的前院玩耍。如果孩子恼怒地乱扔东西，父母应当把贵重的或易碎的物品放在他拿不到的地方。对性子很急、难以等待别人的孩子，父母可以选择到上菜更快的餐馆吃饭，并且在等待上菜时允许孩子到处玩一玩，或者在等待时让孩子做一些有意思的事情，让他一时间沉浸在活动之中。

对这种社会环境进行管理和调节，可能使有的孩子受益。对情绪控制能力弱的孩子，对社会环境进行管控，可能包括限制孩子邀请到家里来的玩伴的数量，或者控制那些玩伴在家里玩的时间。对灵活性较差或难以控制冲动的孩子，安排一些组织严密的社会活动（例如玩一些有组织的游戏或去看电影），通常比更加开放式地和玩伴约好一起玩要更管用。

这里介绍几种改变实际环境或社会环境的方式：

- **增加一些实际的障碍，或者让某些地方禁止进入**。特别是存在反应抑制问题的孩子，在院子里竖一道篱笆或者在楼梯前装一道门，将容易打破的东西放在他们够不着的地方，把父亲的工具库房等房间的门锁上，以及拿走视频游戏的控制台，等等，这些都是控制实际环境的方法。我们认识一些父母，他们家十几岁的孩子行事冲动，于是他们把汽车钥匙藏起来，以防孩子半夜三更偷偷溜去开车，但这也许是一个更加极端的例子，大多数父母并不需要这样提防孩子。

  此外，还可以考虑设置一些技术上的障碍来管理孩子的执行技能问题。这包括父母对有线电视和视频游戏严加控制（例如，Xbox 让父母可以规定孩子每周或每天能玩多长时间的游戏；预先设置的时间一到，游戏的控制台就会关闭）。控制孩子玩电脑的方法包括设置电脑与 / 或上网的密码，以及利用过滤软件来控制孩子可访问的网站。如果你让孩子登录一些社交媒体网站，比如 MySpace 或 Facebook，一定要知晓他们的密码，并且能够检查他们的登录页面。让孩子知道你会这样做，而且会经常这样做，包括察看他们浏览的历史记录。

- **减少干扰**。我们组织中学生举办过讨论家庭作业的研讨班，学生告诉我们，完成家庭作业的最大障碍之一是家里的各种噪声，包括弟弟在一旁看动画片，或者哥哥把环绕立体声音响的音量开到最大。为孩子写作业创造"安静的时间"，可以提升他专心致志并高效完成作业的能力。另一些需要减少干扰的时候可能是睡觉时间和干家务活的时间。许多年轻人在做作业时听音乐，以此屏蔽干扰；玻色全罩式耳机之类的白噪声发生器是阻断干扰的另一种方式。

- **传授整理方法**。还记得"各有其所，一切妥帖"（A place for everything and everything in its place）那句老话吧？对孩子来说，如果给他们传授一些整理方法，一定更容易提高他们的整理技能。给孩子分配一些小杂物间和衣帽架以及用来存储设备和玩具的储物容器，并在每间卧室都摆放一些洗衣篮，让孩子把脏衣服放在里面，所有这些措施，都使得整理变得容易许多。这实际上是一个促使孩子把物品放在合适地方的例子，他们最终（等到他们 21 岁或 25 岁时）会将整理的概念内化于心。你还可以让孩子预先知道你希望他们的整理技能提高到什么样的水平，并且想办法暗示你的那种期望，以此培育孩子的整理技能。例如，把整理过后的卧室和游戏室的样子拍张照片，让孩子和你一起，将她整理的结果与照片进行对比。中学生可以使用个人数字助理（PDA）来帮助完成整理任务或安排自己的时间。

- **降低社交活动的复杂度**。在情绪控制、灵活性或反应抑制等技能上存在问题的孩子，常常难以应对复杂的社交活动，例如很多人参与的活动或是规则十分松散的局面。要简化社交的复杂度，意味着压缩活动的参与人数，或者更加严密地组织好活动。将生日派对控制在小规模，并且确保派对上还有另一些精心组织的活动，可能使孩子产生"十分美好的时光"的感觉，不至于因为难以应对这种场合而情绪崩溃。缺乏灵活性的孩子尤其难以适应开放式的社交场合。在这种情况下，组织一些可以产生社交互动的活动（如观看体育比赛、电视或视频，参观博物馆，或者到水上乐园玩耍），可以减轻孩子的心理负担。活动开始前，先让孩子清楚地了解并提醒他们遵守社会场合的规则，也是有益之举。孩子跟同伴相约一同玩耍的规则可能包括：一次只玩一个玩具，轮流玩、不打架。一开始就提醒孩子和他的玩伴注意遵守规则，这意味着你将那些规则嵌入他们的工作记忆中，使得他们更有可能坚持并遵守。

- **改变社交组合**。学会和形形色色的人相处与合作，是孩子的一种重要人生经验。虽说如此，但有些时候，父母掌控局面并且有意识地改变社交的动态，也是合理的做法。对你的女儿来说，和某些孩子一块儿玩耍，可能真不是个好主意。或者，如果你发现你儿子和很多朋友都玩得很开心，只除了其中一个名叫乔依的孩子（他喜欢一对一地和朋友玩耍）。孩子和玩伴相约一同玩耍时，或者在其他社交场合时，进行适当的安排，以避免孩子之间形成有可能发生冲突的组合，并没有什么错。在无法由你一手安排玩耍或学习组合的局面下（比如家庭聚会），要预见到可能出现的问题，因而必须比平常更密切地监管。我们还建议事先告诉孩子，在问题出现时，默认的选择是什么。例如，你可以对他说："只要我看到你变得不舒服，我们就可以这样做……"一定要为孩子提供帮助他摆脱困境的方案，也就是说，一旦孩子之间出现了问题，为了不让他们中的任何一个人感到尴尬，孩子或者父母可以暂时到某个地方待一会。

## 改变需要孩子执行的任务的特性

只要孩子能够自行决定如何分配时间，许多存在执行技能问题的青少年孩子便能很好地完成任务。他们往往被那些本质上吸引他们的任务所吸引，而且，只要那些任务饶有趣味，他们就会坚持完成。但是，当任务不再有趣时，他们会转而去做另一些有趣的事情。这也解释了为什么孩子觉得暑假比上学的压力小一些，因为在假期，有趣的活动明显多于乏味的活动。

不过，作为父母，我们都知道，很少有哪个人一生中真正只做有趣的事情。为帮助孩子将来适应成年人的工作职责与家庭责任，我们希望他们也能完成一些并非特别吸引他们的事情——无论是做家务还是写作业，参加孩子觉得没意思的家庭聚会，还是遵守日程安排表和常规事务。很多孩子可以抛开他们自己的偏好，做一些他们也许并不很乐意做的事情，执行技能存在不足的孩子也许做不到这些。

通过改变要求孩子执行的任务，我们可以采用许多方式使孩子更容易适应。

- **使任务更简短些。**特别是对那些在着手做事和保持专注方面存在问题的年幼孩子，我们通常说，当他们着手完成任务的时候，应当让他们看到任务结束的希望。尤其对这些年幼的孩子，如果你让他们打扫庭院，而你的庭院看起来像森林那么杂乱，那么，允许他们将打扫任务分成若干部分来做，每个部分的任务都比较简短，胜过让他们一下子清扫完所有落叶。

- **如果不得不分配长时间的任务，就在任务中经常性地插入休息。**假如需要对你家那森林般杂乱的庭院进行一番清扫，而你又没有别的办法将任务缩短，那就将任务分解。让孩子一次只打扫草坪的某个部分，或者一次只扫 15 分钟落叶，不指望他们一次性完成整个任务。

- **在孩子完成任务时，给孩子一样他们期待已久的东西。**我们将在第 8章探讨激励手段时更详细地讨论这一点，但是，要改变孩子对我们要求他完成的任务的感知，一种最有力的方式是让孩子知道，当他们完成某件可怕的任务时，将获得一样有趣的东西。

- **使任务更加明确。**与其将"打扫整个卧室"的任务交给孩子并将他带到卧室，不如将任务细分为一连串的子任务。很多时候，这些子任务可以转换成一个任务清单。

  （1）把脏衣服放进洗衣间。

  （2）把干净衣服放进梳妆台抽屉，或者挂在衣柜的衣架上。

  （3）把书本收到书架上。

  （4）把玩具放进玩具箱。

对于像早晨常规事务或睡前固定仪式之类的事情，或者其他任何一项包含多个步骤的家务活，都可以采用类似的方法。我们将在第 10 章中用一整章的篇幅来介绍怎样以这种方式将每天的常规事务分解。

- **为孩子制定日程安排表。**这类似于列出任务清单，但日程安排表的应用可能更广泛一些，可以让孩子觉得一天的时间更容易过去。将吃饭时间、睡觉时间、干家务时间和做作业时间等全都固定下来，不但能让孩子知道可以预期些什么，还有助于他们在内心产生一种有序的和常规的感觉，这是帮助他们日后提升更高级的制订计划、整理和时间管理技能的必备技巧。

● **增加可选择的任务或任务的种类。** 与其让孩子整天干同一些家务活，不如拟定一份家务清单，让他可以选择自己想干的活，这样一来，任务看起来就不那么令人讨厌了。你也可以让孩子选择他们什么时候想做什么，不过，这可能需要一点技巧，特别是对缺乏工作记忆的孩子（或者父母），因为尽管他们已经答应了什么时候做哪些家务，也可能还需要一些提醒。

● **使任务变得更有吸引力。** 这或许意味着让孩子和某个人一起完成任务，而不是让他单独完成，或者，允许他们在做事的时候听收音机或某张他们最喜欢的 CD 碟。有些父母十分精明地将家务活转变成游戏。"看看在计时器响铃之前你能不能打扫完自己的房间"，这也许是一句带有激励作用的话。或者，你也可以说："我们来打个赌，你认为你可以将多少块乐高积木收起来？我打赌你可以收起 100 块，你怎么赌？"另一些将任务转变成游戏的方式包括以下几种。

（1）挑战孩子，让他在一分钟之内收拾好 10 样东西。

（2）在日程安排上增加"快速打扫"环节。我们认识的一位老师每天花15 分钟时间让学生完成"快速打扫"任务，帮助他们保持教室整洁。学生只有在完成这一任务之后，才有 15 分钟的自由玩耍时间。

（3）将收拾游戏室的任务改造成类似"抢椅子"的游戏。开始播放音乐时，孩子们在游戏室里四处闲逛。等音乐一停，孩子们瞬间"冻住"，然后收拾他们够得着的东西。

（4）把要干的家务活写在一张纸上，将纸折起来，放进一个罐子。孩子挑选其中的一个罐子，将纸条取出，然后执行纸条上写着的任务。

# 改变你与孩子（或者其他成年人）互动的方式

执行技能在帮助孩子独立生活方面发挥着极大的作用，你对这一点理解得越是深刻，便越能发现可以怎样改变与孩子交互的方式，来促进其执行技能的提高。特别是，在你孩子遇到需要运用执行技能的局面之前、之中和之后，你可以采用一些方法与他交流，以增大现在或将来他更好地应对这种局面的可能性。

## 在局面出现之前，你可以做什么

- **和孩子演练将会发生什么事情以及怎样处理。**

  萨拉（Sara）打算下午去看望外婆。萨拉妈妈知道，萨拉外婆是一个看重细节的人，要求孩子每次只玩一样玩具，并且在拿出下一件玩具前先把刚才玩过的玩具收好。因此，在路上，萨拉妈妈和萨拉讨论了她在外婆家做些什么，并且让她同意，一定要想办法记得每次只拿一件玩具出来玩。萨拉妈妈告诉萨拉，如果她能够遵守这一规则的话，妈妈会感到很高兴，因为这对外婆来说十分重要。

  执行技能存在不足的人们都可以运用这种事先仔细观察或演练任务的方法，这种方法对在灵活性、情绪控制或反应抑制方面存在问题的孩子尤其有帮助。

- **使用口头的提示或提醒。**这基本上是演练的缩微版。对孩子说"记得我们刚刚讨论过的"，将提醒孩子记住上次你阐述的规则或者你和孩子一同"预览"过的局面。另一些例子可能是向孩子提问，比如"在前院里玩耍，要遵守哪些规则""你打电话邀请迈克上我们家来玩，首先得做些什么"或者"放学回家的第一件事是什么"。顺便提一下，所有这些例子有一个共同特点：**它们都需要孩子检索信息。**你可能会问："告诉儿子在打电话邀请迈克来家里玩之前要先打扫好自己的房间，与问儿子在打电话邀请迈克来玩之前要先做些什么事情，这两者之间有什么区别吗？"区别在于：问你儿子要做些什么，就是让他自己检索信息，也就是说，你要求他运用一项他自己的执行技能：工作记忆。这使得他离独立自主又近了一步。当然，如果他记不起自己理应做些什么，你可以帮帮他——但是，不要只说"把你的房间打扫干净"。相反，要向他提问，并且在问题中为他提示最少的必要信息。你可以这样说："记得吧，昨天晚上在你上床睡觉之前，我们说起过这件事情的。"或者，你也可以说："打扫好你的……什么？"

- **安排一些别的提示，比如视觉提示、书面提醒、清单、录音提示、闹钟或者寻呼机系统。** 在厨房桌子上写着"请在玩视频游戏之前先把狗牵出去遛一会"的提示，可以提醒工作记忆较差的孩子，妈妈不在家时，他放学回到家后要做些什么。有时候，采用更加清晰明确的提醒也是有益之举，比如让孩子把健身包放在门前，以免他出门赶公交车的时候忘了把包背上。大人可以采用很多的方法来记载大量信息，比如购物清单、待办事项清单、度假行李清单等。我们发现，孩子（特别是存在执行技能问题的孩子）对列举清单甚至查看清单很抗拒。要让孩子习惯这样做，你可以在最开始时自己列出清单，并提醒孩子"看看你的清单"。过不了多久，孩子将意识到这种方法有多么管用，从而自己学会制定清单，照单办事。得益于现代科学技术的发展，寻呼机和手机都随处可见，价格也相对便宜。对工作记忆弱、着手做事困难、在时间管理和制订计划等方面存在不足的年幼孩子，你可以使用这些来提示他需要做些什么，包括家务活、家庭作业、事先约好的事情、他承诺打给某个人的电话，或者是在 21 世纪的美国长大的过程中需要管理好的各种复杂细节。我们接触过的许多父母和老师也推荐了大量的高科技设备或网络服务，如 Time Timers 和 Watch Minders（在本书末尾的"参考文献"部分，我们列出了这两个服务网站）。

## 改变在活动期间或者问题局面之中你与孩子互动的方式

- **指导孩子做出事先演练过的行为**。在问题即将出现时，先跟孩子强调
  "记住我们讨论过的事情"，可以极大地改变工作记忆差或冲动控制能
  力弱的孩子。你甚至可以立马喊一声"暂停"，让孩子暂时离开问题局
  面，并且再次更加详细地回想一下之前演练过的行为。有时候我们发
  现，给孩子一些能够随身携带的"提示卡"，提醒他们正在着力运用哪
  些执行技能或者怎样运用该技能，也是有益之举。表 6-1 展示了倾听提
  示卡的内容（卡片中还留下一些空白，以便孩子在使用卡片时填写）。

表 6-1　倾听的提示卡

| 一周之中： | | 周一 | 周二 | 周三 | 周四 | 周五 |
|---|---|---|---|---|---|---|
| | 谁?<br>什么时候? | | | | | |
| 面对面交谈的人 | | | | | | |
| 注意并表现出兴趣 | | | | | | |
| 保持身体静止 | | | | | | |
| 不打断别人 | | | | | | |
| 完整的技能执行情况的总体评价 | | | | | | |

注：+ 代表独立 / 成功执行；h 代表在他人的帮助下；– 代表没有运用技能或运用得不正确。

- **提醒孩子查看他的清单或日程安排表。** 在学习某项日常事务或程序的早期，孩子不但会忘记这是一个程序，而且还会忘记它已经被你写下来。温和地提醒他们查看清单，可以让他们回归正轨。同样，不要告诉他们当前正处在哪一步以及必须做些什么，而是提醒他们查看清单，这有助于将责任从父母身上转到孩子身上。

- **监控该局面，以便更好地理解影响孩子成功运用执行技能的触发因子和其他因素。** 即使你不能足够迅速地采取干预措施，或者你在那个时候无力去避免某个问题的出现，你也可以运用你的观察技能来辨别引发问题的因素。例如，在问题局面出现时你赶紧现身，便能清楚地发现，你的大女儿怎样聪明地想办法阻止她妹妹耍性子。或者，你也可能发现，当邻居家的大孩子嘲笑你家儿子时，你儿子在回家吃饭时如何欺负自己的妹妹。当然，你不可能总能在导致问题出现的事情发生之时恰好碰到，但当你正好在场时，若你能退后一步并客观地思考一下，也许能更多地了解将来如何以不同方式应对这种同样的局面。

### 为改进你孩子下次对执行技能的运用，你事后可以做些什么

- **表扬孩子出色地运用技能。** 为了强化孩子高效运用执行技能，你可以采用很多方法，这方面的例子包括对孩子说下面这些话："我只提醒了一次，你就开始做作业，我很喜欢""谢谢你在弟弟惹你的时候控制了自己的行为"以及"当你应该开始干家务活时，我看到你根本没有抱怨，马上放下手中的视频游戏，开始做起来，这让我印象深刻"，等等。我们将在第 8 章中更详尽地探讨这些。

- **详细询问。** 这意味着仔细察看当时的情形，看看是不是可以总结一些经验。和孩子谈一谈发生了什么、哪些方法管用和哪些方法不管用，以及下次可以换一种什么样的方式来做。这种方法需要明智而审慎地使用。详细询问应当在离事情发生地点一定距离的地方进行，以免孩

子心头再次涌起与问题事件相关的不好感觉。它还应当尽可能少地运用。我们认识一些父母很担心孩子难以交朋友，因此觉得有必要在每一次社交场合之后都详细询问孩子一番。这会增大孩子对社交的焦虑感，无助于他学习以更好的方式和其他孩子交往。不过，若是审慎地使用，详细询问有时候也可能是"施教时刻"。

- **和局面中涉及的其他人商量**。这可能意味着询问亲眼看到事情发生的你的配偶，他也许能对发生的事情提出有益的意见。或者，这也许意味着向孩子的看护者提建议，下次再出现这种局面时，要怎样换一种方式来处理。换句话讲，和其他人商量着办，让你有机会改变自己的行为，或者为使下次再出现类似事情时能更加顺利地处理而提出建议，以求改变别人的行为。

正如我们一开始所说的那样，改变环境并不需要孩子来做。不过，随着时间的推移，我们探讨过的大多数策略，有助于孩子将一些程序内化于心，这些程序促使他们提高自身的执行技能。在某些情况下，可能需要时间和耐心，问题是你能等多久。如果你的孩子由于缺乏执行技能导致在学校里落后或者以其他方式遭受痛苦，你也许希望将环境的改变与直接的教导结合起来，后者将在下一章中描述。你可以改变外部因素、设计干预措施，以完成那些有问题的任务，在孩子与环境相互作用的所有领域中培育一项（或者两三项）执行技能，运用铺垫和游戏更加系统地提升孩子的技能与能力，或者选择这些干预措施的任意组合。这全都取决于孩子出现的问题有多么严重以及你可以投入多少时间。在下一章及随后的第三部分中，你将了解到这些选择。

第7章

# 直接向孩子传授执行技能：B代表行动

今年8岁的法子（Noriko）每天早晨准备上学的时候让她的父母感到抓狂。她得花很长时间才能把衣服穿好，然后又在吃早餐时拖拖拉拉，等到该刷牙和梳头了，她又一门心思地看电视去了。为了让她做好这些早晨的常规事务，她的母亲给人感觉是一个唠唠叨叨、纠缠不休的人，总在不停地说："法子，找找你的鞋子；法子，去洗脸；法子，把你的书包拿出来，我好把午餐放到里面去。"法子妈妈每次听到自己的声音都觉得很讨厌，但她知道，如果自己不经常提示和提醒法子，她可能赶不上校车。最后，法子妈妈决定改变这种状况。一天吃过晚饭后，她和法子好好地坐下来探讨，围绕法子早晨要做的一系列上学前的准备列出一个清单。法子是位才华出众的"小画家"，因此，她妈妈让她把早晨要做的事情的每一步都画出来。然后，她妈妈把这些画带到自己工作的学校，用照片过塑机给每张画都过了塑，又买回一些维可牢尼龙搭扣，和法子一道，在每张画的背后粘一小块，再找来一张广告纸板，把所有的画都粘到纸板上。法子妈妈将广告纸板分成两栏，分别标上"要做的事情"和"做完的事情"。法子妈妈向法子解释，从现在开始，自己不会再告诉她早晨要做些什么了，而是要她对照这些图画上的日程安排表提醒她自己。每次她做完一件事，可以将过塑了的图画从"要做的事情"那一栏移到"做完的事情"那一栏。如果她能在校车到家门口的 15 分钟之前做完所有事情，便可以打开电视看一会儿动画片，一直看到该出门等校车。就这样，法子妈妈在几个星期里提醒法子查看她的清单，渐渐地，法子开始独自完成早晨的常规事务了。她妈妈惊奇地发现，她居然能把所有事情顺利地做完，甚至还有时间看一看电视了，这也使得她妈妈早晨能够泡杯咖啡喝一喝。

上一章，我们着重阐述了各种改变环境的方法（以及前因），以减轻执行技能不足的影响。那通常是解决与执行技能不足相关问题的最容易的方式，而且特别适合最年幼的孩子——这也正是第 6 章开篇时我们举的例子是以一个 4 岁孩子为主角的原因。问题是，环境的干预措施并不是唾手可得的。如果你在教育孩子方面只学会了这一类方法，那你必须保证所有的改变措施都适合孩子所处的各种环境。你和孩子在一起相处，本来就已经够难了，而要指望说服在学校、教堂、童子军、运动场或朋友家里发挥监管作用的大人来接手这一麻烦事，就更加不切实际了。

一种替代的方法是和孩子打交道，帮助他们更好地运用执行技能。我们采用两种方式中的一种来做到这一点：要么把我们希望孩子拥有的技能传授给孩子，要么激励他们练习运用他们用得并不太多的技能。一般来讲，我们鼓励父母同时采用这两种方式，因此，在决定对孩子采用什么方法时，你要将这一章内容与第 8 章结合起来读。法子的妈妈运用教育和激励方法帮助女儿度过了一天中的艰难时分——她把一系列步骤教给女儿，如果女儿能够高效地做完早晨的常规事务，还给女儿安排了奖励（看电视）。下一章将探讨可以用来激励孩子使用或练习执行技能的各种策略。现在，让我们着重关注怎样传授这些技能。

向孩子传授执行技能，有两种不同的方式。

1. 你可以通过自己响应孩子行为的方式，并且通过你从孩子蹒跚学步就开始的与孩子在生活中交谈的方式，自然且非正式地向孩子传授执行技能，同时，你也可以运用游戏来鼓励孩子提升各种不同的执行技能。

2. 你可以采用一种更有针对性的方法来教育孩子怎样管理某些成问题的、涉及某些执行技能的任务，而你知道自己的孩子某种程度上缺乏这些技能。

我们将在本章中解释怎样运用这两种方式。事实上，大部分父母选择同时采用这两种方式。铺垫和游戏是使得宝贵的教育"渐显"其作用的绝佳方式，就好比你给孩子做一些富含水果和酸奶的"奶昔"，不知不觉地在孩子的饮料中掺入各种健康的营养物质那样，除了那些使孩子与大人冲突四起的家务活以及孩子不喜欢的其他活动之外，孩子都在使用和提高执行技能的过程中汲取宝贵的经验。与此同时，你可以重点关注一两项常规事务（在这些任务上，孩子也许真的给所有人带来麻烦），并制定一种特定的干预措施，教育孩子做好那些事情，并学到必要的执行技能。（或者，你可以运用我们已经设计好的干预措施的一份长清单，这些干预措施，专门针对家庭生活中典型的、麻烦的常规事务；参见第 10 章。）

# 非正式地向孩子传授执行技能

研究表明，若是妈妈在孩子 3 岁时采用"口头铺垫"的方法，和妈妈在孩子这个年龄不采用这种方法相比，到 6 岁的时候，前面这些孩子会掌握更出色的解决问题的技能和具有咬定目标不放松的行为（也就是说，更好地掌握执行技能）。我们说的铺垫（scaffolding）是什么意思？在孩子适当的发育阶段提供解释和指导，并且提出问题。实际上，这只是"为孩子的成功给予足够的支持"的另一种说法而已，它强调帮助孩子理解各种关系，将不同的概念联系起来，或者将新学到的知识与过去的知识联系起来。孩子做这些事情（发现规律、产生联想、吸收过去的知识）越是熟练，便越是容易制订计划或整理方案。这些技能甚至更为直接地支持着元认知，这是一项更加复杂的执行技能，包括在解决问题的过程中运用思维。孩子们具备的背景知识越是广泛，在构筑那种知识的过程中练习得越多，并且将新的知识与已掌握知识联系得越多，便越容易出于不同目的地去运用它们，包括制订计划、整理物品和解决问题等。

## 口头铺垫

　　口头铺垫是一种强有力的策略，父母常常本能地将其用在最年幼的孩子身上，也许是因为其中的奖励的作用会立即显现出来。两岁的孩子在看到眼前的奖励时，若是你和她一同看书，你让她指出你说出的某种动物的图片，她会照着做；或者，若是你问她几岁，她会伸出两根指头，表示她今年两岁。这些铺垫的成功应用，自然让我们想要继续运用下去。为年幼的孩子将准备饭菜以及其他家务活和差事转变成游戏，对父母和孩子来说，都会让时间似乎过得更快一些。遗憾的是，随着当今的爸爸妈妈企图在越来越有限的时间里做完更多的事情，很多人发现，他们跟孩子交谈得越来越少，也越来越依靠视频和其他视频设备让孩子沉浸其中。如果你发现自己属于这类父母，要牢牢记住，口头铺垫可在日常生活中的众多背景中运用，例如在早晨起床后穿好衣服或晚上吃饭的时候，评价你在开车送孩子上学或送到日托中心时看到的事情，或者在你看电视的时候，以及在参加孩子喜欢的活动的时候。（表 7-1 列举了和学龄前儿童交谈时可以运用的合适的口头铺垫的例子。）你也许高兴地看到，运用这类铺垫方法，你能够帮助孩子培育很多执行技能，并且可能觉得有动力去更多地运用这种方法。

表 7-1　对学龄前儿童运用语言铺垫的例子

| 铺垫的类别 | 例子 |
|---|---|
| 将物品与地点联系起来的提问 / 陈述 | "它是放哪儿的"（指着拼图中的某一小块问孩子）<br>"和那些短裤搭配着穿的衬衫在哪里" |
| 将当前的活动、物品或交谈的主题与过去的经历联系起来 | "那是只长颈鹿。你在动物园里看到过"<br>"这就好比做饼干"（例如，在玩塔乐多彩泥时） |
| 运用语言描述体验，特别聚焦于感官的描述 | "这味道很辣"<br>"那口哨的声音像是冠蓝鸦的声音" |
| 描述某个物品的特点，这个特点代表着它的独特性或用法、功能，或者描述物品可以用来解决问题的独特功能 | "这不是同一种颜色"（在一项要求孩子进行颜色搭配的活动中）<br>"钉那颗钉子，就是那颗圆头的钉子" |
| 指出某物品的一项功能或者可以用来做的某件事情 | "给宝宝量一下体温"（递给孩子一个体温计）<br>"那是你用来擦鼻涕的东西"（孩子手里拿着一张纸巾） |
| 用言语表述，同时还用身体动作展示怎样做某件事 | "汽车就是这样缓缓开动的"<br>"瓶盖就是这么打开的" |
| 将感觉或情绪与情绪冒出的原因联系起来 | "你弟弟之所以哭，是因为想要那个球"<br>"如果你把它从她手里夺走，她会很生气的" |
| 教给孩子原因和结果，或者告诉孩子，为了做好某件事情，你需要他做些什么 | "如果你到外边走，得穿上鞋子，因为外边太冷了，不能光着脚走"<br>"如果你太用力，会把铅笔芯折断的" |
| 将特定物体与普通类别联系起来 | "瞧那些动物——狗、猫，还有熊"<br>"你的玩具房里有些家具，这里是一把椅子和一张桌子" |
| 将活动的两个方面联系起来，以帮助孩子理解该活动 | "如果我们要办个生日派对的话，需要一个生日蛋糕"<br>"让我们围着罗茜玩转圈的游戏。把你的手给我" |

资料来源：改编自 Landry, S. H., Miller-Loncar, C. L., Smith, K. E., & Swank, P. R. (2002). The role of early parenting in children's development of execute processes. *Developmental Psychology*, 21, 15-41. Copyright by Taylor & Francis Group. Adapted with permission.

你越是能帮助孩子思考他们做什么以及为什么做，或者思考与某些行动和行为相关联的危险，他们便越是能在各种解决问题的局面中运用那种思考。孩子懂得哪些事件可能触发某些特定的感觉，更有可能对自己的情绪加以控制或者抑制自己的冲动。他们越是理解原因与结果的次序，便越能出色地制订行动计划。你在向孩子解释某件事情为什么重要时，孩子更有可能记住那一关键信息，若是他有朝一日终于用得着的话。当然，光靠解释一般不足以帮孩子更好地提高执行技能，但在教育的时候若是缺少解释，就不可能十分成功。

另一些在日常生活中融入执行技能教育的口头铺垫方式包括以下几种。

- **提问而不是告知实情。** 例如："为什么我让你在吃饭之前洗手？如果我让你晚上一直待下去，想待多久就待多久，会发生什么？假如你能记得把学校的同意回执交给老师，你觉得会怎样？"

- **解释而不是强制命令。** 有时候，我们为人父母者依靠直接的命令和明确的指令，这种表达方式凸显了我们和孩子之间那种权力的区分，比如"照我说的去做"或者"因为我说过要这样"。这可以理解，我们太累了，我们的大脑被其他事情占据，没有时间或精力停下来思考怎样向孩子解释，并且让这种解释适合孩子的年龄与理解能力。或者，准确地讲，我们有时候怀疑，孩子请我们说出做某件事情的理由，是在使用一种缓兵之计。但即使这真是孩子运用的拖延战术，和强调某件事情的原因相比，直接命令孩子去做这件事情，也不太可能助推孩子提高执行技能。记住，执行技能首先是我们用来执行任务的技能。我们对某个特定的局面理解得更透彻（它的原因与结果是什么，某件事情为什么很重要，某件事情为什么必须以特定的方式来做，诸如此类），便越能利用那些信息，要么制定自己的执行任务的流程，要么激励自己使用别人为我们制定的流程。这种方法的例子是对孩子这样说，"如果你不吃药，你的链球菌性喉炎又会复发的"，或者"假如你把自行车放在屋外，今天晚上下雨的话，它就会生锈"。解释很大程度上培育了元认知技能，也强化了工作记忆。当我们有理由记住某件事情时，我们会记得更牢些。如果有人对你说："去机场时别忘了带上你的护照，否则，他们不会让你登上飞往牙买加的班机，你的假期就此泡汤了。"和别人对你说"去机场时别忘了带上护照"相比，你是不是更有可能在前一种情况下记得带上护照？当然，这种方法应当审慎使用。有些孩子确实想通过无穷无尽的提问（问他们为什么必须做某件事情）来逃避任务，遇到这种情况，只回答他们第一次提的问题，对接下来的问题不予理睬。

- 让你的孩子知道你理解她的感受并且知道其中的原因。"你失望至极，因为你真的打算今天到简的家里去玩，但现在看来，今天去不了了。""你担心自己会在演讲中犯错，到时人人都会嘲笑你。"
- **鼓励自我评估**。当你为孩子提供解决方案、做出判断，或者告诉孩子下次要怎样以不同的方式来做某件事时，你便剥夺了他自己思考这件事情的权力。相反，应该提一些问题："你怎样才能摆脱这种困境""你对自己在童子军中做的事情是怎么想的"以及"下一次你的朋友来家里玩，你觉得自己要怎么做，才不会让你的朋友很早就想回家"。

## 用游戏帮助孩子提升执行技能

游戏是帮助孩子提升执行技能的另一种自然的、非正式的方式。即使是跳棋、中国跳棋和国际象棋等一些经典的游戏，也要求孩子具备制订计划、保持专注、反应抑制、工作记忆和元认知等多项执行技能。诸如糖果乐园（Candyland）之类的最简单的纸板游戏，需要年幼的孩子集中注意力、抑制反应和咬定目标不放松，而诸如大富翁（Monopoly）和妙探寻凶（Clue）等游戏，还额外涉及制订计划和工作记忆等技能。海战游戏需要集中注意力、制订计划和整理、抑制反应以及元认知。举办家庭的"游戏之夜"活动，鼓励孩子和兄弟姐妹以及朋友玩这些游戏，总是个好主意。

很多孩子发现视频游戏比纸板游戏更有吸引力（他们的父母和祖父母则更熟悉后面这类游戏），对这些孩子，我们可以列举几个帮助培育其执行技能的有代表性的例子。大多数视频游戏被归入某种策略 / 解决问题类别的游戏。对年幼的孩子而言，网娃游戏（Webkinz）涉及照看"宠物"。对年纪更大一些的孩子来说，塞尔达传说（the Legend of Zelda）、模拟城市（Simcity）及其改编游戏，以及命令与征服（Command and Conquer）等所有这些游戏，都需要保持专注、抑制反应、制订计划、整理、元认知以及咬定目标不放松等执行技能。自然，游戏的内容在适合不同年龄的孩子方面各有差异，但你可能需要知道你孩子的同伴在玩什么样的游戏。在互联网上，你可以从 Game Revolution、GameSpot 或 GameSpy 网站上看到视频游戏的演示和预览。另外，在电子软件评级委员会、常识媒体以及家庭游戏指南等网站上，你可以查阅视频游戏的评级情况。PTA 推出了关于视频游戏安全性的 PTA 分级手册，为父母提供了许多关于游戏与监控的建议。

有的游戏涉及管理梦幻般的体育队伍，这类游戏本身就变得受欢迎，对感兴趣的孩子而言，这种游戏包含了上面提到过的绝大多数执行技能，连同着手做事和时间管理的技能。

你甚至可以用一些历史悠久的游戏来培育孩子的执行技能，比如井字游戏、猜单词游戏，以及在看医生排队等候时、自驾游时或者在餐馆吃饭等待服务员上菜时提 20 个问题。

应当指出的是，尽管所有这些活动都可以强化执行技能，但几乎没有人研究过，从这些活动中学到的技能能够多大程度地转移到现实生活的各种局面中去。此时此刻，这是一个公开提出的问题。如果你帮助孩子理解，从某种局面下学会的技能可以怎样运用到另一种局面之中，那么，这种转移更有可能出现。例如，父母跟孩子说："布拉德（Brad），在我们想着养只宠物之前，先想清楚我们需要做些什么吧。"

## 在举办家庭活动的过程中向孩子传授执行技能

培育有趣的、激动人心的执行技能的另一种方式是在现实中的家庭活动背景下传授它们，比如制订饮食计划、烹饪、购买生活用品、买衣服、制订度假计划以及办理银行业务等。在这里，我们并不是讨论这些事情的任务分配，而是探讨如何让孩子参与一些对家庭来说重要的活动。这些活动可能是理想的教育工具，因为它们本身就有激励作用（你得买一些或吃一些你挑选的东西，把钱存进银行，或在度假期间做些有趣的事情）。除此之外，它们还为活动的参与者提供了一系列的选择（从增加一种原材料，到准备做一顿饭），而且体现了一定程度的独立自主。虽然各个年龄段的孩子都可以做好这些事情，但我们建议从小开始让孩子参与，因为小孩子更有可能对他们拥有的选择感到兴奋，并且不太可能将活动看成是家务活。

要让这些活动有效地促进孩子提升执行技能，得牢牢记住以下这些重要的考虑。

- 为了示范技能、提出关键问题并鼓励孩子，你必须成为一名活跃的、随叫随到的参与者。换句话讲，你得成为孩子优秀的"大脑额叶"。你不能只是邀请孩子参与计划的制订，然后就把她单独丢在那里。

- 在活动过程中，孩子必须拥有一些合理的选择权和决策权。如果家里最终没有按照孩子参与制订的计划来准备晚餐，假如你没有按孩子参与整理的购物清单来购买日常用品，或者，若是你起初说你允许孩子选择度假活动，但随后又拒绝采纳他的所有点子，那么，孩子将会失去兴趣。那意味着，你在让孩子帮你之前，必须确定自己可以忍受他提出的哪些建议。倘若你不允许在日常用品购物清单或者食材清单中出现"垃圾食品"，一定要让孩子事先知道。在和孩子商量之前，先列出一个"排除清单"。或者，让孩子清楚地知道他不能选择度假的地点，但可以帮着安排假期中的活动。

- 做好精确地测量孩子的兴趣、注意力跨度以及注意力持续时间的准备，并提供足够的支持，以便孩子成功地做好每一件事情，并对父母让她做的事情（不论是什么）心怀感激。为了让孩子保持专注和产生兴趣，如果可能的话，稍稍让孩子提前知道，若是她在用餐、购物清单、度假等事项的某些细节上帮助你做出决定，你会感激她。（"阿什利，在你的游戏结束后，可不可以帮我……？"）挑个她没有参与另一项感兴趣的活动的时间，问她在这个时间帮你是不是合适。尤其对年幼的孩子来说，要缩短活动时间，明确各项选择，以及在孩子第一次出现注意力或兴趣减弱的信号时感谢孩子并结束活动。之后，当孩子的选择被你采用时，向家人、朋友或在场的其他任何人确认（"阿什利帮助确定了今晚的菜单"）。年龄大一些的孩子可能愿意拿出更多时间或者寻求更大程度的参与（比如寻找菜谱、管理膳食、搜索度假选择）。只要可用的选择是清晰明确的，在孩子们想要参与的时候，鼓励他们参与。

# 向孩子传授执行技能的直接干预措施

迄今为止我们讨论过的非正式方法，可能对你的孩子格外有帮助，但另一种情况也是有可能的：如果你挑选了这本书，并从头读到了这里，你家里或许有一个在特定技能上存在不足的孩子，需要采取更加直接的干预措施。接下来介绍一个可以用来教给孩子各种行为的教育次序（不仅仅是我们这本书中重点关注的次序）。它既为我们在第 10 章中围绕特定常规事务设计的干预措施确定了一个框架，也为第 11 ～ 21 章中介绍的设计你自己的干预措施确定了总体框架，这些干预措施着眼于特定执行技能。

## 第 1 步：辨别你想要着力解决的问题行为

这听起来容易，做起来难。你越是对孩子感到失望，越有可能用一些通用的语言而非描述特定行为的语言来指出孩子的问题行为。当我们说孩子**懒惰、不负责任、懒虫**或者**就是满不在乎**时，尽管这些词确实也传递了讨论中的孩子某些方面的情况，但真的并没有为我们向孩子传授执行技能提供一个起点。有益于教育的描述，是那些描绘可以看到或听到的行为的描述，它们还能辨别问题在什么时候或者什么情况下出现。这里有几个例子：

- 在该做家庭作业的时候连声抱怨；
- 除非有人提醒，否则做不完家务活；
- 把个人的物品满屋子乱扔；
- 做作业时匆匆忙忙，导致作业潦草马虎，错误百出。

## 第 2 步：确定一个目标

很多时候，目标是对问题行为的正面复述。目标的阐述，运用了描述可以被看到或听到的行为的语言来表明期望孩子做些什么。以上面描述的问题行为为例，解决那些行为的目标可能是：

- 毫无怨言地开始做家庭作业；
- 不用别人提醒便能及时干完家务活；
- 在睡觉前把客厅里的个人物品收好；
- 工工整整地完成家庭作业，尽可能少出错。

有时候，以极其非正式的方式确定一个目标，并且把这个目标"塞进"你的脑海，就已经足够了。比如，"到我儿子高中毕业时，我一定希望他能收拾好自己的卧室"，可能就属于这类目标。不过，对于难以弥补的重要执行技能的不足，更加公开和明确地阐述目标，可能是有益之举。我们曾非常直接地对孩子提出一些目标，包括"记得带上家里的体育装备"以及"记得将家庭作业带到学校"。

### 让孩子参与目标的确定

我们发现，对这类目标，让孩子参与制定目标，而不是指令他们做我们希望他们做的事情，是有益之举。你也许注意到，这个主意与我们在本章前面的内容中讨论过的"铺垫"不谋而合：任何事情，只要鼓励孩子参与、独立以及批判地思考，都可以培育其执行技能。在本章开篇介绍的场景中，法子母亲和她一块儿坐下来讨论遇到的问题。法子母亲请法子帮助辨别真正的问题是什么，并分析怎样才能让两个人每天的生活有一个顺利的开始。法子母亲可能说过这样一些话："法子，当我总在烦你，大清早让你做这做那时，你感觉怎么样？"而法子也许会说："我心情糟透了。"那时，她母亲可以顺水推舟地说："那么，我想制订一个计划，使得我们早晨的这些事情变得更加顺利，你怎么看？"

确定过渡目标

对于技能传播的过程，重要的是确定最终的结果，但你不可能一蹴而就，因此必须确定和接受在此过程中的过渡目标。我们的最终目标可能是让孩子不需要任何提醒便开始做家庭作业，但在早期，你得提出类似于"不超过三次提醒便开始做家庭作业"的过渡目标。

你怎么知道合理的过渡目标是什么呢？理想的情况下，你首先确定一个底线目标，也就是说，你测量孩子当前的行为，将孩子在当前行为上稍微改进，以此作为第一个过渡目标加以确立。因此，假如你发现你女儿通常要你提醒五六次才开始做家庭作业，那么，确定"提醒三四次便开始做作业"的目标，也许是合理的第一步。

我们说"测量孩子当前的行为"，是指真正的严格意义上的测量。在上面的例子中，我们说的是要计算那种行为出现的次数。测量方法的例子包括：

- **孩子说她开始做某件事的时间与她实际上开始做的时间之间，间隔了多久。**（例如："萨拉同意每天晚上 7 点开始做家庭作业。在采取干预措施之前，她母亲连续一星期对她开始做作业的时间进行计时，看看她实际上开始做作业的时间到底比 7 点晚了多久。"）
- **某件事情持续了多久。**（例如："乔伊说他将每天花半小时练习小号。他母亲认为他练不了那么久，因此测量了他每天实际上练习多久，以便她在两人讨论这个问题的时候，可以拿出一些数据来。"）
- **计算行为出现的次数**。这要么是指正面行为（例如你的孩子记得将她所有的家庭作业交给老师的天数），要么是指问题行为（例如你家的 4 岁孩子在一天之中情绪崩溃的次数）。如果行为出现的次数相对较少，你可以整天都计算它们。如果行为频繁出现，那么，选择一天中的某段时间来重点关注（例如，在吃晚饭前的一个小时内，你孩子嘟囔着抱怨了多少次）。

- **计算在孩子着手做你要求他做的事情之前，你需要提醒他多少次。**
- **制作一个 5 分量表，以评估问题行为的严重程度。**如果你儿子在控制心理压力或焦虑情绪方面存在问题，你可以用下面这种 5 分量表来测量他的焦虑程度。量表中的 1 ～ 5 分分别代表：

1—我很好；

2—我稍稍有些担心；

3—现在我紧张；

4—我真的感觉很不安；

5—我可能失去控制了。

关于怎样使用 5 分量表法的更多建议，我们建议你读一读卡里·邓恩·巴隆（Kari Dunn Buron）和米兹·柯蒂斯（Mitzi Curtis）所著的《不可思议的 5 分量表》(*The Incredible 5-Point Scale*) 一书。

这种底线数据通常在你展示可视的结果时最为有用。图 7-1 就是这种底线数据的一个例子。

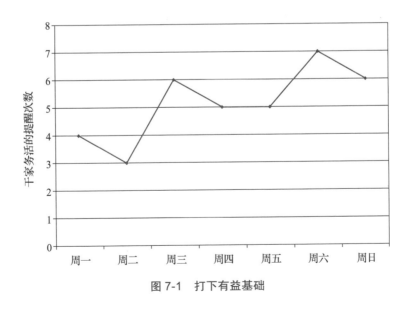

图 7-1　打下有益基础

但是，假如你不想确立底线和设置精确的目标，那么应当把"有所改进"作为一个过渡目标。久而久之，若你觉得并没有看到那种改进，你要退后一步，考虑采用一些更精准的措施，使你更确切地知道到底有没有改进。

## 第3步：概括孩子达到目标需要遵循的步骤

在第三部分中，我们将使用最令父母感到沮丧的各种问题来举例。让我们回到法子的例子，她和她母亲将她在早晨赶校车之前必须在家里做完的一些（对她来说）难做的事情列举了出来。另一些技能，比如控制情绪、控制冲动或者应对失败，可能稍稍更难运用这种程序来思考，但同样，我们也将在第三部分介绍这方面的例子。

## 第4步：将步骤转化为清单或者一组需要遵守的简短规则

这一步骤做了好几件事情。首先，它迫使你清晰地、符合逻辑地、审慎地思考你正努力传授的技能。其次，它留下了教育次序的永久记录，方便你和孩子查阅，以记得这个过程。再次，通过核实清单中的每一项，你的孩子对自己在朝着实现目标的道路上取得的进展会感到满足。在清单中的内容已经完成后再进行核实，可以成为孩子实现更大目标（任务完成，或者随着任务的完成而获得奖励）过程中的强化因子。最后，它融入了责任感，记载了孩子实际上做到了他答应做的事情，从而使孩子对自己的行为负起责任。

法子和她妈妈用一些图画当作法子要遵循的日程安排表，但是，帮助孩子一步步把早晨的常规事务做完，还有另一种方法，那便是制作表 7-2 展示的清单。在这份清单中，有一列供你记载核实的情况，看看孩子在要求的次序中每个步骤需要你提醒多少次。当你的孩子需要你提醒很多次才能完成早晨的常规事务，从而让你感到最大失败时，这样的清单是有帮助的。在一周之内坚持使用类似这样的清单，你将发现孩子取得的进步，也将发现还有哪些麻烦（那就是说，次序中的哪些步骤需要你提醒得最多）。我们还在第 10

章中复制了这份清单。另外，我们附上一份通用的空白清单（见表 7-3），专门针对想要制作自己的清单以涵盖想传授给孩子特定技能的次序的读者。

表 7-2　早晨常规事务清单

| 任务 | 提醒的次数<br>计数符号（////） | 已完成（√） |
|---|---|---|
| 起床 | | |
| 穿好衣服 | | |
| 吃早餐 | | |
| 刷牙 | | |
| 梳头 | | |
| 收拾书包准备上学 | | |

表 7-3　清单

| 任务 | 提醒的次数<br>计数符号（////） | 已完成（√） |
|---|---|---|
| | | |
| | | |
| | | |
| | | |
| | | |
| | | |
| | | |

在转到下一步骤之前，让我们谈一谈我们想教给孩子的一种不同的技能。让我们假设 12 岁的托德（Todd）存在情绪控制问题。这个问题在许多不同的场合多次出现，但最让托德父亲抓狂的是，托德在做家庭作业时，只要一遇到难题，便会情绪崩溃，几乎任何一门作业都如此。托德父亲注意到，数学这门功课似乎最严重。于是，他决定跟托德谈一谈，怎样在数学这门作业中更好地控制这种失败。他很聪明，知道假如自己在托德情绪崩溃期间谈论这个话题，不见得有很好的效果，于是决定等到托德完成了家庭作业再说。他首先评价说，儿子的这门作业和其他作业相比做得非常好，并问儿

子为什么会这样。儿子说："嗯，我全都知道怎么做。我记得弗兰克老师教我们怎么做家庭作业。如果我不记得，或者我觉得自己记得其实却并不记得时，我会像疯了一样。"

托德父亲问托德，他是事先知道这门家庭作业会遇到难题，还是他开始做了以后，只出现一个难题。托德说："两种情况都有，但真正让我抓狂的是，我觉得我自己会做，但其实又不会做。"

托德父亲很大程度上从托德的角度来思考，并且采用了心理学家称为的"反应性聆听"（即在交谈中反映孩子的感觉，例如"那让你很抓狂，以至于你想把数学作业本扔到墙上去，是不是"），终于让托德开始考虑，父亲是不是可以做些什么来帮助自己更成功地掌控这种失败情绪。最后，托德和父亲达成一致，当他在做数学作业感到自己快疯了时，可以做两件事。首先是暂时离开几分钟。严格地讲，他答应父亲，万一出现这种情况，他将从卧室的书桌前站起来，走下楼去，到客厅里待一会。在那里，他父亲也许正在看报纸。这种做法有助于他清醒自己的头脑。如果清醒头脑仍然帮不了他解题（托德承认，有些时候，离开一会儿确实有助于他记起作业该怎么做），那么，托德要请他爸爸帮忙。于是，这条管理数学家庭作业的规则可以归结为两个英文单词：走开和交谈（walk and talk）。托德爸爸找来一张索引卡，在上面写上：

数学难题解答秘诀

1. 走开

2. 交谈

他将这张索引卡贴在托德的书桌上，权当提醒。

## 第5步：监督孩子遵循程序情况

在这里，关键是理解，让孩子只接触这些步骤一次，不可能指望他学会一种新技能。那就好比以为孩子经过平生第一次棒球练习，就能遵守所有的棒球规则。孩子们在运用新技能时，需要得到持续的支持与监督，而这种支持，父母要理所当然并且毫无怨言地提供。

我们建议通过一两次练习来开始这个步骤——可以称之为"排演"。法子和她妈妈只要画完了图画式的日程安排表，她妈妈就说："让我们试一试它。"接着，母女俩经历一遍那些步骤，首先让法子躺在床上假装睡觉，妈妈走过来说："快起来，法子。"法子于是从床上起来，走到贴着日程安排表的桌子旁，将"起床"的图片从"要做的事情"移动到"做完的事情"那一列。然后，她假装穿好衣服，将第二张图片移动到"做完的事情"那一列，接着一路假装她做完了清单上的所有事情，移动完了所有的图片。

现在，法子和她妈妈已经做好了准备在现实生活中测试这个流程。在一个星期左右的时间里，妈妈必须提醒她使用这个日程安排表。妈妈高兴地发现，随着她将每一张图片移动到"做完的事情"那一列，那个步骤便提示她关注清单中的下一张图片，因此，做完上一个步骤的奖励（移动图片），自然而然地指向次序中的下一步骤，不久之后，她妈妈根本不需要再提示她了。

但对托德的爸爸来说，要假装托德经历过一次练习，以排练失败情绪管理的程序，则稍稍有些难。毕竟，托德年纪大一些，马上就成为青少年，会觉得这种角色扮演很可笑。因此，托德父亲决定首先由自己来示范这个程序，仿佛他就是托德。而为了吸引托德的加入，他有意在流程中添加一些幽默意味。他嘟哝着抱怨几句数学作业（抱怨的话自然是捏造的），拿起数学作业，作势要往墙上扔去，然后自己在扔的过程中停下来，声音中略带挖苦地喊道："噢，等等！爸爸想让我这时候走到楼下去。好的，我就下楼，但我不喜欢数学作业。"托德爸爸在这场角色扮演中表演得足够成功，以至于托德也乐意表演一番自己的滑稽短剧。父子二人以两种不同的方式进行表演，一种是托德走下楼去，结果发现自己想起了怎么做数学作业；另一种是托德走下楼去，求助于父亲。有了这些排练，当托德真正必须首次使用这个程序时，他不再像他父亲担心的那样感到陌生。不过，在开头的几个星期，每天晚上开始做数学作业之前，托德父亲要对托德说："好了，托德，当你发现自己十分抓狂时，你打算怎么办？"过了一段时间，托德父亲注意到，儿子已经在令他感到失败的其他作业上也用上了这个程序。

## 第 6 步：逐步放松监管

这基本上是第 5 章中描述的最后两条原则的重复。大人经常犯的错误是没能在足够长的时间里为孩子提供获取技能所需的足够支持，以及没能逐步减小这种支持。

这里有一个如何逐步减小支持和放松监管的例子。13 岁的莫莉（Molly）开始上七年级。她到了一所新学校，家庭作业的负担比六年级时明显重了许多，部分原因是她平生第一次换了班级，而老师似乎没有协调好他们布置的家庭作业。当七年级的第一份进展报告出炉时，莫莉的父母了解到，她有很多次没做家庭作业，并且有可能因此在几门课上落后于其他同学。他们和莫莉谈到这点时，莫莉说道："我记不住我每天要做的所有事情，我经常忘这忘那！"他们又和莫莉的班主任沟通，结果发现，按照学校的要求，任课老师把所有的家庭作业都发在学校的网站上。于是，莫莉父母和莫莉达成一致：每天开始做作业时，首先登录学校的网站，并且制订计划。他们共同制作了一个表格，将莫莉的所有家庭作业都登记在表格上，每当莫莉完成一门作业，便将它填写到表格中，并且在这个时候制订完成下一门作业（第 10 章以及本章的结尾处包含一张"每日家庭作业计划表"，如表 7-4 所示）。他们还为莫莉设计了一列，当她完成作业时，她可以在这一列上逐一勾掉。

表 7-4  家庭作业每日计划表

日期：_____

| 科目 / 作业 | 我拥有所有这些资料吗 | 我需要帮助吗 | 谁会帮我 | 要花多长时间 | 什么时候开始 | 已完成（√） |
|---|---|---|---|---|---|---|
| | 是  否<br>☐  ☐ | 是  否<br>☐  ☐ | | | | |

（续）

| 科目 / 作业 | 我拥有所有这些资料吗 | 我需要帮助吗 | 谁会帮我 | 要花多长时间 | 什么时候开始 | 已完成（√） |
|---|---|---|---|---|---|---|
| | 是　否<br>❏　❏ | 是　否<br>❏　❏ | | | | |
| | 是　否<br>❏　❏ | 是　否<br>❏　❏ | | | | |
| | 是　否<br>❏　❏ | 是　否<br>❏　❏ | | | | |
| | 是　否<br>❏　❏ | 是　否<br>❏　❏ | | | | |
| | 是　否<br>❏　❏ | 是　否<br>❏　❏ | | | | |

　　一开始，莫莉妈妈利用一天下班回家的时间，和莫莉一同填写那个表格。莫莉需要大人在约定的时间提醒她开始做作业，并且提醒她，做完每一门作业，要在那张表格上勾掉。渐渐地，她妈妈发现自己提示的次数减少了，也不怎么需要监督女儿了。下面这些带虚框的文字列举了莫莉妈妈逐渐放松监管时遵循的步骤。到七年级结束时，莫莉仍在每天登录网站，以确保自己不会忘记家庭作业，而且，完成家庭作业已经成为她的一项常规事务，如今，她只需把自己必须完成的作业列一个简单的表格，不再需要保留更加详细的计划了。

### 渐渐放松监管的步骤

家庭作业计划中的独立程度

- ⊚ 在大人的帮助下填写表格，需要大人提示使用表格，同时完成家庭作业。
- ⊚ 在整个过程中需要提示使用表格。
- ⊚ 需要提示使用表格，并且在做完时登记。
- ⊚ 需要提示使用表格，做完时不需要登记。
- ⊚ 不需要提示，能够独立地使用表格。

# 传授执行技能的过程是怎样的

让我们用另一项儿童时期十分常见的常规事务来将整个过程综合起来，这项常规事务是：打扫房间。正如孩子要花一定时间学说话一样，让他们学会怎样独自打扫房间，同样也得花时间。一开始，决定教孩子如何清扫房间的父母，扮演着孩子的大脑额叶的角色，那这些父母要做些什么呢？

- 提出计划，制定组织方案，并且提供一组特别的指示。
- 监测孩子的表现。
- 为孩子成功运用这种方法提供鼓励／激励和反馈。
- 在某些方法不奏效时解决问题。
- 决定什么时候任务已经完成。

因此，教孩子整理房间的第1步，很大程度上需要父母引导。在父母监督孩子时，可以对孩子们说些这样的话：

- "让我们现在开始。"
- "把玩具卡车放到这个箱子里。"
- "把脏衣服放进洗衣房。"
- "把书放到书架上。"
- "床底下还有两个玩具。"
- "一只箱子似乎装不下所有那些玩具，我们还得再买一只。"
- "做完了之后，你可以和你的朋友玩。"
- "我知道你讨厌做这些，但你马上就做完了，那个时候，你会感到很棒的！"
- "你这一天的整理任务都完成了，是不是感觉很好啊？"

---

为向孩子传授执行技能而设计直接干预措施的步骤

1. 辨别你想要解决的问题行为。

---

2. 确立一个目标。
　　◎ 让孩子参与目标的确立。
　　◎ 确立过渡目标。
3. 概述孩子实现目标需要遵循的步骤。
4. 将那些步骤转变成清单、任务清单或者一组需要遵守的简短规则。
5. 监督孩子按照这个程序来做。
6. 逐渐减弱监管。

在第 2 步中，父母不再成为孩子直接的代理人，但向孩子提供与"直接代理人"提供的相同信息。他们制作一份清单、一个图画式的日程安排表或是一盒录音带来提示孩子。在这个步骤中，父母不再告诉孩子做些什么，而是说："看一看你的清单。"

在第 3 步中，父母又稍稍更多地后退一步。不再让孩子查看清单，而是说："你需要做什么？"他们不再直接告诉孩子实际的事情，而是提问，并且使问题变得稍稍模糊一些，迫使孩子自己去解决（或者，至少是从他自己的工作记忆中检索，看看下一步需要做什么）。

在第 4 步中，这种责任的转移已经完成。孩子可能在星期六早晨醒来后，环顾自己杂乱的房间，对自己说："我得做些什么？"当然，这时的孩子实际上还是一个十几岁的孩子，也可能是个年轻的成年人！有时候，孩子需要很长时间才能将这类流程内化于心。

不必感到绝望。孩子一直在学习，而且，只要你确保孩子有动力取得进步，那么，进步的速度还会加快（或者至少保持在正轨上）。那是下一章阐述的主题。

第8章

# 激励孩子学习和运用执行技能：
## C 代表结果

梅丽莎（Melissa）今年 3 岁，她父母刚开始让她考虑自己收拾自己的房间。在她睡觉前，她和妈妈或爸爸共同收拾她的游戏室，这已成为她睡前仪式的一部分。在她收拾时，父母说一些鼓励的话使她继续做下去（"你看，我们收好了拼图；现在只需要收拾洋娃娃了"），等到全都收拾完，父母表扬她的帮助。梅丽莎的父母意识到，当孩子开始自己表扬自己时，她会把这项任务完成得十分出色。一天晚上，梅丽莎对爸爸说道："爸爸，我是个勤劳的孩子，是不是？"爸爸听到后，给予了肯定的回答。

今年 9 岁的拉吉（Raj）喜欢玩视频游戏。他一玩就是几个小时，而他父母发现，不得不限制一下玩游戏的时间了，以便他能够锻炼一下身体和呼吸一些新鲜空气。新的学年刚开始时，拉吉父母告诉他，他玩视频游戏玩得太久，体育锻炼则做得太少，这让父母担心。他们问他可以做些什么来改变这种状况。于是，父母和拉吉一同制定了新的规则：每天晚上玩视频游戏不超过 1 小时，而且必须在主动参加一些户外活动之后才能玩游戏。后来，拉吉发现，父母把玩视频游戏作为奖赏嵌入了体育锻炼中，原来，父母修改了规则，允许他每隔一天就把玩视频游戏时间当成他的锻炼时间。

13 岁的洛根（Logan）热衷于滑雪。不过，他最近发现，自己所有的朋友都买了滑雪滑板，他觉得自己也真的喜欢那些装备。去年冬天，他一直缠着父母给他买滑雪滑板，并且不是买普通的，而是买顶级的，以便他可以开始练习竞技滑雪。

自打上中学以来，洛根的父母一直担心他没有端正学习态度。尽管他很聪明，并且也想着将来上大学，但父母怀疑他对学习不管不顾，因此决定采取一些措施来鼓励他更刻苦地学习。八年级开学后，他们和洛根交谈了一番，把自己的担心说了出来。他们说，他们知道洛根是个活跃的孩子，讨厌老是安安静静地坐着学习，所以，如果他可以想出自己愿意为赢得什么样的奖励而努力的话，他们就乐意和他达成一个协议。洛根提醒父母，早在冬季到来之前，他就想买一套滑雪板。于是，一家人敲定了一个协议：洛根要在考试和测验中争取拿到 B– 以上的分数。如果在任何一个星期的考试和测验中的分数不低于 C，他将赢得 20 分。每次拿到 B+ 以上的分数，可以多得 5分。如果到圣诞节的时候他的总分超过 300 分，父母同意给他买一套滑雪板作为圣诞节的礼物。洛根的父母稍稍费了些工夫来向洛根的老师解释，让老师同意定期向他们反馈洛根的考试分数，不过，他们简化了程序——只有在洛根的分数等于或低于 C 的时候才发邮件给他们。这样一来，洛根为了赢得更多的分数，必须努力提高自己在学校的考试或测验的成绩。后来，由于洛根的成绩进步很快，老师也不必向他父母报告他等于或低于 C 的成绩了，这样也减轻了老师的负担。

这三个场景描述了运用激励策略帮助孩子提高执行技能的不同方式。有时，比如在梅丽莎的例子中，这就像记得对孩子的行为给予肯定那么简单。或者，在拉吉的例子中，这可能意味着，一定要让孩子在得到他想要的东西之前做好他必须做的事情。但有时候我们必须承认，激励策略需要更多的精心设计，好比洛根的例子那样，需要父母制订一个精心的计划并进行监控。

　　不论是你想要让孩子坚持遵循你设计的干预措施的规则或步骤，还是你只想鼓励孩子使用他已经学会的执行技能，激励都很重要。有些父母诉诸惩罚或处罚，但一般来讲，我们倾向于对孩子采用一种更加均衡的方法，尽可能着重强调孩子积极的一面。惩罚方法的一个重大缺陷是，它不会告诉孩子要做什么，只是告诉他们不能做什么。此外，这种方法聚焦于负面行为，可能有损父母与孩子的关系。对孩子采取惩罚方法的父母经常对我们说"我没法从孩子那里拿走任何别的东西了"（意思是说，他所有的东西，都被父母作为惩罚而没收了），而孩子则常说："我没有什么东西可以失去了。"

## 用表扬巩固执行技能

　　正如本章开篇的第一个场景那样，激励策略有时候简单到给予孩子表扬和肯定。例如，父母可能对他们 5 岁的孩子说："你不需要我的提醒就记得在早餐后刷牙，太棒了！"如果你认为美德本身应当就是给予孩子的奖励，但还要记住，我们这是在跟孩子打交道。他们总在寻求你们的肯定，而一旦获得你们的肯定，一定能鼓励他们重复那种获得肯定的行为，以便你继续表扬。（除此之外，你认识哪个成年人至少在某些时候不需要获得别人的表扬？）

　　事实上，我们发现，表扬是用来促进行为改变的最没有获得重视（也是最没有得到充分运用）的工具之一，但实际上，这种工具是父母随时可用的。

经验丰富的行为专家一般建议，父母每一次向孩子指出要纠正些什么行为，需要说三句肯定的话。但是实践中，这个 1∶3 的比例难以达到。虽然如此，这仍不失为一个值得努力追求的目标。

　　我们还应当指出，有的表扬比另一些表扬更有效。全球通用的表扬（"你真是个好姑娘"以及"干得好"）通常远不如更加具体的表扬那么有效，后者针对单个的孩子，而且表扬的是需要孩子巩固的行为。下面的虚框文字概述了可以怎样使表扬最有效。

---

### 有效的表扬……

1. 在正面的行为发生之后立马提出表扬。

2. 指出取得的成绩的细节。（"感谢你在我对你提要求后立即收好你的玩具。"）

3. 提供关于取得的成绩有何价值的信息。（"当你迅速做好出门上学的准备时，整个早晨变得顺利多了！"）

4. 让孩子知道他是通过勤奋刻苦而完成任务的。（"我看到你确实在努力控制你的脾气！"）

5. 引导孩子更加欣赏他自己与任务相关的行为，同时引导他思考问题的解决办法。（"我喜欢你的那种想法，我猜是解决该问题的好办法。"）

---

## 在任务结束时提供一些有趣的东西

　　除了表扬之外，另一种最容易的激励是在孩子运用了期望的技能或者遵循了期望的技能次序之后，给一些他们盼望已久的东西。这是一种老生常谈的策略，大多数父母常常用它来鼓励孩子干家务活，或者完成他本不想完成的其他任务。在和各类家庭打交道的多年经历中（同时，我们作为自身行为的敏锐观察者），我们发现，在孩子完成一项内心讨厌的任务后，让他能够得到一些期盼已久的东西，可以产生激励的效果。用更富学术意味的话来讲，它激起了一种积极的驱动状态，有助于战胜我们对眼前任务可能产生的任何消极想法或感觉。这种方法对成年人和小孩子同样有效，即使是小小的奖励，也仿佛给我们打了一针强心剂。我（这是佩格在说）常常在写完心理学报告中的某个艰难部分之后，奖励自己玩一两盘空当接龙游戏。另外，当我在黄昏时要做某件事情，倘若它给我的感觉是很劳心费力的（好比打一些电话给别人，这是我讨厌做的事情），我便允许自己吃些点心，前提是先做完这件事情。

---

### 正面的而不是负面的言语激励

大人常跟孩子讲"在你收拾好卧室之前，不能玩视频游戏"或者"在你把碗收到洗碗机里之前，不能出门"。我们强烈建议你换一种说法，强调积极的一面，如"只要你收拾好你的卧室，便可以玩视频游戏"或者"只要把碗收到了洗碗机里，便可以出门"。这种差别看似微妙，但我们认为很重要。当你刚开口说话便强调一种期望的活动，而不是到一句话的后半部分才说到期望的活动时，你会让孩子把注意力集中在奖赏上，而不是集中在他必须完成的任务上。我们收集的行为数据表明，这种转变确实是有效的：据我们观察，当大人使用正面的表述而不是负面的表述时，孩子遵守指令的情况增加了，抗拒任务以及与大人对着干的情况减少了。

---

## 运用更加正式的激励体系

表扬和让孩子能得到盼望已久的东西，并不总是足以激励孩子运用他们觉得很困难的技能。在这种情况下，你可能发现，使用一个更加正式的激励体系才会有所裨益。如果你的孩子患有注意缺陷 / 多动障碍，你可能已经熟悉这种激励体系。如果不熟悉，遵循下列步骤。

## 第 1 步：描述问题行为并确立目标

这听起来也许很熟悉，因为它跟我们在上一章关于向孩子传授执行技能的内容中列举的前两个步骤完全一样。你可能记得，重要的是尽可能具体地描述孩子的问题行为以及目标。例如，假若孩子的问题是放学以后忘记干家务活，那么，目标可能是"乔伊将在下午 4:30 不用大人提醒就完成每天的家务活"。

## 第 2 步：确定可能的奖励和偶然事件

设计奖励和偶然事件的体系，第一步是确定日程安排表，以便将不太令人喜欢的任务总是排在令人喜欢的任务之前。这是换一种方式来描述我们在第 5 章介绍过的"奶奶的法则"。在某些情况下，你只需遵循这个法则就行。当你必须做更多的其他事情时，让孩子从一个"奖励菜单"中挑选他想要的奖励，便能使激励体系更好地发挥作用。制作"奖励菜单"的最佳方法是建立一个积分系统，孩子只要表现出目标行为，便可以赚得相应的分数，并且可以用那些积分交换他们想要的奖励。奖励越大，孩子需要赚取的分数就越多。"奖励菜单"应当既包括需要花一星期或一个月才能赢得的更大、更昂贵的奖励，也包括一些可以每天都赢得的更小、更廉价的奖励。奖励可以包括"物质"奖励（例如最喜欢的食品或小玩具）以及活动奖励（例如和父母、老师或朋友一块儿玩游戏的机会）。此外，在这一系统中还插入对偶然情况的考虑，也是必要的——通常是在任务完成之后获得某项特权（例如，看一档最喜爱的电视节目的机会或者和一位朋友打电话聊天的机会）。表 8-1 展示了怎样将这个流程应用到"完成家务"的例子中。

表 8-1 激励计划样表

**问题行为**

不忘记放学后做家务活

**目标**

不需要提醒，在下午 4:30 之前做完家务活

**可能的奖励（孩子每天达到这个目标，便挣得 2 分）**

| 每天（1 分） | 每周（5 分） | 长期 |
| --- | --- | --- |
| 多一些看电视的时间 | 租赁视频游戏的机会 | 购买视频游戏（20 分） |
| 多一些视频游戏时间 | 周末和朋友共度一个晚上 | 购买 CD（12 分） |
| 和爸爸玩游戏 | 妈妈做最喜欢吃的甜点 | 外出吃饭（15 分） |
| 在睡觉之前多玩半个小时 | 有机会挑选晚饭的菜单 | |

**可能的偶然情况 / 处罚**

只要家务活做完，可以在放学后和朋友玩耍

家务活做完后，玩电视 / 视频游戏

尽管本书主要针对你可以在家里做的事情，但运用激励策略来提高孩子在学校的执行技能，一种有效方式是将孩子在学校中目标行为的表现与在家里的奖励结合起来。这样做之所以有效，原因有很多。首先，它为家校联手解决问题提供了很好的途径。其次，它可以作为家校之间一种积极沟通的机制。最后，和老师相比，父母通常手握更多的奖励措施来激励孩子。运用家校协调的方法，通常可以使用家校报告卡，老师可以借助这一工具告诉父母，孩子当天已经挣得了多少分数。

## 第 3 步：签订一份行为合约

这种合约应当确切地规定孩子同意做什么以及父母扮演什么角色和承担什么职责。当孩子遵守合约时，一定要结合积分和其他奖励来表扬孩子。此外还要确保合约中的条款你可以接受，避免写上你要么无法做到，要么不愿意强加给孩子的惩罚（例如，若你和配偶都要工作，不在家，你们无法监控

孩子是不是开始做家庭作业了，因此，可能需要重新签订替代合约）。与激励体系相伴相随的行为合约，参见之后的加虚框文字。本章末尾的表 8-2 和表 8-3 是你可以用来设计激励体系并撰写行为合约的空白表格。

---

### 行为合约样本

孩子同意：不需要口头提醒，在下午 4:30 之前干完家务活。

为帮助孩子达到目标，父母将：在孩子放学之前，把家务活清单放在厨房的桌子上。

孩子将获得的奖励：每天不需要口头提醒便完成家务活，挣得 5 分。孩子可以用分数与奖励菜单中的物品交换。

如果孩子没有达到协议中的事项，孩子将：赚不到任何积分。

---

## 第 4 步：如有必要，评估过程并做出改变

我们不得不警示读者，在我们的经验中，很少有哪个激励体系第一次便能完美地运转。首先，令我们吃惊的，孩子格外善于发现任何行为协议中的漏洞（"你只是说过，我在 5:30 之前完成家庭作业，但没有说过要把作业做正确"）。不过，通常情况下，修改合同规则、分数分配或者在合约按照你预想的方式运行之前选择的特定奖赏，是常见的情况。

父母们常问，怎么能只为家里的一个孩子而不为所有孩子确立这样的系统，似乎是在"回报"带有问题的孩子而忽略没有问题的孩子。我们发现，如果向所有孩子仔细地解释它们，大多数兄弟姐妹都能理解这一过程。不过，假如确实还有些问题，你仍有以下几种选择。

1. 为其他追求合适目标的孩子构建一个类似的系统（每个孩子都有他致力于改进的东西）。

2. 时常对家中的其他孩子承诺做些特别的事情，以便达成一个更加非正式的安排协定，使得其他孩子不至于感到被遗忘。

3. 让孩子能够赚到使家里所有人都能受益的奖励（比如到中餐馆吃饭）。

## 运用激励策略来强化一般的执行技能

我们列举的所有例子，都聚焦于一种需要改进的特定目标行为（记得干家务活、取得好成绩、收拾玩具等）。你可以运用同一些策略，着重帮助你的孩子更广泛地提高执行技能，而不是只解决单一的行为。如果你决定培育孩子着手做事的技能（例如，让孩子每次都不需要提醒，便能"撸起袖子干起来"），你可以强化该技能。"谢谢你放学回来之后把洗碗机清理一空"以及"我喜欢你按照我们达成一致的那样，在 5 点时开始做家庭作业"等，是特别针对孩子着手做事的特定表扬的例子。如果你感觉需要更强力的奖励，那么，每次你的孩子在和你协商好的时间立即动手做事，或者不需要多次提醒便立马着手做某些事，你可以把一块儿小小的令牌放到罐子里。当罐子已满（或者孩子已经挣到事先商定的数量的令牌），孩子就赢得奖励。

如果你坚持到这一刻，现在应当理解了应对孩子的执行技能不足的三种广义的方法。在下一部分，我们将从"宏观层面"转向实际应用。因此，如果你不太确定怎样使用你迄今为止已经学到的东西，请继续读下去。我们将教给你一些从我们作为父母和临床医生的经历中精选出来的常规事务和小花絮，它们解决了日常生活中由于孩子的执行技能不足而出现的许多问题。

## 表 8-2　激励计划样表

问题行为

目标

可能的奖励

| 每天 | 每周 | 长期 |
| --- | --- | --- |
|  |  |  |
|  |  |  |
|  |  |  |
|  |  |  |

可能的偶然情况 / 处罚

## 表 8-3　行为合约

孩子同意：
_____
_____
_____
_____
_____

为帮助孩子达到目标，父母将：
_____
_____
_____
_____
_____

孩子将获得的奖励：
_____
_____
_____
_____
_____

如果孩子没有达到协议中的事项，孩子将：
_____
_____
_____
_____
_____

第三部分

# 将 ABC 整合起来

第9章

# 先行组织者

在第 6 章到第 8 章中，你学会了设计干预措施来提高孩子执行技能的 ABC ：A 代表改变前因（改变环境）、B 代表直接解决行为（传授技能）、C 代表改变结果（提供激励）。尽管一目了然，但你不知道从何开始，是吗？为了显著地改变孩子的人生，你到底得给他多大的帮助？

正如在本书开篇我们承诺的那样，我们将为你介绍几种方法，使你提高孩子执行技能的过程变得更加容易。你主动做多少事情，取决于你自己。你可以利用有限的时间和精力，对自己的女儿或儿子产生重大的影响。

事实上，我们全心全意地致力于使这一过程变得容易，因此，我们想给你提出的最重要的规则如下。

# 1. 首先，为了让你的孩子成功，
# 为孩子做最小的必要的事情

毫无疑问，你可以运用我们在第 5 ~ 8 章中阐述的所有内容，并且将第 9 ~ 21 章中描述的可能的干预措施来设计一个思虑周全的、由多个部分组成的计划。最后，你可能决定那样做。但是，你正在读的这本书，一方面使你的生活变得更容易，另一方面又使你的孩子提升他的技能，以帮助他成功。因此，首先尝试最低限度的干预。

- **如果你可以只改变环境便能幸运地成功，使孩子最终自行将执行技能内化于心，那就尽一切办法这样做。** 改变环境的一个例子是在厨房桌子上放一张便条，上面写着："请在放学回家后把狗牵出去遛一会。" 如果你连续三周都留下这张便条，之后便不再留了，孩子会不会记得遛狗？如果记得，那他自己的工作记忆便发挥作用了。如果你让孩子估算他做数学作业要花多长时间，然后将他估算的时间与实际所花的时间进行对比，发现他的估算越来越精确了，那么你知道，他正在提升自己的时间管理技能。（参见第 6 章对如何改变环境以促进执行技能提升的详尽讨论。）

- **或者，如果你认为你的孩子已经拥有了某项特定技能，但需要大人鼓励他使用该技能，那么，只需制定一种激励策略，也许就够了。** 你可能为帮助你女儿收拾家庭作业而采用了文件夹的方法，但她仍把自己的书和笔记本到处乱放。那么，你可以制定一种类似这样的激励策略：每天晚上她在做完家庭作业时，把文件夹拿给你看，便能挣得 5 分。当她一共挣了 25 分时，可以从 iTunes 中下载一首歌曲到她的 iPod 中。或者，也许你儿子总对他弟弟说一些刻薄的话，需要你帮他改掉这一恶习。针对这种情况，你可以制定类似这样的激励策略：重点盯住吃晚饭前的 1 个小时，假如你每隔 10 分钟没有听到他对弟弟说话刻薄，便把一块儿令牌放进他的罐子中。如果到吃晚饭的时候罐子里有了 4 块令牌，那么他可以吃到自己最喜欢的甜点。（参见第 8 章中关于如何设计激励体系的更多指南。）

● **如果你认为，只要你给孩子提供一些铺垫并且让他适当地玩游戏，孩子就可能极为受益，那就首先试一试。** 让孩子学会怎样优雅地对待输和赢（也就是说，提高情绪控制的能力），尤其适合采用适当玩游戏的方法。这种方法还适用于让孩子学会等待轮到他玩的时候，或者容忍同伴较差的技能（参见第 7 章）。

但是，也许有些技能是需要大人传授的，而另一些技能则需要采用一种具有多种要素的方法。以长时间的学习任务为例。许多孩子只需大人教他们将某一任务细分为一些子任务，并确定相应的时间期限，而他们获取这些技能，只需要大人教会他们这个过程（我们将在第 10 章中阐述这个过程），然后自己再练习几次，将这个过程从头到尾过几遍。或者，考虑时间管理的技能。如果你的孩子之所以不能很好地掌握时间，是因为不知道完成某些任务需要多久，你可以向他传授估算时间的技能，然后让他进行一些练习，他便能熟练掌握时间管理的技能了。第 9～21 章将向你表明，当孩子的问题只是不知道怎么做时，怎样向孩子传授 11 种技能的每一种。

不过，假若你向孩子传授某种技能，让孩子练习它，但你每次把某些任务交给孩子时，孩子仍然无动于衷或者想方设法地拖延，怎么办？这需要采用具有多种要素的方法。有时候，仅仅理解流程怎么运行仍不够，孩子还发现，某些特殊的技能需要他付出太大的努力，以至于他想尽一切办法逃避那些任务。对这种情况，第 9～21 章还将阐述可以怎样将综合多种激励策略的计划整合起来，并且进行答疑解惑，使得那些即使对你孩子来说"不可能"的任务，如今也变得可以掌控。

当你需要采取一种更有针对性的方法来向孩子传授某种他缺乏的技能时，下面就是你要做的事情。

## 2. 接下来，学习有效的策略背后的原则

本章为干预孩子发展滞后的执行技能提供了指南。你将在这里了解到一些原则，它们为你在本书中学会使用的所有策略奠定了基础。在对孩子使用任何的干预措施之前，先读一读本章。当你试用过的某一策略并不管用时，回头再读一遍，其原因也许是你忘记了某条重要的指导原则，并且需要调整策略来整合它。

## 3. 现在，解决特定的日常事务

在我们的工作经历中，父母一再向我们诉苦，说他们的孩子面临一系列可预测的日常问题，这些问题与执行技能不足有关。学龄前儿童和小学低年级孩子的父母通常抱怨，他们的孩子做不好早晨的常规事务，不能迅速做好睡觉的准备、清理卧室或游戏室，或者控制不了自己的脾气。小学高年级学生和中学生的父母常说，他们的孩子不能做好家庭作业、整理好笔记本或者执行长期的学习任务。我们知道，经常和孩子围绕这些常规事务"做斗争"，也许使得你们和你们的孩子一天的心情都变得糟糕——而且日复一日，月复一月，长此以往。你可以直接利用我们为你制订的教育方案来和这些日常的陋习做斗争，很快就能变得更加舒心。正因为如此，我们强烈建议你试着采用第 10 章介绍的干预措施，作为你在尝试之前介绍过的最低限度帮助之后的下一步。第 10 章为你介绍针对 20 种不同的常规事务（这些事情通常导致执行技能不足的孩子出现问题）的详尽计划，包括你执行计划时需要的任何表格或任务清单。

### 首先解决一项常规事务

你会发现，如果你浏览一下第 10 章开头的常规事务清单，并且立即把

注意力集中在你觉得可能天生是你的克星的某件事情上时，便很容易让自己"撸起袖子干起来"。也许你早晨跟孩子围绕做好上学准备而进行的"斗法"，让孩子感到十分气恼，以至于到学校后，几个小时都无法聚精会神，导致阅读成绩急转直下。抑或你每天晚上好不容易让孩子去睡觉，结果自己累得筋疲力尽，几乎没有哪个晚上睡好过。在类似这样的情况下，你会知道首先要解决哪一项常规事务。

但是，假如你仔细查看自己每天的常规事务清单，发现有十几件事情导致你和你的孩子每天都麻烦不断，怎么办？你如何知道从哪里入手？这里有几条建议。

- **首先从问题开始。所谓的问题，也就是说，如果解决掉它的话，你孩子以及你自己的生活将变得顺利得多**。因为我们的底线是提高生活质量，因此，解决这样的问题，通常是最好的起点。玛姬（Maggie）有个 6 岁的女儿，名叫辛迪（Cindy）。辛迪每天晚上到了睡觉的时候，给玛姬的感觉是女儿故意和妈妈对着干，对此，玛姬不确定这种角力对母女俩来说是不是十分重要（事实上，玛姬确切地知道，在自己心情最糟糕的时候，女儿辛迪却完全享受这种意志的较量）。但这让玛姬自己身心俱疲，无法好好睡觉，并且感到自己是个不称职的母亲。在女儿还只有 4 岁的时候，玛姬经常给她讲睡前故事，却没有好好地拥抱过她。因此，玛姬选择将睡前时间作为要解决的常规事务。
- **首先从一个能够轻松解决的小问题开始**。这种方法的好处是可以快速取得成功并树立信心，以便尝试难度稍大的事情。布拉德（Brad）选择帮助儿子特雷（Trey）做家务——每天晚上给小狗喂食。这是件简单的杂活，花的时间很少，但特雷似乎总是不记得，他老爸无数次在提醒他的时候气急败坏地吼道："这只要一分钟！"你也可以将我们提议的常规事务细分，使自己更容易盯着一件非常简单的家务活来解决。

- **让孩子可以选择首先解决哪一项**。这也对我们有吸引力，因为它增强了孩子对问题及解决方案的拥有感，而且也满足了孩子渴望熟练与控制的需要。杰西（Jessie）确定自己希望在练习钢琴方面获得大人的帮助。她奶奶来到镇上参加她的独奏会，这样一来，她在演奏时渴望表现出色，这成为她的一种内在激励。

- **选择一项可以共同执行的任务**。如果你和你的配偶就解决孩子的问题达成了一致，而且你们可以共同分担一些解决该问题的重担，那么，你自己一个人就不需要付出那么大的努力了，这也使得干预措施更有可能发挥作用。浏览一下常规事务，确定谁将在什么时候做哪件事情。一定要夫妻俩就细节达成共识，因为我们知道，细节决定成败。对冈萨雷斯（Gonzaleses）来说，做家庭作业的时光是完美的。父母中的任意一位陪伴他做完数学作业，另一位则在做晚饭，接下来，做饭的那位又陪着他做阅读作业，而之前帮助他做数学作业的那位，则去厨房洗碗。

- **考虑长期目标**。这对年纪大一些的孩子格外重要，在这些孩子身上，成年生活即将来临。我儿子 13 岁那年（这是佩格在说），我意识到他在许多领域都存在明显的执行技能问题，无法确定要重点解决哪一个。最后我问自己：什么技能对孩子的大学学业和职业生涯的成功绝对至关重要？记住了这一点，我确定，使卧室保持干净并非如此急切，而在最后期限到来之前完成任务并记得自己必须要做好的每一件事情，则高度优先。做出这个决定后，我开始监测他的作业完成情况，方法是每天在他放学回家后问他两个问题：你必须做些什么？什么时候开始做？

## 你将培育孩子的哪些执行技能

第 10 章中阐述的每一项常规事务，都列举在该常规事务需要的执行技能之前。你会注意到，所有这些常规事务，尽管专为解决日常生活中的某个特定问题而设计，实际上却着眼于同时提高一系列执行技能。例如，难以做好早晨常规事务的孩子，通常也在着手做事方面存在困难（开始做事时总是慢腾腾），很难保持专注（难以长时间坚持，直到把任务做完），而且工作记忆差（忘记自己应当做什么事情）。所以，若你准备好一个解决某个问题的干预措施，实际上同时在提高孩子的好几种执行技能。你也许猜到了，原来这意味着，只要你对某项常规事务采取干预措施，那么，无须直接干预另一些与该常规事务运用同样执行技能的常规事务，也能发现孩子在后面这些事务上取得进展。（但是，如我们说过的那样，不要指望一夜之间甚至一个月之内便能成功。对有的孩子来说，有时候你必须在很长时间内给予帮助，他才能将某些技能内化于心。）

## 4. 最后，目标是解决特定的执行技能不足

如果你孩子的问题十分普遍，特别是，假如第 2 章帮助你发现，你的所有麻烦背后只有一两项执行技能的不足，或者第 10 章中并没有讲到导致你孩子出现最大问题的常规事务，那么，你不能只是遵循我们的指导，还要设计你自己的干预措施。你们中的有些人也许想利用第 10 章中现成的常规事务并制订你自己的计划。第 11～21 章中的每一章都深入阐述一项特定技能、为你提供关于该技能的更全面的信息，帮你更细致地观察你的孩子在该技能上的不足，然后告诉你，其他的父母怎样制定有效的干预措施。你可以挑选孩子感到十分困难的任何问题，制订一个与该问题针锋相对的计划，要么是向孩子传授那一章中讨论的技能，要么是在孩子已经拥有该技能但用得不太好时，帮助孩子练习和强化该技能。

### 你怎样决定着重提高哪些执行技能

如果你开始使用我们在第 10 章为你制订的计划，你可能注意到，你孩子最需要获得帮助的常规事务，全都必须运用那些事务中涉及的同样的执行

技能。这是确定哪些单项的技能还需进一步增强的方式。你还可以使用第 2 章中介绍的一些调查问卷来评估孩子的执行技能。最后，你可以填写好介绍每一项技能的那一章开头的简要调查问卷，以确认孩子最初的评估。

这些调查问卷与你在第 2 章中填写的量表相类似，但这一次，我们请你评估，你觉得你的孩子在列举的每一项技能上的表现有多好或者有多么常见，以便知道你究竟只是需要通用的秘诀，还是应当制定自己的完全成熟的干预措施。如果你决定制定自己的干预措施，可以从第 5 ～ 8 章阐述的所有观点中汲取经验。由于我们十分相信任务清单的作用，因而把它们整合到一起，以便你在为帮助孩子应对他的特定问题或者特定的执行技能不足而制订计划时，至少考虑到需要考虑的所有要素。这个任务清单如表 9-1 所示。万一你需要温故任务清单中任何一项内容的含义，我们还标注了该项内容在书中的什么位置进行了讨论。

表 9-1　设计干预措施

| 干预步骤 | 参考页面 |
| --- | --- |
| 1. 确定行为目标。 | |
| 　问题行为：_____ | 110 |
| 　目标行为：_____ | 111 ～ 114 |
| 2. 将从环境方面提供怎样支持？（勾选所有适用的） | |
| 　____ 改变实际环境或社会环境（例如增加物理障碍、减少分心的事物、提供环境的组织架构、降低社交的复杂度） | 90 ～ 93 |
| 　____ 改变任务的特性（例如缩短任务、插入短暂休息、给孩子盼望已久的东西、制定日程安排表、提供选择、让任务更加有趣） | 93 ～ 95 |
| 　____ 改变大人与孩子之间的互动方式（例如演练、提示、提醒、指导、表扬、详细询问、反馈） | 96 ～ 97 |
| 3. 向孩子传授技能将遵循什么程序？ | |
| 　谁来向孩子传授技能 / 监督程序的遵循情况？_____ | 114 ～ 121 |
| 　孩子将遵照什么步骤？ | |
| 　（1）_____ | |
| 　（2）_____ | |
| 　（3）_____ | |
| 　（4）_____ | |
| 　（5）_____ | |
| 　（6）_____ | |

（续）

| 干预步骤 | 参考页面 |
|---|---|
| 4.什么样的激励手段常常用来鼓励孩子学习、练习或使用技能？（勾选所有适用的） | 122～131 |
| ＿＿＿具体的表扬 | 124～125 |
| ＿＿＿当任务完成时，给予孩子期待已久的东西（或者是一项孩子盼望的任务） | |
| ＿＿＿奖励与惩罚的菜单 | 125 |
| 每日奖励的可能性：＿＿＿＿＿＿＿＿＿＿＿＿＿＿＿＿＿＿＿＿＿＿ | |
| 每周奖励的可能性：＿＿＿＿＿＿＿＿＿＿＿＿＿＿＿＿＿＿＿＿＿＿ | |
| 长期奖励的可能性：＿＿＿＿＿＿＿＿＿＿＿＿＿＿＿＿＿＿＿＿＿＿ | |

# 成功制订你自己计划的秘诀

不论你是使用我们在第 10 章中介绍的干预措施，还是制订你自己的（或者两者兼而有之），如果你把这些要点牢记心中，你的干预措施更有可能成功。

- **帮助你的孩子提升对干预措施的拥有感**。在设计干预措施时要尽可能让你的孩子参与。倾听她的想法、综合她的建议，并且在有机会时尊重她提出的请求。要愿意向孩子妥协，以增强孩子对干预措施的拥有感。记住，如我们在第 5 章中讨论过的那样，塑造孩子行为的力量之一是他们追求熟练与控制的动力——不论什么时候，只要有机会，要好好利用这种动力。

- **记得适合的重要性**。要牢牢记住，你认为对你来说管用的东西，也许并不适合你的孩子。特别是，我们发现，适合某个人的组织方案，对别人却毫无吸引力。问你的孩子，什么样的方法适合他。

- **抓住机会和你的孩子一块儿进行头脑风暴（brainstorming，是指集中一组人来同时思考某事，有点类似汉语的"集思广益"的意思。常常是为了解决一个问题、萌发一个好创意）。头脑风暴本身也是在培育执行技能**。如果你的儿子想不到什么方法可能适合他，那就将这个主题带入到头脑风暴的探讨之中，或者给他一些选择，看看他感觉哪种选择合适。

- **预料到将来不得不调整你的干预措施**。要事先料想到，你设计的第一份计划将来会有所调整。在第 10 章中，我们列举了一些你可能要考虑的改变和调整。在介绍技能的各章中，也就是第 11 ～ 21 章，我们介绍的许多场景表明，尽管最初的尝试取得了一定的成功，但为求产生最大的效益，也需要进行调整。

- **只要有可能，在把程序安排就位之前先进行练习、角色扮演或者演练**。如果你想要提升的执行技能是反应抑制或者情绪控制，这一点尤其重要。因为在现实生活中，事情可能很快就发生，同时，也因为在充满情绪的局面下，在孩子的情绪没有达到爆发点之前进行的练习越多，就越可能在这种炽热的局面下仍然依照计划行事。

- **始终运用大量的表扬和正反馈**。即使你运用其他的激励措施，也不应该丢下表扬不用。由于任何激励体系的目标都是为了逐渐减弱孩子对实际奖励的需要，因此，社会化的奖励（表扬与正反馈）有助于减小孩子对实际奖励的关注。

- **只要可能，使用视觉化的提醒**。太多的时候，口头提醒只会让孩子"左耳朵进，右耳朵出"。在使用口头提醒时，用它们告诉孩子去查看一些看得见的东西，如图画式的日程安排表、清单、任务清单、记下来的备忘录或者标语，例如，告诉孩子"看一下你的清单"以及"你的日程安排表上接下来是什么"。

- **从小的任务开始**！从孩子不太惹你生气的某种行为开始，并且把大量成功的经验放在前面，以便你和你孩子迅速体会成功的滋味。在将目光转向较大的问题时，仍然要确立可以实现的最初目标，为将来的成功做好打算。你的长远目标也许是让你的儿子不需要你在场而独立完成所有家庭作业，但合理的第一步可能是让他自己先做 2 分钟。如果你知道自己往往有点过头，那就把你第一次想到的主意定为目标，然后将它缩减一半（一半的时间、一半的工作量、一半难度的挑战、取得一半的进步，诸如此类）。

143

- **只要可能，找到一些能计数的东西来测量进步，然后将结果画出来。**
  如果你不确定你的计划是不是能行，那就想办法收集数据来回答这个
  问题。顺便提一下，图形可能格外有益于孩子（实际上对各种年龄层
  次的人都有益）。假如你使用计分系统，并且建立了反馈机制，我们仍
  然建议你把分数转变成图形。可以被计数和用图形表示的行为包括这
  样一些例子：每周没做家庭作业的次数，每天情绪"崩溃"的次数，
  每周上学期间孩子记得从家里拿到学校或从学校拿回家里的所有东西
  的次数，在意想不到的计划更改面前没有哭闹的次数，每周在约定的
  时间内完成家庭作业的天数。

### 如果你的孩子不想参与你的计划，怎么办

假如你从头到尾看完教导孩子常规事务、场景和行为的计划后，你很热
心地尝试着做些什么，但你的孩子不想参与其中，可以试试下面这些方法：

- **尝试着协商。**你愿意放弃某样东西而获得另一样东西作为回报（但要
  确保双赢）。

- **考虑更加丰厚的奖励。**我们发现，父母和老师通常表现得过分小气。
  记住，我们通常要求执行能力不足的孩子做的事情，他们需要付出巨
  大努力。如果任务需要付出的努力的价值看起来超出了他们获得的奖
  励的价值，他们将继续抵触任务。

- **如果你邀请孩子参与制订行为计划，却遭到拒绝（这种情况很可能
  发生在青春期），你仍可以在干预措施中融入一些逻辑的或自然的结
  果。**为了让孩子获得她想要的特权，做出让她不得不对你让步的安排
  （"我会很高兴地带你去商场，以便你可以和朋友四处逛逛，但前提
  是，你得把你的卧室打扫干净"）。

- **假如似乎没有哪种方法奏效，而问题又足够严重，那就寻求外部的帮
  助，比如治疗学家、教练或辅导员。**第 22 章提出了怎样做的建议。

## 游戏计划一瞥

1. 首先试着改变环境（第 6 章），运用铺垫和游戏（第 7 章），或者提供激励。

2. 如果这还不够，了解培育执行技能的有效策略背后的原则和指导方针（第 9 章）。

3. 通过使用我们现在的计划解决特别有问题的常规事务来进行干预（第 10 章）。

4. 如果这还不够，着力提高特定的执行技能（第 11 ～ 21 章）。

第10章

# 教孩子制订常规事务的现成计划

以下的 20 项常规事务往往是孩子最难完成的。我们对它们进行了归类，首先从家里的常规事务开始，然后是与学校相关的事务，最后还有一些要求运用情绪控制、灵活性、反应抑制等技能的任务。浏览这个清单，你一定能找出你和孩子需要帮助的方面。如果你辨别了好几个方面，不知道从哪个方面入手，可以回顾第 9 章的内容。如果你确定你想更有针对性地提升某些特定的技能，我们还在本书中相对应的章节给出了解决该常规事务将要运用的每一种执行技能。

# 为不同年龄的孩子调整干预措施

在某些情况下，与干预措施相适合的年龄，由常规事务中涉及的提升执行技能的任务或者学校课程来规定。我们不指望一年级的孩子迎考复习（拼写测验除外）、完成长期的学习任务或者写作文，因此，这些常规事务并不是为这个年龄段的孩子设计的。另一些常规事务也许可以适用广泛的年龄段。由于许多常规事务是为本书中阐述的年龄范围内的孩子所写的（中小学生），这里有一些关于怎样为年纪更小和更大的孩子在看起来合适的地方调整策略的建议。

**向年幼的孩子传授执行技能而安排常规事务的一般原则：**

- 使常规事务保持简短；

- 减少其中包含的步骤；

- 用图片而不是用书面的清单或指令来作为提示；

- 做好提示和监督孩子的准备，有时候还要和孩子并肩"作战"，帮助孩子处理常规事务。

**向年龄大一些的孩子传授执行技能而安排常规事务的一般原则：**

- 在设计常规事务、选择奖励以及答疑解惑的时候让他们全程参与，这可能是改进常规事务所必需的；

- 愿意协商而不是命令；

- 只要可能，用视觉的提示而不是口头提示（因为对年纪大一些的孩子来说，口头提示听起来太唠叨了）。

# 1. 做好早上的准备工作

**涉及的执行技能**：着手做事（第 15 章）、保持专注（第 14 章）、工作记忆（第 12 章）。

**年龄**：我们将 7～10 岁孩子的详细情况包含进来，但只要改变一下任务的难易程度，很容易为年幼的和年纪大一点的孩子量身定制这种常规事务。

（1）和孩子一块儿坐下来，围绕早晨上学之前要做的事情列出一个清单（或者，对年幼的孩子来说，就是一天开始时要做的事情）。

（2）共同确定应当完成的任务的先后顺序。

（3）将清单转变成任务清单。（表 10-1 的任务清单只是样本，你可以直接使用它们，或者只把它们当成一个模型，把你自己的任务列举在左边一列。）

（4）制作多份拷贝，并将它们粘贴在剪贴板上。

（5）和孩子深入交谈，探讨这个流程将怎样从孩子早晨醒来的那一刻起就发挥作用。在孩子动手做的时候向他解释，你会提示他做好清单中的每一件事，并要他完成的时候在每件事的后面画√。

（6）对该流程进行排练或者角色扮演，以便孩子懂得它会怎样运转——也就是说，把每个步骤走一遍，让孩子假装做完每一步并画完了√。

（7）为了能让孩子及时到校（或者为了在上学之前有些时间玩，或者为了让孩子学会做好他需要做的事情，不论这些事情是什么），确定整个常规事务应当在何时完成。

（8）将系统投入运行。起初，你应当提示你孩子迈出第一步，然后在他完成这一步的时候，默默地在一旁观察，提示他在清单上给这一步画上√，在孩子完成每一步时给予表扬，并且提示孩子进入下一步。在你的监督之下继续这个流程，直到整个常规事务完成。

（9）一旦孩子将这个过程内化于心，能够在时间界限内独立地完成常规事务，就可以慢慢地不使用任务清单了。

表 10-1　任务清单

| a）早晨常规事务清单 | | |
|---|---|---|
| 任务 | 提醒的次数<br>计数符号（////） | 已完成（√） |
| 起床 | | |
| 穿好衣服 | | |
| 吃早餐 | | |
| 把盘子放进洗碗机 | | |
| 刷牙 | | |
| 梳头 | | |
| 准备好书包 | | |
| b）做好上学准备的任务清单 | | |
| 任务 | | 已完成（√） |
| 完成所有家庭作业 | | |
| 所有家庭作业都在合适的地方（笔记本、文件夹等） | | |

## 逐步放松监管

（1）提示孩子开始，并在整个常规事务过程中进行监督，经常进行表扬、鼓励和建设性反馈。

（2）提示孩子开始，确保他开始每个步骤，然后离开，并在孩子进入下一个步骤时回来。

（3）提示孩子开始，中途检查他的情况（每过两个步骤来检查，随后，每过三个步骤来检查，等等）。

（4）提示孩子开始，并让他最后和你一同检查。

## 改变 / 调整

（1）如有必要，当孩子及时完成流程或者需要你提醒，但在你提醒的次数尽可能少的情况下完成流程时，增加一次奖励。或者，当孩子在你提醒次数最少的情况下完成流程中的每个步骤时，给孩子计 1 分（事先协商好，孩子要挣得 1 分，可以允许大人多少次提醒）。

（2）在每个步骤开始时设置厨房计时器，或者让孩子设置计时器，并且给孩子一定的挑战，要他在计时器响起之前完成该步骤。

（3）在必要时调整时间或日程安排表。例如，提前一点叫醒孩子，或者看看清单上的内容有没有被遗漏或者头天晚上已经做完。

（4）与其制作任务清单，不如把每项任务写在一张单独的索引卡片上，把卡片交到孩子手中，并且在每个步骤完成之时，再把新的卡片交给孩子。

（5）对年幼的孩子，使用图片而不是语言来提示或提醒，保持清单简短，并做好你得继续提示孩子的心理准备。

（6）可以为需要特别帮助的孩子调整同样的方法，确保他们把自己必需拿的所有东西都带到学校。我们还提供了这方面的一个任务清单样本（见表 10-2）。

表 10-2　任务清单样本

| 要带去学校的物品 | 已经放在书包里（√） |
| --- | --- |
| 家庭作业本 | |
| 笔记本／文件夹 | |
| 课本 | |
| 默读课本 | |
| 同意回执 | |
| 午餐钱 | |
| 体育课的衣服／装备 | |
| 老师的通知 | |
| 作业簿 | |
| 其他： | |
| 其他： | |

## 2. 整理卧室

**涉及的执行技能**：着手做事（第 15 章）、保持专注（第 14 章）、工作记忆（第 12 章）、整理（第 17 章）。

**年龄**：我们将 7 ～ 10 岁孩子的详细情况包含进来，但只要改变一下任务的难易程度，很容易为年幼的和年纪大一点的孩子量身定制这种常规事务。

（1）和孩子一块儿坐下来，围绕整理他的卧室这项任务中包含的步骤列出一个清单。这些步骤类似于这样：

- 把脏衣服放到洗衣房；
- 把干净衣服收进梳妆台／衣柜；
- 把玩具收到玩具架或盒子／箱子中；
- 把书放在书架上；
- 擦拭桌面上的灰尘；
- 扔掉垃圾；
- 把东西放回其他房间（脏盘子放回厨房，毛巾放回浴室，等等）。

151

（2）将清单转变成任务清单。（表 10-3 的任务清单样本基于上面的清单，你可以直接使用它，或者只把它当成一个模型，把你自己的任务列举在左边一列。）

（3）确定什么时候完成这项家务活。

（4）在着手完成任务之前和正在完成任务之时确定孩子将获得哪种类型的提示和提醒。

（5）确定孩子开始时需要多少帮助（长期目标应当是孩子单独整理房间）。

（6）确定如何评价任务完成的质量。

（7）制定日程安排表，和孩子就提示、提醒和帮助协商一致。

表 10-3　整理卧室任务清单

| 任务 | 提醒的次数<br>计数符号（////） | 已完成（√） |
| --- | --- | --- |
| 把脏衣服放到洗衣房 | | |
| 把干净衣服放进梳妆台／衣柜 | | |
| 把玩具收到玩具架或盒子／箱子中 | | |
| 把书放到书架上 | | |
| 擦拭桌面上的灰尘 | | |
| 扔掉垃圾 | | |
| 把东西放回其他房间（例如盘子、杯子、毛巾、体育用品等） | | |
| 其他： | | |
| 其他： | | |

## 逐步放松监管

（1）提示孩子开始，并在整个常规事务过程中进行监督，经常进行表扬、鼓励和建设性反馈。

（2）提示孩子开始，确保他开始每个步骤，然后离开，并在孩子进入下一个步骤时回来。

（3）提示孩子开始，中途检查他的情况（每过两个步骤来检查，随后，每过三个步骤来检查，等等）。

（4）提示孩子开始，并让他最后和你一同检查。

## 改变 / 调整

（1）如有必要，增加奖励。要么在孩子完成这项家务活时，让他能做一些期待已久的事情，要么在孩子完成每个步骤时记分，累积积分后可兑换奖励，而且可以从奖励菜单中选择奖些什么。当孩子在你提示和提醒不超过一两次而完成每个步骤时，要奖励他，这是安排奖励体系的另一种方式。

（2）假如，即使你经常在孩子身边提示和表扬他，他仍然不能照着做好常规事务，那么，首先在你孩子身边教他，和他分享每一项任务。

（3）假如，即使这样对孩子来说也太多了，考虑采用一种反向链接的方法，也就是说，你把房间其他地方整理好，留下一小块地方不整理，让孩子在你的监督和表扬下整理那块地方。每次给孩子多留一小块地方，直到他能整理完整个房间。

（4）使房间变得更容易整理一些，例如，买来储物箱，让孩子可以把玩具"倾倒"在那里，然后给每只箱子贴上标签。

（5）把"整洁房间"的照片拍下来，以便孩子完成任务时，你可以让他将自己的成果与你拍的照片对比一番，来评价他的表现。

（6）对年幼的孩子，在每个步骤中使用图片而不是语言来提示或提醒，减少步骤的数目，假定孩子将需要你的帮助，而不是以为他可以独立完成。

# 3. 收拾自己的物品

**涉及的执行技能**：整理（第 17 章）、着手做事（第 15 章）、保持专注（第 14 章）、工作记忆（第 12 章）。

**年龄**：我们将 7 ～ 10 岁孩子的详细情况包含进来，但只要改变一下任务的难易程度，很容易为年幼的和年纪大一点的孩子量身定制这种常规事务。

（1）和孩子一起，围绕收拾他经常在屋子里乱扔的物品列出清单。

（2）辨别每件物品的合适位置。

（3）确定孩子什么时候收拾物品（例如，刚一放学回家、刚刚做完家庭作业、睡觉之前、每次使用之后等）。

（4）制定一条提醒的"规则"，也就是说，在提醒孩子多少次之后，孩子仍然没有认真做，或者没有做好，那就要施加惩罚（例如，禁止把物品放在某个地方，或者取消其他的权利）。任务清单的样本如表 10-4 所示。

（5）决定把任务清单放在什么地方。

表 10-4　收拾自己的物品

| 物品 | 把它收到哪里 | 我将什么时候收好 | 需要的提醒（///） | 已完成（√） |
|---|---|---|---|---|
| 体育装备 | | | | |
| 穿着出门的服饰（夹克、手套等） | | | | |
| 其他衣服 | | | | |
| 鞋子 | | | | |
| 家庭作业 | | | | |
| 书包 | | | | |
| 其他： | | | | |
| 其他： | | | | |

## 逐步放松监管

（1）提醒孩子，他们正努力学会把东西放到属于它们的地方。

（2）把任务清单放在显眼的位置，提醒孩子每次在收拾东西时记得使用。

（3）每次孩子把某件物品收拾好时，表扬或感谢他。

（4）在孩子连续几周都遵照这个系统，而且你也给予了多次表扬和提醒后，渐渐地减少提醒。继续把任务清单摆放在显眼的位置，但现在，如果孩子还是忘记，你可能想要强加某种惩罚了。例如，若是孩子没有把某件玩具或一样喜爱的物品收拾好，他可能有段时间不能玩它或者使用它。如果是一样不能拿走的东西（比如学校的书包），那就对孩子罚款一次或者取消某项权利。

## 改变 / 调整

（1）如有必要，增加一次奖励。可以采用这种方法来增加奖励：每天在罐子中放一些令牌，每次孩子没有及时收好某件物品，便从罐子中取走一块儿令牌。罐子中的令牌可以交换小小的实物奖励或者活动奖励。

（2）让孩子在一天中的不同时间用完某件物品之后立即收拾，假如这太难做到，那就每天规定一个固定的时间来收拾，那个时间一过，所有物品必须归回原位。

（3）对年幼的孩子，使用图片来提示或提醒，保持清单简短，并假定你得在更长的时间里提示与 / 或帮助孩子。

# 4. 完成家务活

**涉及的执行技能**：着手做事（第 15 章）、保持专注（第 14 章）、工作记忆（第 12 章）。

**年龄**：不限；即使是学龄前儿童，也可以做一些简单且耗时很短的家务活。

（1）和你孩子坐到一块儿，围绕需要做好的家务活列出清单。

（2）确定做完每项家务活要花多长时间。

（3）确定什么时候（哪一天与 / 或一天中的什么时间）得干完家务活。

（4）制定日程安排表，以便你和孩子可以记得。日程安排表样本如表 10-5
所示。

（5）决定把任务清单放在什么地方。

表 10-5　日程安排表样本

| a）完成家务活 | | |
|---|---|---|
| 家务活 | 得花多长时间 | 你什么时候做<br>日期　　　时间 |
| 1. | | |
| 2. | | |
| 3. | | |
| 4. | | |

| b) | | | | | | | |
|---|---|---|---|---|---|---|---|
| | 周日 | 周一 | 周二 | 周三 | 周四 | 周五 | 周六 |
| | 家务活<br>已完成<br>（√） | 家务活<br>已完成<br>（√） | 家务活<br>已完成<br>（√） | 家务活<br>已完成<br>（√） | 家务活<br>已完成<br>（√） | 家务活<br>已完成<br>（√） | 家务活<br>已完成<br>（√） |
| 1 | | | | | | | |
| 2 | | | | | | | |
| 3 | | | | | | | |
| 4 | | | | | | | |

## 逐步放松监管

（1）提示孩子开始干每项家务活，并且全程监督，经常进行表扬、鼓励
和建设性反馈。

（2）提示孩子开始，确保他开始每个步骤，然后离开，并在孩子进入下
一个步骤时回来。

（3）提示孩子开始，中途检查他的情况（每过两个步骤来检查，随后，
每过三个步骤来检查，等等）。

（4）提示孩子开始，并让他最后和你一块儿检查。

## 改变 / 调整

（1）如有必要，当孩子及时完成流程或者需要你提醒，但在你提醒的次数尽可能少的情况下完成流程时，增加一次奖励。或者，当孩子在你提醒次数最少的情况下完成流程中的每个步骤时，给孩子计 1 分（事先协商好，孩子要挣得 1 分，可以允许大人提醒多少次）。

（2）在每个步骤开始时设置厨房计时器，或者让孩子设置计时器，并且给孩子一定的挑战，要他在计时器响起之前完成该步骤。

（3）在必要时调整时间或日程安排表。例如，提前一点叫醒孩子，或者看看清单上的任何内容有没有被遗漏或者头天晚上已经做完。

（4）与其制作任务清单，不如把每项任务写在一张单独的索引卡片上，把卡片交到孩子手中，并且在每个步骤完成之时，再把新的卡片交给孩子。

（5）对年幼的孩子，使用图片而不是语言来提示或提醒，使每项家务活能在很短的时间内完成，不能让孩子干太多的家务活，并且假定孩子需要你的提示与 / 或帮助来完成。

# 5. 制定练习时间表<sup>⊖</sup>

**涉及的执行技能**：着手做事（第 15 章）、保持专注（第 14 章）、制订计划（第 16 章）。

**年龄**：主要是 8 ～ 14 岁的孩子。对于比这更年幼的孩子，音乐、舞蹈和体育运动等活动应当着眼于兴趣爱好而非培育一技之长来练习，尽管年纪小些的孩子也在芭蕾舞培训班、足球训练、摔跤课以及诸如此类的培训中培养技能。

（1）在理想的情况下，这个流程应当始于你孩子第一次决定他想要提升

---

⊖ 针对乐器、体育项目或其他需要持续不断练习的技能。——译者注

某项技能的时候，那项技能要求每天练习或者不间断的练习。在你和他决定提前做好这件事时，围绕需要些什么才能熟练掌握该技能（或者，需要些什么才能做到足够好，使该技能对孩子来说很愉快），和孩子进行一番交谈。谈一谈他隔多久就得练习，练习的时间得持续多长，他还有哪些职责，以及日程安排表中是否有足够的时间来继续进行不间断的练习。

（2）围绕什么时候开始练习制定一份每周的日程安排表。样本如表 10-6 所示。

表 10-6　学习新技能

在你开始之前，回答下列问题：

1. 我想学些什么？


2. 为什么我要学？


3. 学习这项技能，将牵涉些什么（课程、练习等），并且要花多长时间？


| 需要做些什么 | 这将于什么时候发生 | 它要花多长时间 |
| --- | --- | --- |
| 上课 | | |
| 练习 | | |
| 其他（例如比赛、展示、独奏会） | | |

4. 为了将这件事情纳入我的日程安排表，我会不会必须放弃手头正在做的任何事情？


　　如果你确定你想走在别人前面，填写好下面这些表格，对你的日程安排表做出计划。写下每项活动将在什么时候进行以及将持续多久。你可以用这个日程安排表来追踪观察自己的练习，在你完成之后勾掉每一次练习。

| | 周一 | 周二 | 周三 | 周四 | 周五 | 周六 | 周日 |
| --- | --- | --- | --- | --- | --- | --- | --- |
| 上课 | | | | | | | |
| 练习 | | | | | | | |
| 比赛、展示、独奏会 | | | | | | | |

（3）谈一谈你的孩子可能需要些什么提示或提醒来开始那种练习。

（4）谈一谈你和孩子怎样确定这个过程是否在运行。换句话讲，表明你的孩子应当继续下去的成功标准会是什么？

（5）在你决定是否继续下去之前，先确定孩子会持续练习多长时间。许多父母在孩子决定接受某件事情（比如练习某件乐器的表演或某项体育运动）时产生强烈的感觉，认为孩子应当"留出"足够的时间来练习，才能使父母的花销和投入物有所值。鉴于许多孩子在相对较短的时间内就厌倦了这类活动，事先和他们谈一谈你希望他们坚持多长时间才能够谈到放弃，并就此达成一致，是有道理的做法。

## 逐步放松监管

（1）提示你的孩子在协商好的时间开始练习，并在他结束练习时，在任务清单上画√。把任务清单摆放在显眼的位置，以便到最后可以单独作为提示。

（2）使用书面提醒和任务清单。如果你的孩子在协商好的时间过去了 5 分钟时还没有开始练习，给他口头提醒。若他按时开始，则给予鼓励。

## 改变 / 调整

（1）你和孩子也许想挑选一个容易记住的时间来开始，比如刚刚吃过晚饭或者刚刚看完每天最喜欢的电视节目。采用这种方式，之前的活动实际上成为下一项活动的提示。

（2）如果你的孩子在没人提醒的时候不记得开始练习，让他设置厨房计时器或闹钟（或手表闹钟）作为提醒。

（3）如果你的孩子拒绝像你们最初商定的练得那么多，考虑调整日程安排表，而不是放弃。将每节的练习时间缩短，使每两节练习之间相隔的时间缩短，并且在它们之间插入两段简短的休息，或者在练习结束时给孩子一些期待已久的东西（例如，练习结束后可以做自己喜爱的活动）。

（4）如果你发现自己在想着，为了让练习更吸引孩子，得增加一次奖励，那么，是时候重新思考整个流程了。如果孩子不愿意勤奋练习，不想学会该技能，这也许是他并不十分在乎学习该技能的信号。太多的时候，只是父母想让孩子学习（特别是某样乐器），孩子本身并不愿意学习。如果是这种情况，和你的孩子直言不讳地谈一谈，然后增加一些奖励，以说服孩子努力学习该技能。

# 6. 做好睡前准备

**涉及的执行技能**：着手做事（第 15 章）、保持专注（第 14 章）、工作记忆（第 12 章）。

**年龄**：我们将 7 ～ 10 岁孩子的详细情况包含进来，但只要改变一下任务的难易程度，很容易为年幼的和年纪大一点的孩子量身定制这种常规事务。

（1）和你孩子谈一谈什么时间要准备睡觉。把睡觉前需要做的所有事情列出清单。这可能包括收拾玩具，拿好第二天要穿的衣服，确保他的书包已经收好，可以随时拎起书包上学去（参见"家庭作业"），穿好睡衣，刷牙，洗脸或洗澡。

（2）将清单转变成任务清单或图画式的日程安排表。样本如表 10-7 所示。

表 10-7　睡前准备工作

| 任务 | 提醒的次数<br>计数符号（////） | 已完成（√） |
|---|---|---|
| 收拾玩具 | | |
| 确认已经收拾好书包，随时可上学 | | |
| 列出你必须记住的明天要做的所有事情 | | |
| 准备好第二天要穿的衣服 | | |
| 穿好睡衣 | | |
| 洗脸或洗澡 | | |
| 刷牙 | | |

（3）谈一谈清单上的每一项任务得花多长时间。如果你想这样做的话，为每项任务的时间用码表来计时，以便你准确地知道每项任务的完成要花多长时间。

（4）将所有的时间累加起来，并用睡觉的时间点减去那些时间，以便知道你的孩子应当在什么时候开始睡前准备的常规事务（例如，如果睡觉时间是晚上 8 点，而你孩子完成这些常规事务需要半个小时，那他应当在 7:30 着手去做常规事务）。

（5）提示你孩子在约定的时间开始做那些常规事务。

（6）在每个步骤都监督孩子，鼓励他"对照一下你的清单，看看接下来做什么"，并表扬孩子完成了每项任务。

## 逐步放松监管

（1）提示孩子开始，并在整个常规事务过程中进行监督，经常进行表扬、鼓励和建设性反馈。

（2）提示孩子开始，确保他开始每个步骤，然后离开，并在孩子进入下一个步骤时回来。

（3）提示孩子开始，中途检查他的情况（每过两个步骤来检查，随后，每过三个步骤来检查，等等）。

（4）提示孩子开始，并让他最后和你一块儿检查。

## 改变 / 调整

（1）插入奖励或惩罚。例如，若是你孩子在规定的睡觉时间或在该时间之前完成常规事务，那么，他在必须关灯的时间之前，又赢得一点点时间。如果他在规定的睡觉时间前没有完成常规事务，那第二天晚上就必须提前 15分钟开始做那些事情。

（2）设置厨房计时器或给你孩子一块码表，以帮助他记住每个步骤要花多长时间。

（3）与其制作任务清单，不如把每项任务写在一张单独的索引卡片上，把卡片交到孩子手中，并且在每个步骤完成之时，再把新的卡片交给孩子。

（4）对年幼的孩子，使用图片而不是语言来提示或提醒，并且假定孩子需要你的提示与 / 或监督来完成。

# 7. 收拾书桌

**涉及的执行技能**：着手做事（第 15 章）、保持专注（第 14 章）、整理（第 17 章）、制订计划（第 16 章）。

**年龄**：我们将 7 ～ 10 岁孩子的详细情况包含进来，但是，大多数 7 岁孩子当然不会在书桌整理上花很多时间，因此，如果你需要为其他年龄的孩子量身定制（他可能是对年龄更大的孩子），只要使任务更难一些就行。

## 首先：打扫书桌卫生

（1）把书桌上的所有东西都拿走。

（2）决定哪些物品要放进哪只抽屉，在抽屉上贴一些标签。

（3）把物品放进合适的抽屉。

（4）在书桌附近放一只箱子，以便装一些可回收的纸张。

（5）确定哪些物品应该继续留在桌子上（铅笔筒、订书机、用来装正在使用的纸张以及需归档物品的铁丝篮等）。考虑在书桌旁边放一块儿提示牌，既当作提醒，又当作备忘板。

（6）把物品放在你的孩子想放的地方。

（7）给收拾好的桌子拍张照片，用来作为示范。把照片贴在墙上或桌子旁边的提示牌上，任务清单样本如表 10-8 所示。

表 10-8　收拾书桌任务清单

| 任务 | 周一 | 周二 | 周三 | 周四 | 周五 | 周六 | 周日 |
|---|---|---|---|---|---|---|---|
| 收拾书桌表面 | | | | | | | |
| 清理篮子 | | | | | | | |
| 书桌与照片一致 | | | | | | | |

## 接下来：保持书桌整洁

（1）在开始做家庭作业或者其他任何要在书桌上完成的事情之前，确保桌子像照片中的那样。如果不是，把东西收好，以便桌子看起来跟照片一样。

（2）在完成家庭作业后，把所有东西收好，以便书桌看起来又跟照片中的一样。这个步骤可以放到睡前准备的常规事务中。

（3）每星期仔细检查一次那些铁丝篮，并确定什么东西需要继续留在篮子中、什么可以归档，以及什么应当扔掉 / 回收。

## 逐步放松监管

（1）在保持整洁的程序的每个步骤开始时，都要提示孩子，并且在整个常规事务过程中进行监督，经常进行表扬、鼓励和建设性反馈。

（2）提示孩子开始，确保他开始程序中的第 1 个步骤，然后在这个步骤结束时回来，以确保他已经完成。对第 2 个步骤也同样这么做。在第 3 个步骤时，和孩子在一起，帮助他清理篮子。

（3）提示孩子记得并开始执行保持整洁的程序中的所有步骤，但要离开，并且最后来检查。

（4）提醒孩子开始这套程序。在随后的某个时间（比如睡觉之前）检查一下，以确保书桌干净，提出表扬和正反馈。

## 改变 / 调整

（1）在孩子遵循这个流程时，继续优化它。例如，也许还有更好的办法来整理桌子上或抽屉里的东西，而这些改变应当融入流程之中。

（2）到文具店逛一逛，看看哪些东西有助于你的孩子确立和运用使书桌保持整洁、学习用品随手可用的一系列方法。

（3）和其他的程序一样，在其中插入一种奖励，表扬孩子照着完成了常规事务。

# 8. 做家庭作业

**涉及的执行技能**：着手做事（第 15 章）、保持专注（第 14 章）、制订计划（第 16 章）、时间管理（第 18 章）、元认知（第 21 章）。

**年龄**：7 ～ 14 岁。

（1）向孩子解释，为完成家庭作业制订计划，是学习制订计划与日程安排表的好方法。向他解释，他放学回家后，在做其他任何事情之前，首先使用你提供的表格，为完成家庭作业制订一个计划（见表 10-9）。

（2）孩子应当遵循以下这些步骤：

1）写下所有的作业（这可以速记，因为更加详细的指令应当在孩子的笔记本或电子表格之中）。

2）确保他拥有每门作业所需的所有资料。

3）确定他完成作业是否需要帮助，以及由谁提供这种帮助。

4）估算完成每项任务将花多长时间。

5）写下他何时开始每门作业。

6）让他向你展示计划，以便你可以帮助做出必要的调整（例如，调整孩子对时间的估算）。

（3）提示你的孩子在计划中列出的时间开始写家庭作业。

（4）全程监控你孩子的表现。每个孩子的情况各异，这也许意味着你得从他开始到结束一直待在他身边，或者意味着每隔一段时间就来检查。

表 10-9　家庭作业每日计划表

日期：_____

| 科目 / 作业 | 我是不是拥有所有的资料 | 我是不是需要帮助 | 谁会帮我 | 它得花多长时间 | 我什么时候开始 | 已完成（✓） |
|---|---|---|---|---|---|---|
| | 是　否<br>❏　❏ | 是　否<br>❏　❏ | | | | |
| | 是　否<br>❏　❏ | 是　否<br>❏　❏ | | | | |
| | 是　否<br>❏　❏ | 是　否<br>❏　❏ | | | | |
| | 是　否<br>❏　❏ | 是　否<br>❏　❏ | | | | |
| | 是　否<br>❏　❏ | 是　否<br>❏　❏ | | | | |
| | 是　否<br>❏　❏ | 是　否<br>❏　❏ | | | | |

## 逐步放松监管

（1）提示孩子制订计划和着手做常规事务，经常进行表扬、鼓励和建设性反馈。如有必要，在孩子写作业的时候和他挨着坐。

（2）提示孩子制订计划并开始按日程安排表做家庭作业。经常检查并提出表扬、鼓励。

（3）提示你的孩子制订计划并开始按日程安排表做家庭作业。在完成后让孩子和你一块儿检查。

## 改变 / 调整

（1）如果你的孩子不愿意写下计划，就由你来写，但让孩子告诉你该怎样写。

（2）如果你的孩子常常忘记没有写下来的作业，那就修改计划，在计划中列举每一门可能的科目，并和孩子就每门科目谈一谈，唤起他对那些科目作业的记忆。

（3）为长期学习任务制作一份单独的日历，以便孩子记住他需要做完的工作（参见"长期任务"）。

（4）对孩子按时开始／结束家庭作业的情况或者不需要提醒就记得做作业的情况给予一些奖励。

（5）对年幼的孩子，只要确定一个固定的时间和地点来做家庭作业也许就足够了，因为他们每天晚上往往只有一两门作业。让他们估计完成每门作业需要花多长时间可能是有益的，因为这有助于训练他们的时间管理技能。

# 9. 管理开放式任务

**涉及的执行技能**：情绪控制（第 13 章）、灵活性（第 19 章）、元认知（第 21 章）。

**年龄**：7 ～ 14 岁。

对许多孩子来讲，最具挑战性的家庭作业涉及某种开放式的任务。开放式任务具备以下这些特点：①存在多个可能的正确答案；②有一些不同的方式方法来达到正确答案或期望的结果；③任务本身并不能清晰地反馈它已完成，需要由孩子自己来确定他什么时候已经完成；④任务并没有明显的起点，需要由孩子自己决定先做什么、后做什么。

**开放式学习任务示例：**

- 在句子中使用拼写的单词；

- 所有的写作作业；

- 列出解答某道数学题的几种方式（例如，"你可以用多少种方式将 24 件物品分成若干个偶数组"，比如 2 个 ×12 组，12 个 ×2 组，4 个 ×6 组，6 个 ×4 组，诸如此类）；

- 选择一种方法来解答更加复杂的数学应用题；

- 回答"为什么"的问题；

- 在课文中寻找社会研究问题的答案，除非正确的答案是一个单词或一
  个具体的概念。

帮助孩子完成开放式学习任务，有两种方法：①修改某些任务，使之变
得更加封闭式；②向他们传授这类任务的方法。由于孩子在完成开放式家庭
作业时，处理开放式任务的问题更加凸显，因此，与孩子的老师密切合作，
以便老师理解，这对孩子来说有多难（通常来说，这些问题在家里比在学校
里更明显）以及为什么必须对任务进行一些修改。

**使开放式任务变得更加封闭主要有以下方法。**

- 和孩子畅谈这些任务，要么帮助他着手完成，要么畅谈任务中的每一
  个步骤，并在他执行每个步骤的时候和他在一起。

- 不要要求孩子自行提出他的观点，而是给他一些选择或者压缩选择的
  数量。要在咨询孩子老师的过程中这样做，使得老师理解这些任务要
  怎样修改以及为什么要修改。久而久之，你可以淡化这种修改。例
  如，通过逐渐增加选择的数量或者鼓励孩子把你提供的选择添加到他
  的考虑之中。

- 给孩子一些"备忘单"或程序清单（例如，解答长除法等数学题时的
  步骤）。

- 修改任务，以便不再需要孩子去解决问题。例如，练习单词的拼写，
  采用把每个单词写 10 遍而不是让孩子造句的方法，或者采用给孩子
  一些要填入拼写单词的句子的方法。同样，要让孩子的老师知道并同
  意这些任务的修改。

- 为写作任务提供模板。接下来，模板本身可以让孩子试着排练这次任务。

- 在写作前的构思阶段给予充分的支持，特别是对写作任务的各种创意
  进行头脑风暴，并且组织那些创意（参见"写作文"）。

- 请孩子的老师提供一些中心议题，准确地讲清楚到底期望孩子在哪一项任务中做到什么。

帮助孩子更加适应开放式任务，最容易的是让他采用自言自语的办法来试着排练该任务。换句话讲，模拟完成该任务需要进行的思考和采用的策略。这通常涉及一开始提供密切的指导和大量的支持，然后逐渐减小支持力度，将计划的任务越来越多地转交给孩子本人。对于灵活性存在明显问题的孩子，往往得花好几年的时间才能成功管理开放式任务，因此需要对任务进行修改，也需要你和孩子的老师长时间给予支持。

# 10. 完成长期任务

**涉及的执行技能**：着手做事（第 15 章）、保持专注（第 14 章）、制订计划（第 16 章）、时间管理（第 18 章）、元认知（第 21 章）。

**年龄**：8 ～ 14 岁；7 岁的孩子也可能接到这样的任务，但任务包含的流程可能更为简单，意味着干预措施也应当简化。

（1）和孩子一同关注任务的描述，确保你们都理解需要做些什么。如果该任务允许你的孩子选择某个主题，那么，选择主题是第一步。许多孩子很难构思出主题，假如你的孩子是这种情况，你应当和他围绕主题进行头脑风暴，提出大量建议，首先从与孩子感兴趣的方面相关联的主题开始。

（2）使用项目计划表，把可能的主题写下来。有 3 ～ 5 个主题后，回过头问你的孩子喜欢什么、不喜欢什么。

（3）帮助孩子做出最后的选择。除了思考孩子最感兴趣的主题是什么之外，在做出最后选择时要考虑的事情包括：①选择一个范围，既不会过于宽泛，又不会过于狭窄的主题；②查找参考资料和资源会有多难；③是不是要对主题进行有趣的修改，要么让孩子写起来觉得饶有趣味，要么让老师也感到有吸引力。

（4）运用项目计划表，确定需要哪些资料或资源，孩子在什么地方可以找到它们，以及什么时候使用它们（你要在完成下一步之后再填写最后一列）。可能的资源包括互联网网站、图书馆书籍、需要订购的东西（例如旅行手册）、可能要采访的人，或者参观的地方（例如博物馆、名胜古迹等）。如果项目涉及建造些什么，还要考虑可能需要的任何建筑材料或艺术材料。

（5）运用项目计划表，列举完成该项目需要做好的所有步骤，然后列出时间期限，以便孩子知道每个步骤应当在什么时候完成。此时此刻，把这些信息转移到月历上也是有益之举，然后再把月历悬挂在墙上或者孩子书桌附近的提示牌上，使他更容易记住在什么时候该做完些什么事情。

（6）提示孩子遵守时间期限。在他开始每个步骤之前，要和他探讨，完成这一步骤到底涉及些什么。这也许意味着把每个步骤要做的事情列出清单来。可以在每个步骤完成之时为下一个步骤做计划，以便你的孩子对接下来要干什么有一定的了解，使得下个步骤更容易开始，长期任务项目计划表如表 10-10 所示。

表 10-10 长期任务项目计划表

| 第 1 步：选择主题 | | |
|---|---|---|
| 可能的主题是什么 | 我喜欢这个选择的哪些方面 | 我不喜欢的哪些方面 |
| 1. | | |
| 2. | | |
| 3. | | |
| 4. | | |
| 5. | | |

最后选择的主题：

| 第 2 步：辨别必要的资料 | | |
|---|---|---|
| 你需要些什么资料或资源 | 从哪里获取它们 | 什么时候得到它们 |
| 1. | | |
| 2. | | |
| 3. | | |
| 4. | | |
| 5. | | |

（续）

| 第 3 步：辨别项目任务和完成日期 | | |
|---|---|---|
| 你需要做些什么<br>（按顺序列出每一步） | 你什么时候做 | 在完成时画√ |
| 第 1 步： | | |
| 第 2 步： | | |
| 第 3 步： | | |
| 第 4 步： | | |
| 第 5 步： | | |
| 第 6 步： | | |
| 第 7 步： | | |
| 第 8 步： | | |
| 第 9 步： | | |
| 第 10 步： | | |

## 逐步放松监管

在制订计划和元认知技能上存在问题的孩子完成开放式任务时，通常需要他人长时间给予大量支持。使用项目计划表作为指南，你可以慢慢将责任转交到孩子身上，让他越来越多地依靠自己来填写计划表。当你感到孩子能够独立地做更多事情时，拿着计划表，坐到孩子身边，让他告诉你，哪些事情他自己能够做好，哪些事情需要别人的帮助。孩子独立地完成这个流程的这一部分，需要很长时间，可能你得继续支持孩子在时间期限内完成每个步骤。

## 改变 / 调整

在必要时使用奖励，以激励孩子在时间期限内完成目标并在最后期限到来前完成整个项目。当孩子不用提醒（或者只需要最少次数的提醒，且你和孩子已经协商一致）就完成时，你可以奖给他一些分数。

# 11. 写作文

**涉及的执行技能**：着手做事（第 15 章）、保持专注（第 14 章）、制订计划（第 16 章）、整理（第 17 章）、时间管理（第 18 章）、元认知（第 21 章）。

**年龄**：8 ～ 14 岁；在上小学三年级之前，老师通常不会要求孩子写作文。而且，对 8 ～ 14 岁孩子来说，老师一般不会要求他们写超过 5 个段落的文章，因此，如果你的孩子只有 8 岁，你也许要相应地缩短文章的长度。

## 第 1 步：对主题进行头脑风暴

如果必须由孩子构思写作的主题，你应当保证自己在开始之前理解写作任务的准确要求。这样的话，你得打电话给老师或孩子的朋友，以便弄清楚老师的指示。头脑风暴的规则是，在最初阶段，任何点子都是可接受的，而且都要记下来——点子越狂野越好、越疯狂越好，因为狂野和疯狂的点子通常带来卓越和可行的创意。此时，任何对父母或孩子的批评，都是不恰当的。如果你的孩子难以靠自己的力量来思考点子，那就说出你自己的点子，"使任务顺利进行下去"。一旦你和孩子感到"江郎才尽"，想不出好的主题，仔细阅读你的清单，在最有希望的主题上画个圈。你孩子可能立马知道他要写些什么。如果还不知道，和他深入地探讨一番，看他喜欢和不喜欢哪些点子，使他更容易把注意力集中在好的选择上。

## 第 2 步：对内容进行头脑风暴

一旦选定主题，要再度开始头脑风暴的过程。问你孩子："把你知道的或者想要知道的关于这个主题的一切都告诉我。"然后再次写下孩子的所有点子或问题，这个时候同样是越疯狂越好。

## 第 3 步：组织内容

现在，看着你已经写下的所有点子或问题，和孩子一同确定，是不是能以任何方式组合那些写作素材。例如，假若任务的要求是写一篇关于非洲食蚁兽（aardvark）的报告，你可能发现，可以将各种各样的信息归入一些类别，比如它们看起来是什么样子、住在哪里、吃些什么，它们的天敌是什么，它们怎样保护自己，等等。创作一些主题标题，然后在每个主题标题的下面写细节。有些父母发现，在这一过程中使用便利贴是十分有益的做法。在头脑风暴阶段，把每个点子或问题都在单独的便利贴纸上写下来，随后将贴纸上的内容写到大纲之中。

## 第 4 步：写开头段

开头通常是作文最难写的部分。最基本的开头段要十分简洁地描述文章讲些什么。例如，关于非洲食蚁兽的报告，开头段可以这样来写：

> 这篇文章说的是一种称为非洲食蚁兽的奇特动物。当你读完时，你将知道它们看起来是什么样子、住在哪里、吃些什么、天敌是什么以及它们怎样保护自己。

开头段应当努力做到"抓住读者的心"，也就是说，向读者介绍一些有意思的信息，以调起他的好奇心。例如，在上面这个段落的最后，还可以增加两个句子：

> 读者还将了解到非洲食蚁兽这个词的意思以及它来自哪种语言。如果说这还没能引起你的兴趣，我还会告诉你，为什么非洲食蚁兽有一个很黏的舌头——尽管你可能不想知道这个！

作文存在问题的孩子难以自己写好开头段，并且需要你的帮助。你可以提几个普通的问题来帮他们，比如："人们读了你的文章后，你想让他们知道些什么?"或者:"你为什么觉得人们有兴趣读你这篇文章?"如果这样还不够,你要给他们树立一个榜样。你可以围绕某个与孩子正在写的类似主题来写一个开头段,或者可以把这里的段落作为例子。如果你的孩子在写这段时需要更多的指导,你得提供。然后,看一看他是否能在支持力度减小的情况下继续下去。记住,"万事开头难",开头段通常是写作文时最难的部分。

## 第 5 步: 写作文的其余部分

为了给孩子稍稍多一些指导,建议将文章的其余内容分为几个部分,每个部分都拟出一个标题(有点类似于这份指南的写作方式)。帮孩子列出标题的清单,然后看他能不能独立地继续写下去。每个段落应当用一个主句或主题句开始,该句子阐述一个主要观点。主题句之后,应该是 3 ~ 5 个句子来扩展或解释主要观点。使用连词将句子与句子或段落与段落连接起来,是有益之举。简单的连词包括"与"(and)、"因为"(because)、"同时"(also)、"不是……而是……"(instead)、"但是"(but)、"因此"(so)。较为复杂的连词有"尽管"(although)、"此外"(moreover)、"另一方面"(on the other hand)、"所以"(therefore)、"结果"(as a result)、"最后"(finally)以及"综上所述"(in conclusion)。

在学习写作的早期,存在问题的孩子需要大量的帮助。这些时候,你也许觉得你要帮孩子写一半的文章。随着时间的推移,情况应当会得到改善,特别是在每个写作环节结束之时,若你发现你的孩子在某些方面做得好,要给予他正反馈。你可能说:"我真的觉得,这次你能够自己想出那些标题,不需要我的帮助了。"

如果你过了一段时间仍然没有发现孩子取得进步,或者,如果你觉得自己没有时间或缺乏技能来教孩子写这类作文,和孩子的老师沟通,看看老师能不能在学校提供额外的支持。即使你愿意以这种方式帮助孩子解决问题,假如你相信孩子的写作技能和与他同年龄的孩子相比明显滞后,也需要学校给予更大的帮助。

写作模板如表 10-11 所示。

**表 10-11 写五个段落的短文时的写作模板**

| 开头段 |
| --- |

第 1 句概括你的短文关于什么：

第 2 句着重阐述你想提出的主要观点：

第 3 句增加更多细节或者解释为什么这个主题重要：

| 正文段 |
| --- |

第 1 段，主题句：

　支持细节 1：

　支持细节 2：

　支持细节 3：

第 2 段，主题句：

　支持细节 1：

　支持细节 2：

　支持细节 3：

第 3 段，主题句：

　支持细节 1：

　支持细节 2：

　支持细节 3：

| 结尾段 |
| --- |

重新阐述你想在文章中表达的最重要的观点（读者应当明白的东西）：

# 12. 迎考复习

**涉及的执行技能**：着手做事（第 15 章）、保持专注（第 14 章）、制订计划（第 16 章）、时间管理（第 18 章）、元认知（第 21 章）。

**年龄**：10 ～ 14 岁；通常，孩子在上四年级之前，不必参加考试，甚至到了四年级，老师也可能告诉孩子学些什么，因此，在你的孩子读五年级之前，这一常规事务对你的用处不大。

（1）和孩子一道制作一份月历，在上面写下将要举行的各种考试。

（2）在考试之前的 5 天到一周内，和孩子一同制订一份学习计划。

（3）使用学习方法菜单（见表 10-12），让孩子决定准备采用哪些方法来进行迎考复习。

表 10-12　学习方法菜单

| 在你将使用的学习方法上画√ | | |
| --- | --- | --- |
| __1. 再读一遍课文 | __2. 再读 / 组织笔记 | __3. 阅读 / 背诵重点内容 |
| __4. 概述课文 | __5. 挑出课文重点 | __6. 挑出笔记重点 |
| __7. 运用学习指南 | __8. 画出概念图 | __9. 制作 / 组织清单 |
| __10. 参加练习测试 | __11. 对自己进行测验 | __12. 让别人对自己进行测验 |
| __13. 学习单词卡片 | __14. 强记 / 排练 | __15. 制作 "备忘单" |
| __16. 和朋友一块儿学习 | __17. 参加学习小组的学习 | __18. 和老师一块儿学习 |
| __19. 和父亲或母亲一块儿学习 | __20. 寻求帮助 | __21. 其他： |

（4）孩子制订一份学习计划（见表 10-13），安排好临近考试的 4 天内的学习。多年来的心理学研究表明，在学习新内容时，分散式练习比集中练习更有效。换句话讲，如果你打算为迎接某次考试而复习 2 小时，将这些时间分成更小的部分（比如每个晚上复习 30 分钟，一共 4 个晚上），比考试之前那个晚上集中复习 2 小时效果更好。研究还表明，学习是通过睡眠来巩固的，因此，考试之前的那个晚上睡个好觉，比 "突击准备" 更加有益。

（5）对难以保持专注的孩子，运用好几种学习方法而每种方法只运用较短的时间，相比在整个学习期间只运用一种方法，可以使孩子学习起来更容易。

你可以为每种方法运用的时间长度设置厨房计时器，当闹铃响起时，孩子可以转向下一种方法（除非孩子喜欢当前正在使用的方法，并希望继续用下去）。

表 10-13　学习计划

| 日期 | 日子 | 我会使用哪些方法（写下＃号） | 每种方法运用多长时间 |
|------|------|------------------------------|----------------------|
| | 考试之前 4 天 | 1._____<br>2._____<br>3._____ | 1._____<br>2._____<br>3._____ |
| | 考试之前 3 天 | 1._____<br>2._____<br>3._____ | 1._____<br>2._____<br>3._____ |
| | 考试之前 2 天 | 1._____<br>2._____<br>3._____ | 1._____<br>2._____<br>3._____ |
| | 考试之前 1 天 | 1._____<br>2._____<br>3._____ | 1._____<br>2._____<br>3._____ |
| 考试之后的评估 | | | |

你的学习效果怎样？回答下面的问题：

1. 哪些方法效果最好？

2. 哪些方法帮助不大？

3. 你是不是花了足够的时间来学习？　❑ 是　❑ 否

4. 如果没有，你应当在哪些方面加强？

5. 下次你打算怎样以不同的方式准备考试？

## 逐步放松监管

取决于孩子独立学习的水平，他可能在制订学习计划时需要帮助，在遵循计划时需要提示和监督。你可以逐渐减小这种支持力度，首先让孩子在完成每一种学习方法之后自行登记，但要做好提供各种其他支持的准备。对于提醒孩子制订学习计划并提示他开始学习等这类支持，你只能放到最后来逐渐减小其支持的力度。

### 改变/调整

（1）在你的孩子参加了考试或者在考试分数出来后，让他评估学习计划的效果。哪些方法似乎最有效？哪些方法帮助不大？是不是他下次还可以试用其他方法？专门用于复习的时间够吗？在学习计划上做一些笔记，有助于孩子为下次考试制订计划。

（2）如果你的孩子觉得自己复习得差不多了，但分数仍然不高，和他的老师一同检查，问老师，下一次考试可以换一种怎样的方法来复习。究竟是孩子的学习资料选错了，还是学习的方法有问题？如果之前并没有准备好学习指南，考虑向孩子的老师咨询，以准备一份学习指南。

（3）如果你的孩子尽管学了很长时间，学习也十分用功，但考试成绩总是不理想，考虑请他的老师对考试做一些调整（例如，延长考试时间，给孩子再次考试的机会，让孩子参与一些别的活动以争取获得额外的学分，从而弥补考试分数的不足，接受替代的考试，或者允许孩子准备备忘单或参加开卷考试，等等）。这可能需要对你的孩子进行评估，以决定他是否有资格接受特殊教育或者 504 计划（将在第 23 章中讨论）。

（4）增加奖励，奖励孩子在考试中取得的好成绩。

## 13. 学会管理需要耗费大量精力的任务

**涉及的执行技能**：着手做事（第 15 章）、保持专注（第 14 章）。

**年龄**：不限。

要让你的孩子不太讨厌需要耗费大量精力的任务，有两种主要方法：一是使任务更简短或更容易，从而减少需要耗费的精力；二是提供足够强的激励，让孩子愿意付出额外的努力来获得奖励。

（1）将任务分解成很小的部分，使每个部分花费的时间不超过 5 分钟。在孩子完成每个部分时，给予小小的奖励。

（2）允许孩子决定怎样分解任务。例如，围绕家庭作业或家务活制定一份清单，让孩子决定完成多少任务才能休息一次。

（3）在孩子完成任务时，让他能做一件期待已久的事情。例如，当你的孩子毫不抱怨地在规定时间内完成晚上的家庭作业（与 / 或家务活），而且质量达到你和他协商好的要求时（例如，数学家庭作业的错题不允许超过 1 个），那就可以赢得 45 分钟的视频游戏时间。

（4）当孩子愿意去完成需要付出努力的任务时，奖励他。例如，你可以列出一份家务活清单，让孩子评价每项家务活得付出多大的努力。然后，你可以为更难做的家务活分配更大的奖励（例如，玩视频游戏的时间更长些）。为孩子付出的努力制作一个量表，也许是有益之举，比如 1 代表最容易的任务，10 代表孩子可能从没想象过的最艰巨的任务。一旦孩子掌握量表的用法，你可以认真考虑怎样将高难度的任务（如在量表上 8 ～ 10 的任务）转变成难度较小的任务（如在量表上 3 ～ 4 的任务）。

## 改变 / 调整

如果类似这些方法都无助于孩子完成艰难的任务，他们一遇到这些事情就会抱怨、哀叹、哭泣，或者以其他方式抗拒，那你要采取一种更缓慢、更费力的方法来训练孩子容忍这种要付出巨大努力的任务。我们在"整理卧室"这个小节的内容中提到过，这种方法称为反向链接。这其实是让孩子从某项付出大量努力的任务的最后一步开始做起，起初只需要孩子完成最后一步，便可赢得奖励。对于整理卧室的任务，最后一步可能是，在你整理了房间的其他地方后，只让孩子把脏衣服放进洗衣房，或者，对于早晨的常规事务，最后一步可能是在你帮他完成了早晨常规事务的一些步骤之后，让他把第二天上学要用的东西塞进书包里。你不断地重复这个过程，直到孩子可以轻而易举地做完一个步骤为止。接着，你倒退一个步骤，要求孩子完成最后两个步骤才能赢得奖励。久而久之，你的孩子终将熟练地完成整个任务的所有步骤，到那时，你就可以期望他独立地完成整个任务了。许多父母抵触这种方法，特别是假如他们知道，只要他们在足够长的时间里对孩子唠叨和骚扰，孩子最终会整理他的房间。但谁想在他的整个为人父母期间不得不对孩子唠叨呢？反向链接的方法实际上训练了孩子容忍艰巨的或需要付出大量努力的工作，并最终使得父母无须唠叨。

# 14. 整理笔记本 / 家庭作业

**涉及的执行技能**：整理（第 17 章）、着手做事（第 15 章）。

**年龄**：6 ～ 14 岁。

（1）和你的孩子一同确定哪些东西应当包含在整理系统之中：存放未完成的家庭作业的地方，单独存放已完成的家庭作业的地方，存放需要保存的纸张的地方，还是用来做笔记的笔记本或活页夹、已完成的学习任务、讲义、工作表格等。任务清单的样本如表 10-14 所示。

表 10-14  任务清单样本

| a）建立笔记本 / 家庭作业的管理系统 | | |
| --- | --- | --- |
| 系统的组成要素 | 你会使用哪些 | 使用了（√） |
| 为没完成的家庭作业留出地方 | | |
| 为已完成的家庭作业留出地方 | | |
| 为后来要保存的资料留出地方 | | |
| 每门功课的笔记本或文件夹 | | |
| 你可能需要的其他物品：<br>1.<br>2.<br>3.<br>4. | | |

（续）

| b）坚持使用笔记本／家庭作业的管理系统 | | | | | |
|---|---|---|---|---|---|
| 任务 | 周一 | 周二 | 周三 | 周四 | 周末 |
| 全面清理"将保存的"文件夹 | | | | | |
| 仔细检查笔记本、书本中的其他散页纸张，并将它们保存好 | | | | | |
| 完成家庭作业 | | | | | |
| 把所有作业（完成的和未完成的）放在合适的地方 | | | | | |

（2）只需要你列举所有这些要素，决定怎样最好地处理它们，一次处理一样。例如，若是你和孩子决定采用多种颜色的文件夹来整理孩子的作业本，用不同颜色的夹子保存已完成的任务、未完成的作业以及其他纸张。或者，你也许可以为每门功课准备几个小型的单独的三环活页夹，或者把所有科目的作业保存在大型的文件夹中。你可以到文具店去逛一逛，以汲取一些灵感。

（3）收集你需要的东西——如果你手头拥有，从孩子的房间里收集，或者，如果你手头没有，从文具店买回来。需要的东西可能包括三孔钻孔机、横格纸和没有格子的纸、按科目分隔的文件夹、小型便利贴包，孩子可能想用它们来标记重要的笔记或作业。

（4）买回一些笔记本和文件夹，一一贴上清楚的标签。

（5）让孩子在开始做每门家庭作业时取出装有已完成的学习任务、未完成的任务、要保存的资料的文件夹。让孩子确定每一种资料应当放到哪里。在孩子开始做家庭作业前完成这个过程。

（6）孩子做完家庭作业时，让他把作业本放进相应的文件夹，并且将需要保存的其他东西全都保存好。

## 逐步放松监管

（1）提示孩子按照整理流程开始做家庭作业。监督孩子每个步骤的完成情况，确保所有步骤都已按流程要求完成，并且在任务清单上画√。

（2）提示孩子按照整理流程开始做家庭作业，并提醒他在每完成一个步骤的时候画√。定期回顾并在家庭作业做完时检查，以确保清单上的任务都已完成，所有资料都得到了合适的保存。

（3）在开始时提示，在结束时检查，并且偶尔抽查笔记本、文件夹和其他文件上画√的情况。

## 改变 / 调整

（1）只要可能，让孩子参与整理系统的设计。我们发现，对某个人管用的整理系统，对另一个人也许是场灾难，因为他们不匹配。

（2）对无法正常运转的组成要素重新设计。此外，让你的孩子参与疑难解答。问他"这个组成要素怎样更适合你"，是让他参与疑难解答的方式。

（3）对那些天生不爱整理的人，这个过程可能要花很长时间才能形成习惯。牢牢记住，长时间的监督也许是必要的。

# 15. 学会控制脾气

**涉及的执行技能**：情绪控制（第 13 章）、反应抑制（第 11 章）、灵活性（第 19 章）。

**年龄**：不限。

（1）和孩子一道，将导致孩子发脾气的事情（这些称为触发因子）列出清单。你也许列出了一个长长的清单，列举各种惹孩子生气的不同的事情，然后看一看它们是不是能够归入更大的类别（在孩子被告知"不行"时，在孩子输掉游戏时，在别人承诺的某件事情没有兑现时，等等）。

（2）和孩子围绕"发脾气看起来或听起来是怎样的"进行一番交谈，比如，发脾气的样子是大喊大叫、用恶毒的语言咒骂、扔东西、打人等。确定这些行为中的哪些应当进入"不能做"的清单。使清单保持简短，并且每次只列举一两种行为。

（3）现在，将孩子可以做的事情列出清单（这些称为替代行为）。清单上的事情应当是你曾选择的"不能做"的行为的替代，通常是三四种。

（4）把这些写在"艰难时刻提示牌"上（见表 10-15）。

（5）练习。对孩子说："让我们假装你很生气，因为比利说他会来玩，但是呢，他来不了了，不得不去做别的事情。你打算运用什么方法？"

（6）在练习几周后，开始"真正地"运用这个流程，但起初只把它用在小事上。

（7）成功地在小事上使用这个流程后，转到更具挑战性的触发因子上。

（8）将这个流程与奖励联系起来。对于最佳的结果，运用两个层面的奖励："大奖"用来奖励以前从来没有达到过的目标，在这样的目标上，需要使用"艰难时刻提示牌"；而"小奖"用来奖励孩子成功地运用"艰难时刻提示牌"上的应对触发局面的策略。

表　10-15

| a）艰难时刻提示牌 | |
| --- | --- |
| | **触发因子：让我生气的事情** <br> 1. 当我不得已停下正在做的有趣的事情时 <br> 2. 当我必须做家务时 <br> 3. 当我的计划没能成功时 |
| | **不能做的事情** <br> 1. 打人 <br> 2. 摔东西 |
| | **面对这种艰难时刻，我可以：** <br> 1. 画张图 <br> 2. 读本书 <br> 3. 听音乐 <br> 4. 和小狗玩 |

（续）

| b）我的艰难时刻提示牌 | |
| --- | --- |
| | 触发因子：让我生气的事情<br>1.<br>2.<br>3. |
| | 不能做的事情<br>1.<br>2. |
| | 面对这种艰难时刻，我可以：<br>1.<br>2.<br>3.<br>4. |

## 练习程序

（1）使用真实的例子。这应当包括一系列代表不同类别的触发因子的例子。

（2）使练习环节"临时应急"。例如，倘若应对方法是读一本书，那就让孩子打开一本书，开始读起来，但在这用时不超过 20～30 秒。

（3）让孩子练习"艰难时刻提示牌"上列举的每一种方法。

（4）在付诸实际之前，每天都进行简短的练习，或者每周练习几次，持续数周。

## 改变 / 调整

（1）首先，你得带头使用这种方法。这意味着，你得把孩子在执行这一策略时可能说些什么或想些什么等大声说出来。

（2）有些时候，尽管你制定了一个程序，你的孩子依然失去控制、无法平静下来或者无法使用"艰难时刻提示牌"上的任何方法。在这种情况下，要将孩子从那一局面下带走（如果有必要，强行带走）。事先告诉孩子你会这样做，以便孩子可以预料到有什么样的结果。对孩子说："如果你打人、踢人或高声尖叫，我一定会把你带走的。"

（3）如果你的孩子一直无法有效地使用那些方法，也许得考虑寻求专业的帮助了，参见第 22 章。

# 16. 学会控制冲动行为

**涉及的执行技能：** 反应抑制（第 11 章）、情绪控制（第 13 章）。

**年龄：** 不限。

（1）和你的孩子一道辨别冲动行为的触发因子（和兄弟姐妹看电视、与朋友玩开放式游戏，或者其他任何事情）。

（2）针对触发孩子冲动的局面商定一条规则。这条规则应当着重关注你孩子能做些什么来控制冲动。如果可以，在其中嵌入一些选择——换句话讲，你和孩子应当提出几件不同的事情来替代他的冲动反应。

（3）想一想，当孩子处在"失去控制"的边缘时，你可以怎样给他发信号，以便他收敛一些，或者运用你们协商好的某种应对方法。当这种信号是相对离散的视觉信号时（例如手上的动作），它可以向你发出警示，表明你孩子的问题局面出现了。在此情况下，先想清楚怎样给孩子发出信号，是最管用的办法。

（4）练习这个程序。做一次"让我们假装"的角色扮演。"让我们假装你在外边和你的朋友玩，其中一个朋友说了些让你生气的话。我假装你的朋友，你还是你。"如果这对你的孩子来说很难，你要在这种角色扮演中扮演你的孩子，以便示范如何应对这种局面。

（5）和涉及行为约束的其他技能一样，每天都练习这个程序，或者每周练习几次，持续数周。

（6）当你和孩子打算将这个程序投入到"现实生活"中应用时，在触怒局面可能出现之前，先提醒他（例如，"记得我们的计划""记得我们说过的"）。

（7）事后评估程序的运行情况。你可以制作一个量表，以便你和孩子用来评估程序的运行情况（5 分代表进展十分顺利，1 分代表运行得真的不好）。

## 改变 / 调整

（1）如果你想让这个流程更有效或更迅速地运行，将成功运用一种替代行为与一次奖励联系起来。使用"响应成本"的方法可能是最佳方式。例如，每天规定给孩子 70 分的基础分。每当孩子表现出冲动的行为，便扣去 10 分。如果你的孩子在规定的时间内没有被扣罚任何分数，还可以给些奖励分。

（2）如果你的孩子明显存在冲动的问题，首先选择一天中的某个时间或者以某种冲动行为为目标，则增大了成功控制冲动行为的可能性。

（3）一定要在孩子表现出自控能力时表扬他。即使你是在使用实质的奖励，也应当总是将社会化的褒奖与其他任何类型的奖励结合起来。

保持自我控制的样本如表 10-16 所示。

表 10-16　保持自我控制

我不假思索就做的事情包括：

在一些常见的局面下，我会不加思考地行动，这些局面是：

（续）

我要保持控制的事情是：

# 17. 学会控制焦虑情绪

**涉及的执行技能**：情绪控制（第 13 章）、灵活性（第 19 章）。

**年龄**：不限。

（1）和你的孩子一起，将导致孩子焦虑的事情列一个清单。看看是否存在一种模式，以及不同的局面是否能够归入更大的类别（例如，孩子在足球赛场上，在学校里做一次口头报告时，在钢琴独奏会上弹钢琴等场合时感到紧张，都可能意味着孩子具有表演焦虑。也就是说，当他不得不在其他人面前表演时，他感到紧张）。

（2）和你的孩子探讨，什么样的焦虑感他可以在早期辨别出来。这通常是一种生理感觉，比如胃疼痉挛、手心冒汗、心跳加速等。

（3）现在，列举孩子不会长期感到担心而可以做的一些事情（称为替代行为）。这应当是三四件事情，用以替代你曾选择的"不能做"的行为。

（4）将这些写在"担心提示牌"上（见表 10-17）。

（5）练习。对孩子说："让我们假装你由于参加棒球选拔赛而感到紧张，你担心自己无法融入球队。你想采用哪种方法？"（更多详情，参见随后的"练习程序"。）

（6）在练习了几周之后，开始"实际"运用这个流程，但起初只为解决小小的担心而使用。

（7）成功地使用这个流程解决了小小的担忧后，转到解决更大的担忧。

（8）将这个流程与奖励联系起来。为了求得最佳的结果，运用两个层面的奖励："大奖"用来奖励孩子从来没有焦虑到需要使用"担心提示牌"的情形；"小奖"用来奖励孩子成功运用"担心提示牌"上的应对引发焦虑局面的策略的情形。

表 10-17

| a）担心提示牌样本 | |
| --- | --- |
| | 发生下面这些事情时，我感到担心……<br>1. 学校要组织测试<br>2. 我必须踢一场足球比赛<br>3. 我不得不在一群人面前说话 |
| | 我感到紧张时，便会……<br>1. 心跳太快<br>2. 肚子不舒服<br>3. 难以清晰地思考 |
| | 我感到担心或紧张时，可以……<br>1. 把我担心时的样子画下来，然后把画撕掉<br>2. 使用一种放松方法<br>3. 反驳我自己担心的理由<br>4. 听音乐 |
| b）我的担心提示牌 | |

发生下面这些事情时，我感到担心……

我感到紧张时，便会……

当我感到担心或紧张时，可以……

## 练习程序

（1）使用真实的例子。这应当包括一系列代表不同类别的触发因子的例子。

（2）使练习环节"临时应急"。例如，假如某一应对策略是练习"思考停止法"，让孩子练习下面这种自言自语的方法：大声且用力地说（但是说给自己听）："停！"这会在瞬间中断任何的思考。只要孩子做到这一点，让他想着某张令人愉快的图片或某个使人高兴的场景。每天练习几次。当问题出现或引发焦虑的想法冒出时，使用这种方法，并且反复练习，直到焦虑的想法停下来。

（3）让你的孩子练习"担心提示牌"上列举的每一种方法。

（4）每天进行简短的练习，或者每周练习几次，持续数周，然后再将它付诸实践。

## 改变/调整

（1）控制焦虑情绪可能的应对方法包括深呼吸或缓慢地呼吸，数数到20，运用其他的放松方法，思考停止或者反驳你心头的担忧，画出担心的事情的图片、将图片叠起来并放到有盖子的盒子之中，听音乐（也许还随着音乐翩翩起舞），质疑内心担忧的逻辑。关于这些的更多解释，可以在搜索引擎中输入"孩子的放松办法"，看一看搜索结果是什么。另一种有帮助的资源是丹·修本那（Dawn Huebner）博士为父母与孩子亲子共读而写的名叫为《当你太过担心时怎么做》的书。

（2）帮助孩子控制焦虑情绪，通常涉及一个程序，有时候称之为脱敏感。在该程序中，孩子表现出不太强烈的焦虑情绪，只需要一定的支持，他便能成功地克服这种情绪。例如，倘若某个孩子害怕狗，你首先让他看着一只狗的照片并且模拟他可能对你说些什么。（"我正在看着这张照片，当我一边看一边想起真正的狗的模样时，照片也有一点点可怕，但我可以做到不是太害怕。我可以轻松地看着照片。"）下一步可能是让孩子待在房间里，把狗放在房间的外头，并和孩子谈一谈它像什么。渐渐地，将狗一步步带到孩子跟前。同样的方法也可用于克服害怕与恐惧症。让孩子接触他们害怕的东西，必须是十分缓慢的过程，直到孩子对当前这个步骤已经感到很舒服了，能够应付自如了，才能转入下一步骤。在指导孩子熟练掌握这个程序时，关键是保持实际的距离，并且需要一定的时间——刚开始时，孩子会离那些激起他焦虑的东西远远的，哪怕是看一眼那个东西，也只能是很短的时间。接下来慢慢缩短距离，并且延长暴露在它之前的时间。准备一个脚本（也就是说，事先把孩子在此局面下可能说的话写下来）和一种他可以使用的方法（例如思考停止法或让他做件别的事情，以转移注意力），也是有益的。

（3）采用这种方法来控制的各种担心或焦虑情绪分别是：①分开的焦虑（在和深爱的人分开时，通常是父亲或母亲，感到不高兴或担心）；②应对新鲜的或不熟悉的局面；③强迫性的或灾难性的想法（担心某件不好的事情发生）。这种方法应当适合解释所有三种类型的焦虑，尽管针对每种类型的应对方法可能各不相同。

# 18. 学会应对计划的更改

**涉及的执行技能**：情绪控制（第 13 章）、灵活性（第 19 章）。

**年龄**：不限。

帮助你的孩子在不带愤怒或痛苦的前提下接受计划的更改，包括预先做好某些准备以及进行大量练习。只要可能，在孩子阐明他自己为那些时候制订的计划之前，你得事先为孩子构思一个过程。与此同时，你开始定期向孩子引入小小的变化，渐渐增大孩子对意外情况的容忍度。

（1）和孩子一同坐下来，制定各种活动与任务的日程安排表。这可能意味着为一天的生活做好安排并确定常规事务，或者可能意味着简单地将各种事件列一个清单，那些事件已经是某个常规事务的一部分。只要是你关注的事情（如吃饭时间、睡前准备等）以及任何经常的活动（如上课和体育锻炼），可以列入"必需的"事情与活动之列。

（2）除非真的有必要，不要给这些活动限定精确的时间，而是规定一个时间范围。只有体育运动和上课才必须限定精确的时间。例如，吃晚饭大约在下午 5:00，也就是说，可以介于下午 4:30 至 5:30。

（3）和孩子谈一谈，尽管事先制订了计划和日程安排表，但更改计划和日程安排表的情况经常会发生，或者，"意外情况"总是会出现。列举一些例子：晚上我们原本计划吃鱼，但我们有可能改吃比萨；某一天你可能得在户外再活动 20 分钟；今天我们必须去看牙医。

（4）把日程安排表展示出来，比如把活动写在卡片上或者画成一些图，把卡片或图画至少贴在两个地方，如厨房和孩子的房间。为日程安排表的更改制作一张"意外情况"卡片，向孩子解释说，当你不得不对计划或日程安排表做出更改时，你会向他出示卡片，告诉他怎样更改，并且把更改情况写在日程安排表上，如表 10-18 所示。（即使你自己事先也并不知道计划或日程安排表有所更改，也可以取出那张卡片并遵循同样的流程。）

表 10-18　掌控计划或日程安排表的更改

每天的日程安排表

日期：_____

| 时间 | 活动 |
| --- | --- |
|  |  |
|  |  |
|  |  |
|  |  |

意外情况：

（5）和孩子仔细查看日程安排表，要么是头天晚上查看，要么是当天早晨查看。

（6）开始引入一些更改并拿出"意外情况"卡片给孩子看。首先，这些改变应当是愉快的，比如可以让孩子多玩一会、外出买冰激凌吃、和父母玩一个游戏；慢慢地引入更多"中性"的更改（把橙汁换成苹果汁，把这种麦片换成另一种麦片，等等）。最后，引入令孩子不太高兴的更改（比如，由于天气原因，不能开展某项计划中的活动了）。

## 改变 / 调整

如果准备"意外情况"卡片和逐渐引入计划或日程安排表的更改还不够，还可以考虑几种其他方法。只要可能，在事件即将发生时引入更改。这使得孩子有时间来慢慢调整，而不是马上去适应。取决于他对不太愉快的更改可能产生的响应（哭闹、拒绝、抱怨等），和孩子谈一谈，你觉得他可以采取哪些别的行为来抗议，对你来说可以接受（比如，填写一张"抱怨表"，如表 10-19 所示）。你还可以在孩子成功应对计划更改时给予奖励。牢牢记住，随着孩子面对的出乎意料的计划更改越来越多，加上他成功应对这些更改的次数日益增多，他的反应也不再会那么强烈。只要让孩子渐渐地接触计划的更改，并且不是一开始就面对失败的或者受威胁的局面，孩子的灵活性将变得越来越强。

表 10-19　抱怨表

日期：_____

抱怨的性质：

为什么你觉得这种情况不公平：

你希望出现的局面是什么：

# 19. 学会不为小事而哭闹

**涉及的执行技能：**情绪控制（第 13 章）、灵活性（第 19 章）。

**年龄：**不限。

当孩子为小事哭闹时，他们通常是想表达他们想让别人同情的渴望，同时也以这种方式博得同情，因为他们在更小的时候采用这种方式时，它是有效的。所以，对此进行干预，目的并不是使孩子成长为坚强的小战士或者其他类似的英雄，而是帮助他们想出其他办法，来得到他们想要的东西，不只是通过哭闹来得到。目的是让他们在那些局面下（哭闹似乎不是一个合适的反应）用言语而不是眼泪来解决问题。

（1）让你的孩子知道，若是他哭闹太频繁，会使得人们不愿意和他待在一块儿，也让他知道，你想帮他想办法处理那种心烦的感觉，使哭闹不再出现。

（2）向孩子解释，在心烦的时候需要使用言语而不是眼泪来解决。让你的孩子给他的一些感觉贴上相应的标签（比如"我心烦""我难过""我生气"等）。

（3）让你的孩子知道，解释这些感觉究竟因为什么原因而出现，对他可能是有益的（例如，"我感到心烦，因为我期待乔伊来我家玩，但打电话给他时，他家没有人在家"或者"输了这盘游戏，我都快疯了"）。

（4）在孩子学会说话以后，通过核实他的感受来反应（例如，"我看得出你很心烦。没能和朋友一块儿玩耍，你一定很失望"）。类似这样的表述将向孩子表明，你理解他的感受。

（5）让你的孩子事先知道，当令他心烦的局面出现时，会发生什么。这应当包括为他应对该局面提供一个脚本。你可能说："你觉得自己想哭时，可以说'我很生气''我有些难过''我需要帮助'或者'我得休息一下'之类的话。在你说这些话时，我会听你的，并且会试着理解你的感受。但是，如果你开始哭，那就只有你自己理解自己了。我要么会离开房间，要么会让你到自己的卧室里哭，直到你不再哭了为止。"起初，你可能需要定期提醒孩子遵照这个程序，你还为他准备脚本来应对令他心烦的局面。

（6）只要你的孩子一开始哭，一定要让其他任何人不理会他的哭闹。这意味着其他所有人都不去管他（兄弟姐妹、父母、祖父母或外祖父母），要做到这样，一定得让其他所有人都理解你采用的程序。没有人理会的话，孩子哭泣的声音会慢慢变小，直至最终停下来（尽管在哭声变小之前，起初反而哭得更厉害）。

（7）这里的目的并不是止住孩子所有的哭泣（因为有时候，孩子有合情合理的原因哭泣）。判断什么时候孩子哭泣可能是适当的，一条经验法则是考虑和你孩子同龄的其他普通孩子。其他孩子面临这一局面，会不会也把哭当成自然的反应？例如，在孩子身体出现疼痛，或者本人或与之关系亲近的人遭遇严重的不幸时，哭是合情合理的。

## 改变 / 调整

假如哭闹是孩子根深蒂固的习惯，你要给他一些奖励，帮他使用语言而非眼泪。取决于孩子的年龄，你可以在他用语言而非眼泪的时候或者在一定时间内没有哭闹而奖给一些贴画或者记分。为了确定应当在多长时间内不哭闹，划定一条底线是有益的，这样一来，你便知道你的孩子眼下哭闹的次数有多么频繁。就孩子隔多久就哭闹一次、每次持续多长时间以及为什么哭闹等做好记录，有助于你划定这方面的底线。表 10-20 是你帮助处理孩子的哭闹时可以和孩子订立的"合约"的样本。取决于孩子的年龄大小，这一合约可以用文字、图画或者两者兼有的方式来填写。

表 10-20　心烦的记录

| 日期 | 时间 | 心烦持续多久 | 引起心烦的事情 |
| --- | --- | --- | --- |
|  |  |  |  |
|  |  |  |  |
|  |  |  |  |
|  |  |  |  |
|  |  |  |  |
|  |  |  |  |

在这里写下我不哭却可以做的事情：

在这里写下当我心烦时，如果我忍住不哭，会发生的事情：

在这里写下当我为了小事而哭闹时会发生的事情：

# 20. 学会解决问题

**涉及的执行技能**：元认知（第 21 章）、灵活性（第 19 章）。

**年龄**：7 ～ 14 岁；尽管最高级的元认知是孩子最后发展的技能之一，但假如你的孩子不到 7 岁，你也可以和他一块儿解决问题（例如，参见默娜·B. 舒尔为学龄前儿童创建的名为"我可以解决问题"的广受尊敬的计划）。

（1）和你的孩子谈谈问题是什么。这一般包括三个步骤：①换成孩子的角度来思考，或者让孩子知道你理解他的感受（"我能理解，那件事情真的让你很烦"或者"那对你来说确实十分恼人"）；②从总体上对问题有所了解（"让我直说吧——你感到气恼，是因为你的朋友不能来陪你玩了，而你盼望着和他一块儿玩"）；③更加狭义地定义问题，以便你和孩子对解决办法进行头脑风暴讨论（"你整个下午都有空，而你却想不出该做些什么"）。

（2）对解决办法进行头脑风暴。和孩子一同思考可以解决该问题的办法，尽可能想出各种不同办法。你要确定一个时间界限（比如 2 分钟），因为这种做法有时候可以加速思考的进程，或者让这件任务感觉不太像是开放式任务。把各种可能的解决办法写下来。这个时候不要批评孩子提出的解决办法，因为这往往会压制创造性思考的过程。

（3）让你孩子看着所有的解决办法，并从中挑选他最喜欢的。首先，你要他从中挑出 3～5 个选择，接着，和他讨论与每个选择相关的优势与不足，在这些选择中进一步挑选。

（4）问你的孩子在执行这些选择时需不需要帮助。

（5）和孩子探讨，如果第一种解决办法不管用，会发生什么。这可能包括选择另一种解决办法，或者分析第一种办法的问题出在哪里并进行纠正。

（6）当孩子提出好的解决办法时，表扬他（并且在他执行完该解决办法时再次表扬）。

## 改变 / 调整

这是一种可用于解决各类问题的标准化方法，包括解决人际关系问题以及阻碍孩子获得他想要的或需要的东西的障碍。最佳的解决方案有时包括想出各种方法来克服障碍，而另一些时候可能包括帮助孩子甘心接受这样一个事实：他不可能得到自己想要的一切。

有的时候，在解决问题的过程中可能导致"谈判"，而在谈判中，你和你的孩子为找到满意的解决办法，要就马上要做的事情形成一致意见。在这种情况下，你应当向孩子解释，不论你们提出的解决办法是什么，你们俩都必须能接受它。你可能想跟孩子说一说劳动合同是怎样协商和谈判的，最终工人和老板从达成的协议中各自都得到想要的东西。

在和你的孩子一同使用这个流程（以及工作表）来解决各种不同的问题之后，你的孩子也许能独立地运用工作表了。由于你的目标应当是培育孩子独立解决问题的能力，所以，要让孩子在寻求你的帮助（如果有必要的话）之前，先单独填写好解决问题工作表（见表 10-21）。最后，你的孩子要将整个流程内化于心，并且能够在"匆忙中"解决问题。

表 10-21　解决问题工作表

我的问题是什么


我可以做些什么事情来解决我的问题


我会首先使用什么方法


如果该方法不管用，我可以做什么


结果如何？我的解决方案是不是有效果


下次我可以采用什么不同的方式来做

第11章

# 培养反应抑制技能

反应抑制是你在采取行动之前先进行思考的能力，也就是说，在你有机会评估局势之前，先抑制自己想说某些话或想做某些事的冲动。对旁观者来说，成年人若是缺乏这一技能，比他们拥有这一技能表现得更加明显，因为我们大多数人都保持一定的自我控制，这使得我们能在家庭和职场中表现良好。我们许多人往往有过一些痛苦的经历，因而在长大成人的漫长过程中学会了"三思而后行"。我们发现别人由于缺乏反应抑制而十分扎眼时，会用一大批隐喻和其他表述方式来描述其行为，说这个人"不经大脑就信口开河"，或者"大发雷霆之怒"，或者评价他"一开口就得罪人"。

有些人很好地运用这一执行技能，但发现在充满情绪的场合中运用得不是很好。在如今这个通信极其发达的时代，反应抑制能力不足的常见表现是：邮件发送者刚刚发出一封愤怒的电子邮件后马上后悔，或者在接到一封同样愤怒的邮件之后感到懊恼之极。当我们由于饮酒过量、缺少睡眠或者感受到太大心理压力而在生理上受到损害时，"三思而后行"的能力也会减弱。若是你常常急于得出结论，抑或还没有掌握所有必要的事实就鲁莽行事，抑或根本不考虑你脑海中的想法是什么就不假思索地说出来，那么，你本人可能也缺乏反应抑制。当你和孩子都在反应抑制技能上存在不足时，要如何帮助孩子克服这个问题，参见第 3 章中的建议。

## 反应抑制技能如何形成

我们在本书前面的内容中说过，反应抑制最初在婴儿时期就形成了。它的最基本形式是婴儿对他面前的物品或人（不论是什么）"选择"做出反应还是不做出反应。在反应抑制技能形成之前，婴儿很大程度上受他们身处的环境的支配。假如有些东西进入他们的视野，他们一定得专心致志地看，至少要看足够长的时间，以便自己弄明白那是什么。与反应抑制这项执行技能同步发展的，是孩子忽略某些干扰或者不受干扰影响的能力，也就是说，假如孩子正在全心全意做某件事情，但此刻有件别的事情干扰他们，他们可以做到不理会这种干扰。随着语言技能的发展，孩子抑制反应的能力得到进一步增强，因为他们可以将其他人强调的一些规则记在心里（例如"别去碰滚烫的炉子"之类的规则）。

反应抑制和咬定目标不放松一样，是一项能使其他所有技能得到提升的基本执行技能。而咬定目标不放松这项技能在其最高级和最复杂的形式中，可能是一项定义成熟成年人的终极执行技能。受到冲动支配的孩子无法有效地着手做事、保持专注、制订计划、整理物品或者解决问题，而形成了强大的抑制冲动能力的孩子，则在学校生活、交友以及最终的设定与实现目标等方面具有明显优势。

研究人员多年前开展的一项著名研究显示，孩子在极其年幼的时候表现出来的反应抑制的能力各不相同，而这些不同预示着他们后来的发展水平也各异。在该研究实验中，研究者将一些 3 岁孩子留在一个房间中，房间里有一颗棉花糖。研究者让孩子在两个选项中挑选一个：第一个选项是吃掉房间里的这颗棉花糖；第二个选项是先忍住不吃，等到研究者出去以后再返回时，便可以吃两颗棉花糖。研究者借助单向镜观察孩子的一举一动，结果发现，有些孩子采取自言自语、不看棉花糖，或者其他办法来转移自己的注意力，从而控制自己吃掉那颗棉花糖的冲动。许多年以后，当研究者再追踪观察这些孩子长大后的情况时，发现 3 岁时便具有良好的反应抑制能力的孩子，在学校里的成绩更优秀，长大后违法犯罪的可能性较小，而且在其他方面也更加成功。

虽然孩子们随着时间的推移和年龄的增大会变得越来越善于使用大多数执行技能，但反应抑制技能的提升，并不会遵循如此稳定的发展轨迹。这项技能看起来更容易在青少年时期中断。一些神经系统科学家研究了孩子的大脑在其十几岁时如何改变，结果发现，负责处理情绪与冲动的大脑的下方中枢，与负责做出理性决定的前额皮质之间，存在一种"失联"现象。在整个青少年期间甚至进入成年期以后，这些联系才会（通过我们在第 1 章中描述过的修剪和髓鞘形成）慢慢变得越来越紧密和迅速，使得年轻孩子能够用合理的理由来缓和情绪。在这些联系变得牢固之前，年轻人可能匆匆忙忙地根据"直觉"来做决定，而不是凭借大脑额叶提供的可靠判断的影响来决策。

与此同时，十几岁的孩子在成长过程中经受的其他方面的发育变化，也会给冲动控制带来困难。争取自主权是孩子在发育过程中的一项关键任务，当十几岁的孩子越来越受到同伴的强烈影响，并且开始挑战父母的权威时，他们会越来越想争取更大的自主权。遗憾的是，尽管这种转变有助于十几岁的孩子变得独立，但也可能让他们更加冲动。同时，使得事情变得更加复杂的是，整个社会开始放松对孩子的控制，让青少年有更大的自由来决定和谁在一起、在一起做什么（玩游戏、共同学习等）。如果我们足够幸运，孩子自主做出的那些不好的决定，可以让他从中汲取好的经验与教训，并不会对他自己或其他任何人造成永久性的伤害。但是，只有我们主动帮助孩子学会控制他们的冲动，才有可能在这方面增加我们的好运气。

孩子控制自身冲动的能力是随着他的适当发育而不断累积的，那么，他的这种能力怎么样呢？以下调查问卷中的评定量表可以帮助你回答这个问题，确认或否认你在第 2 章中做出的初步评估，让你有机会稍稍更加密切地关注孩子多么经常地使用这种技能。

---

### 你孩子的抑制冲动技能怎么样

使用下面的量表来评定你的孩子在完成以下列举的每一项任务时的表现情况。我们希望每个年龄段的孩子能够较好和非常好地完成列举的所有任务（每项的分数为 2 分或 3 分）。

#### 等级

0– 从不或很少

1– 能做到但不是太好（大约在 25% 的时间）

2– 做得相当好（大约在 75% 的时间）

3– 做得非常非常好（总是或几乎总是能做到）

------ 入学前 / 幼儿园 ------

_____ 在明显存在危险的局面下采取合适的行动（例如，不会看都不看就跑过马路去捡球，并且在过马路时看两边）

_____ 可以和其他孩子分享玩具而不争抢

_____ 在大人发出指令时，只等待很短的时间便去做

------ 小学低年级（1～3 年级）⊖ ------

_____ 能够遵守简单的课堂纪律（例如，先举手后发言）

_____ 能够和其他孩子近距离地和谐相处，不至于产生身体接触

_____ 想告诉父母一些事情时，若父母正在打电话，能够等到父母把电话打完再说（可能需要提醒）

---

⊖ 此处为美国的学制，5 年小学，3 年初中，分别对应 7～11 岁和 12～14 岁。——译者注

─────────── 小学高年级（4～5 年级）───────────

能处理好与同伴的冲突，不至于打架（可能发脾气）

当大人不在场时，也能遵守家里或学校里的规则与纪律

在大人的提示下，可以从一种充满情绪的场合中冷静下来或者缓和自己的情绪

─────────── 初中（6～8 年级）───────────

能够在和同伴对抗或被同伴挑衅时走开

如果已经制订了计划，能够拒绝做一项有趣的活动而专心按照计划来做

和一群朋友在一起玩时，不说伤人的话

如果你在与孩子年龄相称的每一项能力上所打的分数大多为 2 分或者更高的分，你也许可以说，你的孩子在反应抑制这项执行技能上并不存在严重不足，但若是稍稍改进，则会让孩子更加受益。如果你给孩子打的分数全都为 0 分或 1 分，你也许得直接向孩子传授这项技能。为帮助你设计自己的干预措施，我们将提供几个十分翔实的情景来描绘父母经常向我们寻助的一些局面。我们已经对下面描述的这些情景使用过一些干预措施，此外，我们还将提供一个模板或者概念，按照我们在本书前半部分中讨论过的各种要素来将干预措施分解。在每一种情况下，我们都将描述环境的改变、传授技能的次序以及帮助激励孩子使用技能的奖励。别忘了我们在第 3 章中提出的，当你和孩子在反应抑制方面都存在不足时提高那些干预措施的成功率的建议。

## 在日常生活中培养反应抑制技能

● **要总是假设年幼的孩子几乎无法控制冲动。**这似乎是显而易见的事，不过，当你的孩子很聪明却混乱时，如果强调**聪明**，明显很容易忘

记，倘若讨论中的孩子只有 4 岁、5 岁或 6 岁，天生的智力并不能转变成反应抑制的能力。尽管反应抑制的能力在婴儿时期开始形成，但学龄前儿童和小学低年级的孩子要对抗太多与反应抑制相竞争的冲动，不论是手头只有 1 个勺子时很想舀 4 勺冰激凌蛋卷，在他根本不感到累的时候很想在好玩的地方待久一点，还是当学校停车场挤满了要开到路上的汽车时，孩子为了见他最好的朋友而飞快地穿越整个停车场。无论这是像控制零食那样把诱惑物拿开，像规定睡觉时间（前提是父母与孩子达成了一致）那样规定常规事务，就良好的行为制定规则（例如展现良好的餐桌礼仪以及和玩伴分享玩具等），还是在冲动可能使孩子陷入麻烦等情况下给予密切的监管（例如，在车辆进进出出的停车场），为我们的孩子设立一些界限，便是在教年幼的孩子如何控制冲动，因而鼓励他们抑制反应。

- **通过让孩子等待一段时间才能做他想做的事情或者得到他想要的东西，帮助孩子学会延迟满足。** 学会等待是我们让孩子在长大的过程中逐渐培育更高级执行技能的基础。如果你的孩子难以等待，设置厨房计时器，让他知道，当计时器响起时，他可以得到某样东西或者该做他需要做的事情。起初将时间稍稍延迟一些，随后慢慢地增长延时。"首先 / 然后"式的日程安排，也可以实现同样的目标（比如"首先完成你的拼写作业，然后就可以玩视频游戏了"）。

- **需要孩子努力才能赢得某些他们想要的东西，是教育孩子延迟满足和抑制反应的另一种方式。** 如果这对孩子来说很难，采用一种看得见的方法来标记他们的进步，比如图表或贴纸图。

- **帮助孩子理解，冲动控制不力是会有后果的。** 在某些情况下，后果是自然而然发生的事件（例如，倘若你儿子打他的玩伴，玩伴很快就不再想跟他玩了），而在另一些情况下，你需要强行规定其后果（"如果你不把这个 Xbox 游戏给弟弟玩，我会把它拿开一会儿"）。

- **事先分析一下需要孩子控制冲动的局面，让孩子做好心理准备。** 问孩子"玩视频游戏的规则是什么"或者"如果水上公园最大的滑水项目前有很多孩子排着长长的队伍，你会怎么办"。

- **和孩子在角色扮演的情形中练习反应抑制。** 和大人一样，当孩子置身于充满情绪的局面之中、过于疲倦或者受到过度刺激（比如度假期间）的时候，往往更难控制冲动。在那些情况下，尤其要设想出可以预见的两难困境，由大人扮演某个角色来挑战孩子，让孩子在行动或说话之前先思考。

- **在孩子步入一个需要你着力培养的特定行为的场景之前，先提示孩子，然后在他展示自制力之后奖励他。** 让我们假设你正竭力阻止孩子在室外与邻家孩子玩耍时打架。在你儿子出门之前，问一下他："我们正在努力培养的行为是什么？"然后观察儿子的表现，在孩子练习自制力的时候，马上给他一些奖励。在这种情况下，重要的是你或者你的配偶要守在孩子身边（或者，至少能够隔着较短的距离观看，比如透过窗户），以便直接观察孩子的行为，而不是等孩子回来后听凭他报告。此外，你得在孩子表现出积极的行为时给予他奖励，以强化这种积极行为，因此，从这个角度来看，在一旁看着孩子也很重要。

- **帮助孩子学会控制冲动行为的一般的传授次序，参见第 10 章的第 16 项常规事务。**

## 父母最美好的梦想：在讲电话期间减少干扰

梅奇（Mekhi）是个活跃的 6 岁孩子，在家中排行老二。他可以做到短时间独自玩耍，但如果能和朋友或者爸爸妈妈中的任何一人一块儿玩耍的话，似乎更好一些。他 9 岁的姐姐却对他想玩的游戏没什么耐心。每当父母正在拨打或接听电话或者有人来到家里的时候，梅奇就喜欢缠着父母，对此，他的爸爸妈妈，尤其是妈妈，感到极为失败。例如，当电话铃响起时，梅奇也许正在看一本书。只要他妈妈把电话接过来，他就来到妈妈身边。有时候，他会反复地提同一个问题："妈妈，你能和我玩游戏吗？"或者，恰好在这个时候，他抱怨姐姐对他刻薄。梅奇常常拉着妈妈的胳膊、坐在她腿上，或者摸着她的脸。梅奇的爸爸对这种干扰已经见怪不怪了，但不太心烦，因为他并不是经常在家，而梅奇的妈妈对此少不了要抱怨一番。

梅奇的父母尝试过很多办法来解决他的这种干扰。如果打电话时间短，他们先是不理会梅奇，过一会儿让他保持安静，这两种方法轮换着用。有时，如果电话很重要，他们会承诺给梅奇买件新玩具，试图"买回"儿子片刻的安静。有些时候，他们会先把电话挂断，过后再打。当梅奇格外吵闹时，他们在挂断电话时会威胁他。梅奇父母采用的任何一种方法都不是太成功，他们渴望看到梅奇自己控制这种行为。

于是，梅奇的父母问梅奇是不是可以帮他们解决一个问题。他们描述了他们的问题，并且解释说，跟别人打电话和接听别人的电话，对他们来说很重要。他们还举了几个例子，梅奇也举了一个自己打电话给别人时的例子。父母问梅奇，若是爸爸妈妈正在打电话，他能不能想着做点别的事情，而不是跟爸爸妈妈讲话。梅奇说可以，只是要玩卡车玩具或者看电视。由于梅奇父母已经限制他一天中看电视的时间，因此要他再想别的主意，于是他选择了玩乐高积木。梅奇制作了一张卡片，上面画着玩具卡车和乐高积木的样子，并且在爸爸妈妈的帮助下，在每张图画的下边写一些字。梅奇父母会把那张卡片放在电话旁边，当电话铃响起或者他们中的一人需要打电话时，他们把卡片拿给梅奇看，让他从中选择一项活动。起初的几个星期，梅奇父母"练习"着打了一些电话，或者请家人或朋友时不时打个电话到家里来，以便梅奇可以练习这个计划。他们发现，在计划推行的初期，电话的通话时间得保持简短。他们还意识到，一旦梅奇经常地表现出期望的行为（至少一分钟两次），他们必须奖励他，奖励的方式是口头表扬，说他玩得很好。在最初的几天里，只要他们没有表扬他，他便不再独自玩耍，开始纠缠父母。由此，梅奇父母知道，在梅奇还没开始打扰他们的时候，他们必须表扬他。他们和梅奇达成一项协议，如果他自己在一旁安静地玩，可以挑出一些新的乐高积木或玩具卡车，放到自己的玩具收藏之中。

### 第 1 步：确定行为目标

目标执行技能：反应抑制

特定的行为目标：独自玩耍，并且当父母亲正在打电话或接电话时不去打扰。

### 第 2 步：构思干预措施

帮助实现特定目标，要从环境方面提供怎样的支持？

- 让孩子可以玩最喜欢的玩具。
- 将各种可选择的游戏制成图画卡片。
- 在电话铃响起时，提醒孩子选择玩什么游戏。

传授什么样的特定技能、谁来传授以及采用什么程序来传授？

技能：反应抑制（学会在父母正在打电话或接电话时独自玩耍，而不是缠着父母）

谁来传授？父母

程序：

- 梅奇选择两样最喜欢玩的游戏。
- 父母为这些游戏制作图画卡片。
- 当父母要打电话或者接电话时，向梅奇出示卡片，梅奇从中选择一项游戏。
- 在打电话期间，父母表扬梅奇继续玩耍、不来纠缠。

为激励孩子使用/练习这一技能，将使用什么激励措施？

- 父母表扬梅奇独自玩耍。
- 如果梅奇做得好，父母答应增加他的玩具收藏。

## 干预措施成功的关键

- **当孩子的行为符合你的期望时，别等待，马上给予鼓励或奖励。** 有时候，父母们觉得，孩子开始某项活动刚刚 1 分钟，便去表扬孩子坚持了这项活动，未免有些可笑。但正如梅奇的父母很快发现的那样，如果你在表扬孩子这件事上等待和迟疑，便为孩子扔下这项活动并转而寻求父母的关注留下了机会，这样的话，整个训练一开始就很不顺利。

- **不要以为迅速的成功便意味着问题已经得到解决。** 大多数情况下，如果你按照计划行事，并且在很短的时间间隙内关注你的孩子，你会很快发现自己取得了成功，于是很容易就变得过度自信，或者说，忘记由于你没被孩子打搅而表扬孩子。但如果你过早地放弃这一练习，那么，旧的行为模式又会在孩子身上重新浮现——接下来，你可能觉得你的计划失败了。关注必须是慢慢减弱的（例如，起初每隔 30 秒关注一下孩子，到后来每隔 45 秒或 1 分钟，依此类推），直到你的孩子能够连续 5 ~ 10 分钟或更长的时间不来打扰你打电话而专心玩他自己的游戏。孩子能够一门心思玩多久，某种程度上取决于年龄，因此，对年幼的孩子（幼儿园到小学低年级），你应当至少每隔几分钟就看一下他有没有在专心玩自己的游戏。

# 订立"停火协议"：平息与兄弟姐妹的争斗

13 岁的伊万（Evan）是名七年级的学生。他并不是那种任由别人评论自己而不动声色的男孩。他反应迅速，也很风趣，但他的风凉话和其他一些不恰当的评论，时常让他陷入麻烦之中。

伊万有两个弟弟，分别是 10 岁和 7 岁。他和弟弟们总是产生冲突，而且，在过去的一年里，也就是自从伊万上初中之后，情况似乎还恶化了。和他这个年纪的许多当哥哥的孩子一样，伊万发现自己的弟弟们很烦人。有时候，跟弟弟们待在一块儿，就足以让他生气，而且，当弟弟们对他发表"愚蠢的"冷嘲热讽，并且和他争抢电视机遥控器、抢着玩视频游戏，以及在吃饭时争着吸引父母的关注等，更是让他气不打一处来。

伊万感到，自己现在这个年龄，应该拥有一定的特权，他宁愿自己的弟弟们不说话，除非别人对他们说话。但弟弟们显然不这么看。他母亲知道，弟弟们有时候只是希望他这个哥哥关注他们。她还觉得，作为大哥哥，伊万应当有大哥的样子，而且最好是能够容忍弟弟们的嘲讽与挑衅行为。但伊万不但做不到这一点，而且还对弟弟们的任何嘲讽迅速回击，高声尖叫，有时候还威胁弟弟们。

这种局面一直持续下去，发展到只要伊万和其中一个弟弟在家里或者兄弟三人都在家里，最后免不了打一架收场。此时，他们的妈妈要么充当起裁判的角色来结束兄弟的争斗，要么管教伊万，责备他过度反应。妈妈已经受够了。虽然她知道每个孩子都有责任，但还是觉得，如果伊万的反应不那么激烈，她就能更好地管好他的弟弟们。

于是，妈妈把伊万找来讨论这种局面，并试图拟定一个计划。伊万承认，他也不喜欢时时刻刻都和弟弟们打斗，但他不知道怎样让自己在弟弟们面前保持淡定。他觉得自己应当有一些私密空间，并且认为，如果自己能够少和弟弟们待在一起，便能更好地控制自己。与此同时，他把妈妈的话听进去了，并且表示，只要场面得到控制，他愿意和弟弟们一起玩耍。

于是，伊万和妈妈达成一致：他的房间是他的私人空间，弟弟们未经他的允许，不能进入。起初，他同意每个星期的每个工作日和弟弟们玩耍 20 分钟，周末则玩 30 分钟。这没有包括全家人在一起的时间，比如吃饭和有计划的家庭活动。伊万和妈妈都觉得，如果这样安排时间，兄弟三人不太可能引发争斗，因此，他和妈妈将弟弟们最喜欢和他玩的游戏及其他活动列了个清单，以便弟弟们可以从中挑选一项和他玩。伊万答应说，只要弟弟们选择玩什么游戏或活动，他都愿意陪着玩，并且说，他不会再围绕游戏规则和弟弟们争吵或者纠正弟弟们，因为这是弟弟们的玩耍时间。伊万还说，在他自己有空或者没空的时候，他会在房门上挂一个提示牌，一面写着"有空"，一面写着"没空"，以便弟弟们知道他能不能和他们玩。

　　伊万对弟弟们的出言不逊给予迅速回应，处理起来则稍稍有些棘手。他妈妈首先同意，如果她听到伊万的某个弟弟说一些挑衅的话（嘲笑、侮辱等），她会管教那个孩子。不过，她不会接受伊万或者他的弟弟们打来的小报告。除此之外，她认为伊万需要一些提醒和奖励，帮助控制这种行为。伊万一直想要个手机，尽管他妈妈私底下考虑过给他买一个，但一直没有兑现，或者也没向他承诺过。于是，他妈妈建议，当他不在自己的房间时，连续 2 个小时都对弟弟们的风言风语保持淡定，并且不和弟弟们争斗，那她会给他记 1 分。伊万妈妈觉得，伊万每天可以挣到两三分，周末的时候还可以挣到更多积分。

　　妈妈告诉伊万，她会每天都提醒他记得这个约定。如果在 2 小时的中途伊万和弟弟们发生争斗，她会重新设置闹钟。只要伊万挣满 100 分，妈妈会给他买手机，接下来，他可以用挣来的分数换取每天玩手机的时间。尽管这个方法需要伊万妈妈花大量的时间来监控，但这是用小小的代价来平息孩子之间的争斗。在家时，伊万慢慢习惯不理会弟弟们的言语嘲讽，实际上，他还喜欢上了和弟弟们一起玩。他妈妈也很高兴，因为她发现孩子们争斗的次数减少了。大约 5 周后，她能够运用一种更加非正式的方法，让伊万通过克制与弟弟们打斗而挣得玩手机的时间。她和伊万在睡觉前评价他们一天的生活。如果他们一致认为这一天过得很好，那伊万将在第二天能玩最长时间的手机。如果他们一致认为这一天过得还行，那他第二天能玩手机的时间便短一些。如果他们一致认为这一天过得很糟糕，那他第二天就不能玩手机。若是伊万妈妈和伊万对这个评价达不成一致，他们会回头采用之前约定的那个更加正式的计分系统。

### 第 1 步：确定行为目标

目标执行技能：反应抑制

特定的行为目标：克制以威胁的口吻对待弟弟们的冷嘲热讽的冲动。

## 第 2 步: 构思干预措施

帮助实现特定目标, 要从环境方面提供怎样的支持?

- 私人的空间与时间。
- 妈妈将裁定弟弟们对伊万的评论。
- 与弟弟们互动时不但限制时间, 而且还对活动进行安排。

传授什么样的特定技能、谁来传授以及采用什么程序来传授?

技能: 反应抑制(表明有空和弟弟们玩耍, 并且控制自己对弟弟们冷嘲热讽的反应)

谁来传授? 妈妈

程序:

- 伊万表明他什么时候有空、什么时候没空和弟弟们玩耍。
- 他同意和弟弟们在限定的时间内进行一些安排好的活动。
- 妈妈维护兄弟三人的界限, 并对伊万弟弟们不可接受的嘲讽进行管束。
- 妈妈每天都提示伊万要抑制对弟弟们的反应。
- 如果失败, 伊万离开这个场合, 回到自己房间。

为激励孩子使用 / 练习这一技能, 将使用什么激励措施?

- 伊万留给自己的私人时间和空间得到了保障。
- 伊万可以赢得一台手机, 并且能够持续不断地赢得玩手机的时间。

## 干预措施成功的关键

- **一视同仁从一开始就十分关键。**伊万需要看到, 当他的弟弟嘲讽他或者做些让他烦心的事时, 他妈妈在努力管教弟弟。如果妈妈不管教弟弟, 伊万会觉得这种方法不公平, 仍旧回到老路上去。如果你不迅速采取类似这样的干预方法来管理孩子的弟弟或妹妹, 把弟弟妹妹的冷嘲热讽看成"不是什么大事"，而寄希望大哥哥或大姐姐别去理会弟弟妹妹，那这个计划将会失败。

- **由于你不会看到兄弟姐妹之间发生的所有事情，你得料想孩子之间的打斗还会继续下去。**伊万母亲拒绝接受孩子们单方面向她打的小报告，报告她并非亲眼所见的行为，这样做是有道理的。不过，这意味着她不会亲眼看到有的行为。如果这成为一个问题，你得确立一条规则，规定若是兄弟姐妹之间起了争执，每个人必须回到各自的房间，并且在房间里至少待上 15 分钟。

- **如果计划看起来似乎不管用，可能是因为你起初分配给孩子一块儿玩耍的时间太长了。**对伊万来说，要让他一开始和弟弟们玩耍 20 分钟，也许太长了些，在这种情况下，可以为他们规定更短但更有效的玩耍时间。

- **当你同意由于孩子表现出期望的行为而奖励他时，后续的步骤至关重要。**伊万的母亲要十分注意履行她的承诺，让伊万能够获得他挣来的分数，然后等到挣满 100 分，马上给他买手机。只有做到这样，"奖励"伊万不和弟弟们争吵 / 打斗，才是有效的。

第12章

# 增强工作记忆

　　工作记忆是在执行复杂任务时把信息记在脑海中的能力。我们时时刻刻都要依靠工作记忆。它是一种在东西快用完时记得买几件回家并且记得要买些什么（无须用笔写下来）的能力。当你在下班途中经过干洗店，记得自己要停下来时，你是在运用工作记忆。当你在电话本上查找某个电话号码，并且在拨打该号码之前能够记得住，也是在运用工作记忆。当你的配偶让你做件事情，而你说"等我把碗筷收进洗碟机里后就去做"，然后你真正记得做那件事情，那么，你的工作记忆很可能还不错。不过，如果①你记不得任何人的生日；②除非你保留了一份写好的工作日程，否则常常把工作上的事情做到一半就下班回家；③你会想尽一切办法避免在鸡尾酒派对上介绍别人，因为你记不住人们的名字，那么，你的工作记忆可能不那么好。在这种情况下，当你还和孩子有着相同的执行技能不足时，一定要运用第 3 章中介绍的秘诀来帮助提高孩子的工作记忆。

## 工作记忆的技能如何形成

工作记忆在婴儿期的极早阶段开始形成。当你和一名婴儿玩耍，把他最喜欢的玩具藏在毯子下面时，如果他掀开毯子取回了那件玩具，你知道他在运用工作记忆。因为这名婴儿能够把玩具的模样记在脑海，同时对你藏起那件玩具的动作也有记忆。

由于工作记忆这项技能比语言更早形成，因此，孩子先是形成非语言的工作记忆，再形成语言的工作记忆。然而，当孩子形成语言能力时，他们的工作记忆技能便拓展了，因为这个时候，他们可以利用视觉形象和语言来找回信息了。

如我们在第 1 章告诉过你的那样，当儿童和青少年完成需要运用工作记忆等执行技能的任务时，他们依赖前额皮质来做好所有的工作，而不是像成年人那样，将工作任务分发到大脑其他专门的区域。因此，和成年人相比，儿童和青少年要激活工作记忆，需要有意识地付出更大的努力，这可能帮助解释了为什么儿童和青少年不太愿意运用他们的工作记忆技能来完成日常生活中的例行任务。

我们往往自然而然地降低对极其年幼的儿童工作记忆的期望。在孩子 3 岁前，我们一般预期孩子只能记住他身边的或者不久以前的一些事物或事情。如果我们想让他做某件事，我们不会说："在你看完《邦尼的冒险》后，你能够收拾一下你的玩具吗？"（当然，除非我们还打算在《邦尼的冒险》这个节目结束后提醒他。）而且，虽然我们也有可能让孩子把所有积木都收进玩具箱，而我们自己只是站在游戏室里陪着他们，但通常不会命令他们去他们自己的卧室，任由他们自己动手做类似的整理工作。

在希望孩子能够记住的东西上，我们会在时间和距离上逐渐地扩展。在下面的调查问卷中，你可以评估你的孩子可能处在哪个发展阶梯之上，依据是孩子能不能在不同的儿童阶段独立执行各种任务。使用这个量表，和使用第 2 章的量表相比，你可以更密切地观察你的孩子到底多么出色地运用了工作记忆的技能。

---

### 你孩子的工作记忆技能怎么样

使用下面的量表来评定你的孩子在完成以下列举的每一项任务时的表现情况。我们希望每个年龄段的孩子能够较好和非常好地完成列举的所有任务（每项的分数达到 2 分或 3 分）。

#### 等级

0- 从不或很少

1- 能做到但不是太好（大约在 25% 的时间）

2- 做得相当好（大约在 75% 的时间）

3- 做得非常非常好（总是或几乎总是能做到）

────────── 入学前 / 幼儿园 ──────────

完成简单的差事（例如，在大人要求时从卧室里拿鞋子出来）

记得刚刚接到的指令

完成常规事务，其中的每个步骤只提示一次（例如，早餐之后刷牙）

────────── 小学低年级（1 ～ 3 年级）──────────

能够完成包含两三个步骤的差事

记得几分钟前收到的指令

只提示一次便完成某项常规事务的两个步骤

────────── 小学高年级（4 ～ 5 年级）──────────

不需要提醒，记得在放学之后完成一项例行的家务活

记得把书、笔记本、作业本从学校带回家以及从家带到学校

记得不断改变的每日时间表（例如，每天放学后不同的活动）

-------- 初中（6 ～ 8 年级）--------

........... 能够记住多位老师布置的作业和在课堂上提出的期望

........... 记得住一些偏离常态的事件或责任（例如野外考察的同意回执、涉及
课外活动的特别指令等）

........... 只要有足够的时间或者进行了充分的练习，记得住多个步骤的指令

## 在日常生活中培育工作记忆技能

- 首先和孩子进行一番眼神交流，然后再告诉他一件你想让他记住的
事情。

- 如果你想让孩子集中全部的注意力，那就将外部的干扰控制在最低水
平（例如，关掉电视或者调低音量）。

- 让孩子把你刚刚说过的话对你复述一遍，以便你知道她听进去了。

- 运用书面的提醒，如图画时间表、清单以及日程安排表等，这要取决
于孩子的年龄。在每个步骤上提示孩子"检查一下你的日程安排表"
或者"看看你的清单"。

- 在那个场合即将出现时，和孩子一同围绕你希望他记住的事情进行演
练。（例如："玛丽阿姨给了你生日礼物后，你要说些什么？"）

- 帮助孩子想出适合她的办法，以便在她记住某些她认为重要的东西时
助她一臂之力。

- 当孩子上了初中时，使用手机、文本消息或短信息来提醒他们记得一
些必须做的重要事情。

- 考虑在孩子记住了重要信息时给予奖励，或者在忘记了重要事情时施
加惩罚。例如，如果孩子整整一个星期都没有忘记把所有家庭作业带
回家，那么，允许他在周末的时候租一个视频游戏来玩。当孩子的工
作记忆只是存在轻微的发展不足时，奖励和惩罚是有益的。

# 不再等待：教育孩子毫不拖延地穿好衣服

安妮（Annie）是个聪明的女孩，今年 8 岁，上小学二年级。尽管她偶尔有思想不集中的毛病，但仍然是班上最优秀的学生之一。她的兴趣爱好广泛，社交能力强，同伴都把她视为好朋友。安妮的妈妈希望看到安妮变得更加独立，尤其是独自完成挑选衣服和在上学前穿好衣服等一些经常性的任务。由于安妮的好朋友萨拉在一年中的大部分时间里都是自己穿衣服，因此，安妮妈妈觉得，这对安妮来说也不是一个不切实际的期望。她和安妮讨论了这个问题，安妮说她乐意自己穿衣服，尤其是因为她愿意自己来挑选第二天穿的衣服。

不过，在安妮家里，熟悉的一幕每天早晨都在上演。妈妈说："安妮，是时候开始换衣服了。"然后转身下楼去。安妮则回答："好的，妈妈。"妈妈在楼下忙着做好上班的准备，大约过了 10 分钟，又开始叫安妮："安妮，衣服穿得怎么样了？"安妮答道："好了，妈妈。"又过了 5 分钟，妈妈再次大喊："安妮，你得下楼来了。"安妮再次回答："好。"老是不见安妮下楼，妈妈只好上楼来。刚一上楼，安妮坐在地板上画画的一幕立刻映入眼帘，而且身上还穿着睡衣。妈妈手上抱着些衣服，不无气恼地喊道："安妮！"安妮则开始抗议妈妈给她选的衣服，但妈妈威严的神情让她把话咽了回去。后来，妈妈在一旁待了足够长的时间，看着安妮把衣服换好，然后命令她"在一分钟之内"下楼去。

后来，在母女俩都更加平静的时候，两人好好谈了一下这件事情，并且决定，妈妈将看着安妮做完这件事情，以确定可以帮她做些什么。虽然她的动作有点慢，但能够挑选自己要穿的衣服并且把衣服换好，不存在大问题。不过，尽管安妮想把这件事做好，但当她试图自己掌控这件事时，她妈妈最后还是气馁地发现，自己不得不反复地提醒她。

她们决定尝试另一种方法。如果安妮同意按计划来做这件事，妈妈答应让她自己挑选她想穿的衣服。她们首先列了一个清单，将换衣服的过程的每个步骤都列举出来，而且由安妮把它们写下来。安妮说，有时候她难以选择穿什么衣服，因此，她和妈妈决定头天晚上拿两套衣服出来，她还找了一个地方来放衣服。接下来，她和妈妈进行一番演练，妈妈把每个步骤都拍摄一张数字照片。安妮把她写下的每个步骤与妈妈拍摄的照片对应起来，并把照片挂在书柜附近的"照片板"上。

一开始，安妮觉得，除了让妈妈提示她是时候穿好上学的衣服之外，如果妈妈还能上楼来看着她开始换衣服，然后再离开，也许对她有所帮助。妈妈不情愿地答应了，并说这只能是暂时的。最后的问题是时间。早晨的时光通常匆匆而过，而当安妮动作缓慢时，妈妈变得不安起来。于是，她们买了一个便宜的数字计时器，安妮心想自己能在 12 ～ 15 分钟内换好衣服，妈妈同意了。由于安妮有时候会在换衣服的过程中忘记时间，她将计时器设置为每隔 5 分钟响铃一次，这样一来，即使她当时去干别的事，计时器也可以当作提示。此外，妈妈听到计时器开始响铃后，会对安妮大喊："做到哪一步了？"安妮会说她做到了哪一步。这样，相当于妈妈又多提醒一次安妮。

在起初的几星期内，安妮只在一两个早晨需要妈妈催促她，但总体来讲，母女两人都感到很高兴。安妮也适应了妈妈不上楼来看着她换衣服，但她仍然希望妈妈口头提醒一下，并在她做得好的时候表扬几句。她们还计划一同去购物。

## 第 1 步：确定行为目标

目标执行技能：工作记忆

特定的行为目标：安妮将在大人提醒一次的前提下，在 15 分钟之内完成早晨自己换好衣服的常规事务。

## 第 2 步：构思干预措施

帮助实现特定目标，要从环境方面提供怎样的支持？

- 预先挑好衣服。
- 计时器。

- 在计划实施的早晨由父亲或母亲观察与提示。

传授什么样的特定技能、谁来传授以及采用什么程序来传授?

技能:工作记忆(完成每天的早晨常规事务)

谁来传授?妈妈

程序:

- 妈妈和安妮一块儿讨论存在的问题和期望的结果。
- 她们将各个步骤列出清单,安妮把它们写下来。
- 头天晚上挑好两套衣服。
- 安妮先试着走一遍整个流程,妈妈在一旁拍下每个步骤的照片。
- 安妮将写下来的步骤与妈妈拍摄的照片对应起来,并将照片按顺序贴在她的书柜旁。
- 安妮决定需要多长时间,而且和妈妈一起买来计时器。
- 妈妈答应提示安妮并在一周左右的时间看着她开始换衣服。
- 每隔 5 分钟,当计时器开始"哔哔"作响时,妈妈来看一次。
- 妈妈记住每天需要提醒安妮的次数。

为激励孩子使用 / 练习这一技能,将使用什么激励措施?

- 妈妈表扬
- 买新衣服

**干预措施成功的关键**

- **在初始阶段热情和全面地投入。**这种方法在第一次实施时通常很成功,因为它既新颖,又提供系统的提示和激励。当它不奏效时,常常是因为父母没有在初始阶段足够密切地监控它。

- **在提示方面犯了太长时间的错误**。在我们的经验中，许多孩子需要不间断的提示，而当父母不愿意提示时，它最初的效果通常会消失。如果当你后悔了，又开始提示时，你的孩子"故态复萌"，那又要介入，并且在初始阶段非常缓慢地减少提示的次数。

## 对付心不在焉的运动员：让孩子记得带上运动装备

星期一的早晨 7:30，14 岁的八年级学生杰克（Jake）坐在自家电脑前给朋友发信息聊天。由于他已经穿好了上学的衣服、吃过了早餐，并且他的东西（学校的书包和足球运动包）都已经准备好了，他爸爸也就让他坐在电脑旁玩一会儿，直到 7:45 分校车到来。这一天，他要参加足球比赛，为了保险起见，他爸爸说："杰克，检查一下你的足球运动包，确保拿好了比赛用的所有东西。"杰克一边和朋友聊天，一边回答："没问题。"在校车到来的几分钟前，杰克的父亲再次提示杰克和他妹妹做好准备。当他来到大厅时，他父亲又问他是不是检查了足球比赛用的东西，他马上把运动包打开，在里面翻找起来。突然，他惊慌失措地问他父亲："你把我的护腿板弄哪去了？"他父亲感到十分恼怒，无法控制住自己心头的怒火，回答说，把它们拿到单位去了。杰克备感失败地说："我的教练会杀了我的，我不能参加比赛了。"校车来了，尽管杰克爸爸不确定到底该怎么来想办法，但还是告诉杰克，他们一块儿想办法解决。来到比赛场，杰克的教练对杰克很生气，告诉他说，他不能参加比赛。就在比赛开始前，杰克的父亲遇到了另一位同学的父亲，后者手里恰好有一副多余的护腿板。杰克父亲本来很纠结，要不要让杰克品尝一下不能参加比赛的后果，但由于这种丢三落四的现象以前曾发生过，而且不让儿子比赛也解决不了问题，因此不想看到儿子和他的教练闹得不愉快。于是，杰克父亲把借来的这副护腿板给了杰克，但父子俩约定，这种事情下次再也不能发生。

当天晚上，父子俩讨论了采用什么办法帮助杰克整理和记得带运动装备。由于杰克是一名参加三个体育项目的学生运动员，所以，这基本上是一个全年的问题。杰克父亲建议列一个清单，以便杰克在把运动装备放进包里时，可以用来对照着检查。虽然这种方法有助于杰克知道他需要的装备是否已经放进运动包，但并没有解决他收拾运动装备的问题，无法做到在他需要的时候随时可用。杰克父亲开玩笑说，也许杰克应当在比赛的头天晚上抱着那些装备睡觉，以便第二天早晨把它们收进包里，并且知道自己带好了所有装备。杰克说，也许他们应当制作一个他本人的纸板像，把运动装备和他的纸板像挂在一起，这样一来，他不但有地方存放他的运动装备，而且可以一眼看出少了些什么。父子俩一致决定，在杰克的纸板像上还贴一些标签，标明他比赛时需要的每一件装备，而且父亲还答应，头天晚上提示他检查，看看纸板像附近的装备以及运动包是否都准备好了。杰克也答应父亲，当父亲头天晚上提示他收好东西时，他会马上收拾，而不是等到第二天早晨再来收拾。父子俩还一致同意，如果父亲提示了，儿子却没有照着一样一样地检查，导致最终忘了带什么东西，父亲将不会再帮他救场。于是，他们制作好杰克的纸板像，杰克在纸板像上贴上了标签，打算整个足球赛季都用它。他还做了一些挂东西的钩子，并且试了一遍，把所有的运动装备都挂在纸板像附近。在做所有这一切时，杰克的父亲都在一旁看着。最后，父子俩满意地发现，纸板像这个办法很管用。

## 第 1 步：确定行为目标

目标执行技能：工作记忆

特定的行为目标：杰克将在每场比赛之前收好自己的运动装备，并且只需要大人提示，便保证收好每一场比赛需要的装备。

### 第 2 步：构思干预措施

帮助实现特定目标，要从环境方面提供怎样的支持？

- 制作一个杰克的纸板像，并且贴上杰克练习和比赛所需的各种装备的标签。
- 杰克的父亲在比赛的头天晚上提示杰克检查和收好他的装备。

传授什么样的特定技能、谁来传授以及采用什么程序来传授？

技能：工作记忆（记得带上训练和比赛需要的所有运动装备）

谁来传授？父亲

程序：

- 杰克和父亲坐下来商量了一个整理运动装备的计划。
- 在父亲的帮助下，杰克制作了一个纸板像。
- 杰克为所有的装备制作标签和钩子，并把它们贴在纸板像上。
- 杰克试着练习了整个过程，父亲在一旁观看。
- 父亲同意头天晚上提示他准备好所有的装备。
- 在提示了杰克后，父亲在两个星期内和杰克一块儿检查，以确保杰克按照这个方法来做。

为激励孩子使用 / 练习这一技能，将使用什么激励措施？

- 杰克能够参加体育比赛，不必经历由于没带运动装备导致教练不让他上场比赛的后果。

### 干预措施成功的关键

- **不要指望你孩子说他将照你的提示去做，他就真的去做**。在这个例子中，杰克的纸板像充当了一个提醒，也成了一个整理工具。虽然这在大多数情况下可能足够，但工作记忆弱的孩子在大人要求或者提示他记得某件事时，常常说他已经做好了需要做的事，或者说自己会注意的，到最后却忘记了。因此，你得用后续的提示来权当检查，看看孩子是不是真的照你的提示去做了。在大人提示的时候及时去做，是十分关键的环节，这可能需要你更加频繁地检查核实，直到孩子已经确立期望的行为为止。

第13章

# 改进情绪控制

　　情绪控制是指能够管理好自己的情绪以实现目标、完成任务或者控制和引导你的行为。如果你在这方面有优势，不但能够处理好日常生活中的起起落落，还能在充满情绪的局面下保持冷静，无论是和暴跳如雷的老板互不相让，还是和正在挑战父母权威的青春期的儿子紧张对峙。能够控制好情绪，意味着不但能忍住不发脾气，而且能管理好不愉快的感受，比如焦虑、失败和沮丧等。能够控制好你的情绪，还意味着你能利用正性情绪帮助你克服障碍，或者使你在艰难时刻负重前行。不难看出，这一技能对人们在儿童时期以及今后的人生中获得成功有多么重要。

　　我们有些人在某些背景中展示这种技能，但在另一些背景中却控制不了情绪。大多数人，无论是成年人还是孩子，都有一个"公开的形象"和一个"秘密的形象"，并且似乎运用不同的规则来管理好这两种形象中的任何一种。你的孩子是不是在学校里能够保持冷静，但一回到家就情绪崩溃？你是不是在工作中冷静处事，但在家里却卸下自己的戒备？这种转变并不稀罕，而且也不是问题。但有的时候，它可能成为问题。假如你或你孩子中的任何一人发现控制情绪十分费力，以至于只要你们一回到家里，便无法控制自己的情绪，那么，你们的感觉可能很受伤，或者，长期的紧张也许对你的家人造成损害。在这些情况下，主要的问题也许是，你因自己的孩子由于缺乏执行技能难以完成的那些任务而大动肝火。这表明，你要将提高自己与孩子的情绪控制能力作为首要任务。事实上，如果你和孩子都难以控制情绪，你要利用第 3 章中介绍的秘诀，使自己有最好的机会根据本章内容设计的干预措施获得成功。若是你通过客观地观察局势后发现，孩子的问题的成因恰好是你自己缺乏情绪控制的能力，你可能要考虑咨询治疗师，以求得帮助。

## 情绪控制的技能如何形成

在婴儿的早期阶段，宝宝预期父母会在他们的生理需要出现时予以响应，比如吃东西、喝牛奶、换尿片等，当这些需要持续地、可预测地得到满足时，宝宝通常将情绪控制在允许的范围内。当然，总有些时候，大人不可能立即满足宝宝的需要，因此，宝宝也慢慢地学会安抚自己。当然，这种典型的发育进程，也有一些例外的情况出现，比如，患疝气的婴儿可能难以管理好自身的响应，但大多数婴儿似乎能顺利度过这个阶段，并且像其他的宝宝那样，学会一些自我安抚的方法。

不过，孩子在学习走路和入学前的这些时期，你可能在情绪控制能力上发现一些个别的差异。有的小孩子在所谓的"可怕的两岁"期间只是轻微地发发脾气，而另一些则经常出现剧烈的情绪崩溃，其频率或激烈程度，使得哪怕是最能处变不惊的父母，也难以泰然自若、冷静处置。在大约 3 岁时，大多数孩子养成一些固定的习惯，例如，他们能够预料到，每天晚上睡觉前，要按照准确的先后次序做好一些事情。尽管孩子有这些预料，你会注意到，有的孩子能够随着常规事务的改变而改变，而对另一些孩子，假如事情的先后顺序以任何一种方式打乱，他们都会变得特别烦躁。因此，情绪控制能力弱的孩子显得非常挑剔。如果你的孩子是这种情况，认真读一读第 19章的内容，也许能使你受益，毕竟，情绪控制这项技能与灵活性技能有许多重叠的地方。

在小学阶段，情绪控制能力较弱的孩子频繁遇到社交问题，他们也许很难和玩伴分享玩具，难以面对输了游戏或体育比赛，或者难以平和地与朋友玩虚构的游戏。你会发现，情绪控制能力强的孩子则能够做出让步，以平静的心态对待游戏的输和赢，并且可能在其他同伴之间的争执中担任"和平使者"的角色。

青春期的到来，给孩子的情绪控制带来新的挑战，许多其他的执行技能也同样面临挑战。在应对压力的能力上，这个年龄段的孩子整体上更加容易崩溃。十几岁的孩子依靠前额皮质来告诉大脑的其他部位，自己该怎样来行动。用一位研究大脑的科学家的话来说，青春期的孩子在遭受压力时，"像疯了一样地消耗前额皮质"。这意味着，随着十几岁的青少年竭力抑制反应（参见第 11 章）、运用工作记忆（参见第 12 章），并且与此同时控制自己的情绪，他们的大脑中负责管理执行技能的部分会变得超负荷。难怪十几岁的孩子常常决策缓慢或者做出不好的决策，甚至迅速地做出不好的决策。在情绪控制技能的发展上落后于人的青少年甚至处在更大的劣势地位，在情绪原本就有起有伏的发育阶段，比其他青少年感受到更多的情绪动荡。

知道了这一点，你会穷尽自己的所能来减轻孩子的心理压力（这些压力导致孩子做出不好的决定），以便很好地保护你家已上中学的孩子。与此同时，你可以运用本章介绍的方法来帮他提高控制情绪的能力。这是很值得做的，因为能够控制自己情绪的青少年，不太可能与老师或教练争吵，能够在不产生过度焦虑的情况下应对需要发挥自身水平的局面（例如比赛、考试等），并且可以迅速从失落情绪中恢复过来。

使用下面的量表来评定你的孩子在完成以下列举的每一项任务时的表现情况。我们希望每个年龄段的孩子能够较好和非常好地完成列举的所有任务（每项的分数达到 2 分或 3 分）。

### 等级

0– 从不或很少

1– 能做到但不是太好（大约在 25% 的时间）

2– 做得相当好（大约在 75% 的时间）

3– 做得非常非常好（总是或几乎总是能做到）

———————————— 入学前 / 幼儿园 ————————————

......... 可以十分迅速地从失落情绪中恢复或者适应计划的更改

......... 当另一个孩子拿到了他正在玩的玩具时，可以采用非身体接触的办法来解决

......... 能够在团队中学习和做事，不至于变得过度兴奋

———————————— 小学低年级（1 ～ 3 年级）————————————

......... 能够承受大人的批评（例如老师的训斥）

......... 能够在不至于过分烦恼的情况下处理好感知到的"不公平"

......... 可以根据情况迅速调整自己的行为（例如，在感受到压力之后平静下来）

———————————— 小学高年级（4 ～ 5 年级）————————————

......... 对输掉比赛或者没能获得某个奖项不会反应过度

......... 在团队中工作或玩耍时，可以接受无法获得自己想要的东西的情形

......... 对待他人的嘲讽时能够克制自己的行为

────────── 初中（6～8 年级）──────────

能够"读懂"朋友的反应并相应地调整自己的行为

能够预见有可能失望的结果并为之做好准备

表现出适度的自信（例如，请求老师帮助、在学校舞会上邀请别人跳舞）

# 在日常生活中改进情绪控制

- **为年幼的孩子调节他们周围的环境**。你可以通过规定日常事务减小孩子情绪失控的可能性，特别是规定吃饭时间、午睡时间和睡觉时间等。避免把孩子放在她有可能受到过度刺激的场合，或者，当你感到她开始失去控制时，迅速想办法让她离开那些地方。

- **和孩子谈一谈，当他开始感到压力太大时，你希望他做些什么以及他能做些什么，让他做好心理准备**。只要稍稍提前做好一些准备，即使有些问题局面无法避免，也可以平息孩子的情绪。

- **告诉孩子一些应对之策**。你可以为孩子摆脱某种局面提供什么选择？年幼的孩子也许能够与老师或其他监护人达成一致——如果孩子发出某个信号，意味着他需要休息。在家里，你和孩子可以就以下情景形成统一意见：当局面太过白热化导致无法处理时，孩子可以说"我得去我的卧室独自待一会儿"之类的话，以此来告诉你他需要休息。一些简单的自我安抚方法可能包括孩子拿起并抓紧最喜欢的充气动物（对年幼的孩子）或者在 iPod 上下载一些舒缓的音乐（对年纪稍大的孩子）。或者，让你的孩子学习一些放松的技巧，比如深呼吸和渐进性放松，后者包括使身体中主要的肌肉群交替地紧张和放松。在搜索引擎中输入"孩子的放松方法"，以寻找一些资源来教你运用这些方法。

- **给孩子提供一个在问题局面下遵循的脚本**。脚本不一定很复杂，甚至可以简短到她能对自己说些什么，以帮助控制情绪。模拟这类自言自语是有帮助的。例如，倘若孩子觉得家庭作业很难，试都没试就放弃了，你可以对她说："我希望你在做家庭作业之前这样对自己说：'我知道这对我来说很难，但我会不停地尝试。假如我在努力尝试过后仍然陷入困境，我会寻求帮助。'"情绪控制能力弱的孩子在被迫坚持他们觉得失败或艰巨的任务时，和他们的同伴相比更有可能情不自禁地掉眼泪或者耍脾气。

- **让孩子读一些故事，故事中的角色展现你希望孩子学习的行为**。《全能的小引擎》(*The Little Engine That Could*) 是个好例子。这个故事模拟了情绪控制能力差的孩子通常难以运用的正面情绪（在故事中，主人公反复说"我相信我能，我相信我能"，以表现自己的决心。在这方面，可以找图书馆人员咨询一下。

- 假如这些努力都没能缓和该问题，你要寻求在认知行为疗法方面受过培训的咨询师或治疗师的帮助。我们还建议你读两本书，它们阐述了怎样将这种方法运用到特定的情绪控制问题之上。这两本书都是丹·修本那所著，一本名为《当你太过担心时怎么做》(*What to Do When You Worry Too Much*)，另一本名为《当你太多抱怨时怎么做》(*What to Do When You Grumble Too Much*)。这两本书都为家长与孩子亲子共读而写，包含了有助于孩子理解问题并提出应对策略的各种练习。

## 聪明并且表现得聪明：战胜考试焦虑感

考特妮（Courtney）是个 14 岁的八年级学生。她在家中三个孩子中排行老大，一直以来都十分负责，她的父母也期望她表现出色。考特妮喜欢打陆上曲棍球。从上小学开始，她结交了一小群亲密的朋友。她在学校的成绩大致为 B，并且为获得这样的分数付出了相当大的努力。她觉得数学格外难，尤其从今年开始要学习代数了。

考特妮即将参加一次重要的数学考试，一想到这，她仿佛感到大难临头。她的确也温习了一些资料，并且和她的一位朋友重温了她之前不理解的各种问题。她现在觉得自己掌握了那些资料的内容，但这并未减少她对自己不能在考试中表现出色的担忧。她妈妈发现她惶恐不安，但她说自己"只是累了"。她感到，如果自己把心头的担心告诉父母，他们只会着重关注考出好成绩有多么重要，而那只会让她更加焦虑。在考试的前一天晚上，考特妮睡得不好，她到班里的时候，感觉胃在翻腾。她答出了前面几道题，但随后在做两个重要的题目时，觉得"脑袋一片空白"。考特妮做了她能做的，并在考试结束之后松了口气，她知道自己考得并不好。当她最终只拿到 D 的分数时，她的担心得到了确认，她感到失败极了，因为她意识到，自己原本知道怎么做题，但就是惊慌失措，导致发挥失常。她把这个消息告诉父母，父母仿佛炸开了锅。爸爸说："如果这种情况发生在高中，假如你还是那样的分数，就别想上大学了。"考特妮崩溃了，她把自己怎样刻苦复习以及一开始考试时又是怎样"僵住了"等情况告诉了父母。父母看到她的这种反应后意识到，若是逼着她考得更好，可能只会让她觉得更加"压力山大"。

于是，考特妮和她父母制订了一个计划。由于并不是所有的要求都会让考特妮产生严重担忧，所以，他们讨论了如何分辨她的担心在什么时候达到影响成绩的地步。考特妮建议使用一个从 1 到 10 的量表，她确定，如果自己的焦虑感达到了 4 以上，对她来说将是一个问题。考特妮说，在那种情况下，如果她告诉父母说有些事情令她很烦，那就有助于她减轻焦虑。但是，如果父母对这件令女儿心烦的事情感到紧张，或者提出他们标准的解决办法（也就是告诉女儿"你得学得更多"），则无助于她减轻焦虑。她父母最终同意只听女儿讲述，不提任何建议，然后问一下他们是不是能以某种方式提供帮助，并且努力做到不紧张。如果他们没有按照这个计划来行动，就请考特妮提醒他们。考特妮答应了。

考特妮的父母从过去的经历中知道，如果女儿事先准备了一个计划，她将不那么担心考试成绩，因此，他们和她讨论了这点。考特妮也赞同制订计划，并且提出用下面的计划来应对她对考试的焦虑感。

- 对于她担心的任何科目，她将在考试之前先和老师聊一聊，解释自己有时候对考试感到焦虑，并询问老师能不能推荐任何独特的学习方法，帮她熟练掌握所学知识。
- 假如有的科目也像数学一样，她学起来一直感到很困难，她将设计确定一个时间表，定期在老师的指导下温习所学知识。
- 她会和学校辅导员谈一谈，看看有没有别的方法来管理焦虑和压力。

考特妮的父母觉得这是个很好的计划，他们为此对女儿的深思熟虑以及解决问题的能力留下了深刻的印象。下一次数学考试，考特妮将遵循这个计划。她父母更加放松了，这反过来也有助于她减轻焦虑。考特妮更适应参加考试了，尽管她的分数还是让她稍稍有些失望，只有 C+。不过，她的老师看到她付出了如此巨大的努力，给了她一些奖励分。

---

### 第 1 步：确定行为目标

目标执行技能：情绪控制

特定的行为目标：考特妮将把她的考试成绩提高到 C 或更高。

---

### 第 2 步：构思干预措施

帮助实现特定目标，要从环境方面提供怎样的支持？

- 测量焦虑程度的量表。
- 父母提出的非评判式的支持。
- 老师在学习上提供帮助。
- 用应对考试焦虑情绪的方法来提供指导支持。

传授什么样的特定技能、谁来传授以及采用什么程序来传授？

技能：情绪控制（减轻焦虑）

谁来传授？老师、学校辅导员、考特妮本人

程序：

- 考特妮向老师请教，学习特定的学习方法。
- 对于感到最难的科目，考特妮将定期向老师请教。
- 考特妮还将求助于学校辅导员，请后者教给她压力管理的方法。

为激励孩子使用／练习这一技能，将使用什么激励措施？

- 成绩有所提高。
- 焦虑得到减轻。

### 干预措施成功的关键

- **支持孩子，但要克制住说出你们见解的冲动，除非你在应对考试焦虑情绪方面拥有一些专业知识。**坚持倾听孩子的说法，并且在孩子需要帮助的时候尽可能提供帮助。如果超出了这些，并且围绕孩子应当做什么而给出你们的建议，只会给本已感到焦虑的孩子再增添几分心理压力，适得其反。
- **只要你能够咨询老师、学校心理学家和其他任何专业人士，请求他们提供具体的帮助，不论这种帮助是什么。**考特妮发现，如果她的老师可以提供帮助、给予鼓励并提出具体的学习秘诀，对她将是有帮助的。学校辅导员／心理学家还应当掌握一些有益的方法，并且能和孩子一同解决考试焦虑感。如果你的孩子说，学校辅导员没法给他帮助，请你的儿科医生向你介绍某个专业人士来帮助你孩子，让孩子能在短时间内学习应对焦虑的技能。

# 专注于比赛：如何树立正确的运动道德

迈克（Mike）是个活泼的孩子，今年 7 岁，在家中三个孩子里年龄最小，如今上小学二年级。从蹒跚学步开始，迈克就喜欢一些身体运动，尤其喜爱体育，而且，在同年龄的孩子中，他明显属于有运动天赋的。如今，假如他能够在"真正的"运动队中玩耍，就会感到十分兴奋，并且盼望着参加比赛。在家的时候，当他有空余时间时，希望父母或哥哥姐姐和他一块儿玩耍与练习。然而，和家人一起玩以及和运动队的队员一起来比赛与练习，迈克都希望表现出色。当他或者他所在的队伍没有取得他期望的成绩时，他可能暴跳如雷、高声抱怨、哭泣，有时候还扔掉运动装备。当出现这种情况时，他的教练让他坐到外面去，或者让他的父母把他带出去。等过了一段时间，迈克便会平静下来。但教练的这种做法，并没有彻底消除迈克的行为，他仍然经常为自己或其他队员的表现不好而大发脾气，这成了父母的一块心病。他们探讨过不让迈克参加所有体育运动的可能性，但不愿意采取这种措施，因为体育运动对迈克十分重要。与此同时，他们意识到，如果迈克不能容忍自己或别人的错误，无法把输掉比赛当成体育运动的一部分的话，他们便没有任何选择。

迈克的父母和其中一位教练以及一些朋友（他们的儿子也参加了体育运动）详细讨论了这种局面，制订了一个计划。他们首先和迈克一块儿坐下来，并且解释说，如果迈克想要继续参加体育运动，爸爸妈妈必须想办法帮他改变行为。尽管他不想承认自己的行为是个问题，但也同意制订一个计划，因为他不想放弃体育运动。这个计划包含下面一些要素：

- **当他对自己的表现感到生气时，可以采用和爸爸妈妈协商好的行为来表达自己的失败感。**这些包括紧握双拳、把双臂交叉在胸前并紧紧挤压、一遍又一遍地在心中默念他选择的某个短语。如果这种失败的感觉还牵涉他所在的整支队伍或某位队友，必须鼓励他做出一番公开的评论（例如"很好的尝试""没关系"等）。

- 迈克和他父母一道，为已经发生过的几种不同局面写出一些情景，运用新的方法来取代以前的行为。

- 迈克和他父母围绕真正让他犯下"错误"的情景来进行角色扮演，比如投篮不中或者丢了一个球，然后使用他选择的某种新方法。父母在此过程中全程指导，并表扬他运用了新方法。

- 在每次比赛或练习开始前，迈克的爸爸或妈妈和他一起详细审阅规则及方法，并让迈克说一说，如果令人感到失败的局面出现，他将怎样应对。在比赛／练习的最后，迈克和他父母再检查他做得怎样。如果他没有发脾气，将赢得一些积分，这些积分累积到一定的程度，他便能去看一场他最喜欢的职业球队的比赛。

- 迈克答应，如果他感到失败，将竭力控制自己，做到不大发脾气、高声叫喊、出言不逊，或者扔东西。这些行为中的任何一项，都将使他立即离开赛场／练习场，并且不允许参加计划中的下一场比赛／练习。

在迈克参加比赛和练习的前几个星期，他并没有做到完全成功，但他的教练和父母注意到，他脾气暴躁的次数显著下降，因此，他们对他能够回到正轨感到有信心。

### 第 1 步：确定行为目标

目标执行技能：情绪控制

特定的行为目标：在犯了错误或者输掉了体育比赛后，迈克不至于大发脾气。

### 第 2 步：构思干预措施

帮助实现特定目标，要从环境方面提供怎样的支持？

- 最后表现了可接受的行为的情景／社交故事。
- 明确地指出迈克的行为，并把规则／期望写下来。

- 在进入这一局面之前，由父母提示。

传授什么样的特定技能、谁来传授以及采用什么程序来传授？

技能：情绪控制（对愤怒 / 失败的可接受的表达）

谁来传授？父母

程序：

- 迈克将和父母一道，读一些故事和观察一些场景，其中，普通的问题局面最终得到了成功的解决，取得了满意的结果。
- 迈克和父母将对局面进行角色扮演，并且使用新的策略与方法。
- 迈克和父母将在比赛之前仔细评审行为期望 / 规则。
- 迈克和父母将在比赛之后对他的表现进行评审。
- 迈克由于做出了某种问题行为，失去参加一次练习或一场比赛的机会。

为激励孩子使用 / 练习这一技能，将使用什么激励措施？

- 允许迈克继续参加体育运动。

### 干预措施成功的关键

**严谨地遵循比赛计划。这种方法的成功，取决于始终如一地遵循这些步骤。**

①让孩子能以一种可接受的方式来表达他的失败感。

②和他一起辨别要纠正的行为最有可能发生的各种局面。

③演练（角色扮演）这一局面，并提示孩子表现出恰当的行为。

④在进入这一局面之前，提示孩子，你对他有什么样的期望。

⑤如有必要，让他离开这一局面。

跳过这些步骤中的任何一个，可能使孩子容易再度失去控制，因为在备感失败的局面下，年幼的孩子很难做到"反应迅速"。

第14章

# 强化保持专注

　　保持专注是在尽管存在分心的事情、自身疲惫或厌倦的情况下仍然能全神贯注地对待某一局面或某项任务的能力。对成年人来说，这意味着屏蔽一切可能分神的因素，坚持完成工作任务或者做完家务，并且在干扰不可避免地出现时，只要有条件，便迅速转到手头的事情上来。如果你保持专注的能力较弱，你会发现自己从一项任务跳转到另一项任务，通常无法做到在开始第二项任务之前先完成第一项任务。你可能找些借口来停止手头的工作，比如每隔5分钟便查收一下电子邮件，或者突然间想起你得打个电话。如果你认为自己缺乏这一执行技能，那么在第3章中介绍的秘诀，有益于你帮助孩子提升这项技能。

# 保持专注的技能如何形成

想象一个年幼的孩子在海滩边的情景。你是不是很惊讶地发现，哪怕是抛一块鹅卵石到水中或者在海滩上开凿一条"运河"之类的简单事情，对孩子来说也是无比的欢乐？我们大人（包括孩子的保姆、他们的哥哥姐姐，或者祖父母及外祖父母）很快就感到无聊透顶的一些亲身实践的活动，你那年幼的孩子也许在很长时间内都感到着迷。事实上，在孩子很小时，保持专注的能力，完全取决于他们对活动有多大的兴趣。对年纪很小的孩子来讲，如果他们觉得活动有吸引力，可以很长时间地坚持下去。

然而，从执行技能的角度看，假如是孩子认为没有意思或者十分困难的活动，比如家务活、学校的作业或家庭作业，或者是以成年人为主导的时间较长的活动（如婚礼或宗教仪式等），需要孩子一直坐着等待，等等，那么，很难让孩子自始至终保持专注。我们也不指望年幼的孩子能够在这类情形中长时间保持专注，正因为如此，许多礼拜堂只要求孩子参加前 10 分钟左右的仪式，之后再把他们送到外边，不再参加与宗教有关的活动；也正因为如此，诸如美国教师联合会等一些教师组织建议，孩子每升一个年级，花在家庭作业上的时间比之前的年级应当延长，但延长的时间最多不超过 10 分钟（也就是说，一年级学生每晚 10 分钟，二年级学生每晚 20 分钟，依此类推）。优秀的课堂老师也不会指望孩子长时间端坐在课桌前做作业，而经验丰富的父母在给年幼的孩子分配家务活时，要么分配能够迅速完成的，要么将任务分解成较小的子任务。

到孩子念高中时，我们期望他们在学校里能够更长时间保持专注，并且每晚完成 1～3 小时的家庭作业。几年前，各学校开始转向时段排课（将每堂课的时间延长，目的是要么能在半年时间内把课上完，要么每周少上几次课），这让老师们花了些时间来改变他们的教学风格，不再把讲课作为一种主要的教学方法。即使是十几岁的孩子也难以在 90 分钟的课程中做到全神贯注。

┌─────────────────────────────────────────────────┐
│ **你的孩子保持专注的技能怎么样** │
└─────────────────────────────────────────────────┘

使用下面的量表来评定你的孩子在完成以下列举的每一项任务时的表现情况。我们希望每个年龄段的孩子能够较好和非常好地完成列举的所有任务（每项的分数达到 2 分或 3 分）。

## 等级

0- 从不或很少

1- 能做到但不是太好（大约在 25% 的时间）

2- 做得相当好（大约在 75% 的时间）

3- 做得非常非常好（总是或几乎总是能做到）

──────────── 入学前 / 幼儿园 ────────────

............... 能够完成 5 分钟的家务活（可能需要监督）

............... 能够坐满学前班的"圆圈时间"（15 ～ 20 分钟）

............... 能够一口气听大人读一两本图画书

──────────── 小学低年级（1 ～ 3 年级）────────────

............... 可以做完 20 ～ 30 分钟的家庭作业

............... 可以完成需要 15 ～ 20 分钟做的家务活

............... 可以在正常的一顿饭时间内端正地坐着

──────────── 小学高年级（4 ～ 5 年级）────────────

............... 可以做完 30 ～ 60 分钟的家庭作业

............... 可以完成需要 30 ～ 60 分钟做完的家务活（可能需要休息）

............... 能够参加持续 60 ～ 90 分钟的体育训练、教堂礼拜等活动

──────────── 初中（6 ～ 8 年级）────────────

............... 可以做完 60 ～ 90 分钟的家庭作业（可能需要一次或多次休息）

............... 能够不抱怨无聊或不会陷入麻烦地容忍家庭事务或活动

............... 可以完成要花两小时做完的家务活（可能需要多次休息）

# 在日常生活中强化保持专注

- **进行监督。** 当有人陪着孩子时，要么给予鼓励，要么提醒他们把心思放在任务上，孩子便可以更长时间地学习和干活。孩子在写家庭作业时，你可以在旁边读书或做些文书工作，使自己随时能够帮助孩子保持专注，同时也和孩子共度有意义的时光。

- **使增强注意力成为一个渐进的过程。** 为观察孩子能够多长时间坚持做家务、做作业或者完成分配的其他任务而计时，从而确定一条底线。一旦你确定"基本速度"，设置厨房计时器，在设置时比基本速度延长 2～3 分钟，并且要求你的孩子在计时器闹铃响起之前继续做事情或做作业。

- **使用一种能够可视地倒计时的设备。** 这些设备可以从 Time Timer 网站上买到，要么是钟或腕表，要么是一种电脑软件。

- **使用自我监控录音带（可从 A.D.D. Warehouse 中获得，参见本书末尾的"参考文献"部分）** 来帮助孩子把注意力集中在手头任务上。这种录音带以随机的间隔播放电子声音。当声音响起时，孩子要问自己："我是不是集中了注意力？"

- **使任务变得有趣。** 将任务转变成一项挑战、一场比赛或者一次竞赛。

- **运用激励体系。** 给予孩子的奖励，应当是让孩子感到不可抗拒的、经常的、不断变化的奖品或其他奖励。例如，当孩子完成任务或者在规定的时间内完成任务时，可以奖给孩子一些积分。

- **只要孩子完成任务，就让他能够做某件期望已久的事情。** 在孩子喜欢的和不喜欢的任务之间来回切换。

- **对孩子坚持做某件事情提出表扬。** 当孩子的心思没有放在任务上时，不要一直盯着（比如唠唠叨叨或者提醒她把注意力放回到学习任务上），而是在孩子集中精力学习时予以关注并提出表扬。

# 微妙的谈判：在孩子做家庭作业期间减少分心的因素

安迪（Andy）是名七年级学生，整天忙忙碌碌。他在校队和旅行队中踢足球。除此之外，他还开始和一些朋友弹低音吉他，并最终组建了一支乐队。

安迪想在考试中取得高分，但和其他活动相比，大部分家庭作业显得十分乏味。他本该吃完晚饭后立即开始做家庭作业，但很多时候把这件事抛在脑后，而且，尽管他也可以准时开始写作业，但很容易分神。他把电脑开着，当他的朋友给他发来在线消息时，他会"顺便"聊会天。尽管到最后他还是继续做作业，但到了做作业的时候，他可能又拿起点心开始吃，或者听到电视机打开，调到了"喜剧频道"，就去看电视了。通常情况下，他能够写完大部分作业，但作业的质量就不敢恭维了。由于安迪的学习效率大为下降，他睡觉的时间也变得越来越晚，同时，由于他没在合理的时间内上床睡觉，他父亲不可避免地对他高声训斥。安迪发现，最糟糕的还是考试前的复习。在考试前一天晚上，他会开始复习，但过了不到 10 分钟或 15 分钟，他会觉得自己已经"像我要做的那样"掌握了复习资料的内容，于是跟朋友在线聊天、玩视频游戏，或者频繁地切换电视频道，直到找到某个电视节目来看。他的父母感到失望极了。他们考虑过不让他玩电脑或弹吉他，但他们知道，这样做会引发父母与孩子之间的"大战"。他们害怕这样，而且不确定这样会不会使事情变得更糟。

在拿到安迪的进度报告后，安迪的父母到学校找到老师和辅导员，说出了他们的担心。安迪的父母和辅导员决定，和安迪一同制订计划。在制订计划时，辅导员告诉安迪，她和其他老师都觉得他可以做得更好，安迪也赞同这种看法。大家在仔细分析让安迪分神的东西时，电脑排在第一位，电视可能排在第二位。辅导员提醒安迪和他的父母，对中学生而言，学校建议学生做完家庭作业后可以使用电脑。而且，安迪用电脑来做部分作业。于是安迪建议，每天晚上 7:30 之前，在电脑上留下一条"走开"的信息，表示从现在开始限制玩电脑，他父母同意了。由于安迪已经留出了时间来写家庭作业，因此同意制订一张"时间表"，以便他在休息之前完成全部或部分的作业。他觉得休息 10 分钟就够了，而且在电脑上设置一个可视的计时器，让自己知道休息了多长时间。为了帮助自己做好迎考复习，安迪去向每一位任课老师请教，并且和老师一块儿列出任务清单。他还为自己下一次的进度报告确定了"合理的"目标，这样一来，他本人、老师以及父母都可以评估他的方法是不是奏效。安迪的父母每周会给他的老师发电子邮件，以核实他有没有晚交或者没交作业。安迪同意，如果自己分神，父母可以每晚"提示"他两次，而他的父母也同意使用他建议的一条提示语。

### 第 1 步：确定行为目标

目标执行技能：保持专注

特定的行为目标：安迪完成他的作业，并搞好迎考复习，以实现他的季度成绩目标。

### 第 2 步：构思干预措施

帮助实现特定目标，要从环境方面提供怎样的支持？

- 限定使用电脑的时间。
- 在电脑上设置醒目的时钟。
- 为作业的完成制订时间表。
- 老师提供学习的评估准则。
- 父母提示两次。
- 老师每周反馈情况。

传授什么样的特定技能、谁来传授以及采用什么程序来传授？

技能：在写家庭作业时保持专注

谁来传授？父母和老师

程序：

- 晚上 7:30 后才用电脑和朋友交流以及玩游戏。

- 安迪将确定完成作业的时间表。

- 他允许自己定时休息 10 分钟。

- 他和老师探讨，以确定学习的评估准则。

- 父母每个晚上提示他两次。

- 老师每周向他父母反馈成绩情况。

为激励孩子使用 / 练习这一技能，将使用什么激励措施？

- 老师给予积极的评价。

- 减少与父母的冲突。

- 成绩有所提高。

## 干预措施成功的关键

- **过了一个记分周期，最好是两个记分周期（也就是 3 ～ 4 个月），假如孩子一直在保持进步，才考虑对计划做出重大调整。在此之前不要做出任何重大调整。** 这一计划起初奏效，是很正常的，这往往使得父母和老师过度自信地以为问题已经一劳永逸地得到了解决。但如果你彻底地放弃计划，或者一下子放松了警惕，那么，孩子的表现很可能回到计划实施前的水平，尽管可能只是缓缓地滑落。如此一来，与计划相关的所有人通常都会认为，这种干预措施没什么效果。

- **在整整一年内逐渐地放松监控，但仍然要进行监控。** 当事情的进展十分顺利时，我们也许难以坚持使用这种干预措施，但只有在不断强化的过程中，许多孩子才能更好地做到长时间保持专注。

# 家校合作：减少学校中令孩子分心的因素

埃伦（Ellen）在读小学二年级，她似乎从来没有完成过作业。这个问题起初出现在她上一年级时，那时，老师希望学生能够独立完成课堂作业。她的老师做出了一些调整，比如减轻作业量等，因为埃伦显然是个聪明的孩子，即使总是做不完作业，似乎也能掌握课堂上的内容。但到了小学二年级，老师不愿意再"照顾"埃伦了，于是，完不成作业成了更加严重的问题。在第一个记分周期结束时，学校召开了家长会，在会上，埃伦的老师巴克太太（Mrs. Barker）首次提出这个问题。巴克太太说："埃伦的社交能力很强，她似乎记得住课堂上发生的其他任何事情，并在周围的同学陷入困境时想帮人一把，但不知怎么的，她就是没办法做完自己的作业。"

不久，巴克太太开始让埃伦把她在学校里没有做完的作业带回家，同时还指示要把家庭作业做完。埃伦妈妈发现，自己在陪埃伦写家庭作业时，要花很长的时间，这使得母女俩都觉得晚上的时间十分漫长。埃伦妈妈觉得，每天的家庭作业的数量还算是合理的，通常数学作业 10 分钟，拼写作业 10 分钟，但当埃伦还得完成两三份在学校里没有完成的工作表时，埃伦提出了反对，到最后常常令她备感失败，进而两眼泪汪汪。埃伦说，她在课堂上努力去完成自己的作业，但总被其他的事情干扰，忙着做那些事情去了。她妈妈确定，得想办法来解决她无法在学校完成课堂作业的问题。

埃伦和妈妈找到了学校老师。他们详细探讨了这个问题，埃伦妈妈说，在家里做作业时，若是帮埃伦把作业分成较小的部分，并且为她设置计时器，她完成作业的情况似乎好一些。埃伦的老师说，埃伦最多能保持 5 ～ 10 分钟专心做作业，过了这个时间，便开始分神。老师觉得自己可以将埃伦的作业分成更短的部分，但仍然担心她会分心。三人一致同意，当埃伦老师让她独立完成作业时，将会提示她设置计时器。埃伦妈妈说，自己和埃伦会制作一份任务清单，上面显示阅读、数学和语言艺术等作业细分后的各个较小的部分。埃伦只要完成某个部分的作业，就把它交给老师。老师会表扬她做完了这个部分，她可以在任务清单上将这个部分的作业勾掉。接下来，老师会给她布置下一部分的作业，并且提示她设置计时器。如果她比其他孩子早完成，而且老师觉得完成的质量可以接受，她可以从自己列举的一系列活动中选一项最喜欢的活动来玩。由于和朋友交往可能令埃伦分心，因此她同意，如果老师提示，并且在写作业的时候有哪位朋友来找她说话，她会转到另一个地方去做。如果作业没有完成，她会利用一天中自己的自由时间来完成，或者坚持在家庭作业俱乐部上完成。家庭作业仍然在家里写。埃伦妈妈和埃伦还确立了一套奖励机制，只要埃伦每天写完课堂作业，妈妈将奖给她一张贴画。等到她积攒的贴画达到一定数量，可以从一系列的"特定"活动中选择一项自己喜欢的活动来玩。

## 第 1 步：确定行为目标

目标执行技能：保持专注

特定的行为目标：埃伦将在规定的时间内完成老师布置的作业。

## 第 2 步：构思干预措施

帮助实现特定目标，要从环境方面提供怎样的支持？

- 把作业分为更小的部分。
- 提供计时器并提示孩子设置。
- 任务清单。
- 老师提示。

传授什么样的特定技能、谁来传授以及采用什么程序来传授？

技能：对课堂作业保持专注，以改善作业的完成情况

谁来传授？老师和妈妈

程序：

- 老师同意将作业细分为小部分，每个部分为 5 分钟。
- 妈妈和老师为埃伦的课堂学习买了一个小型计时器。
- 老师在埃伦开始做作业时提示她设置计时器。
- 老师和埃伦为每门功课的作业制订一份任务清单。
- 埃伦每次写完作业，马上交给老师，老师表扬她，她把该项内容从任务清单上勾掉。
- 老师给埃伦布置下一部分的作业，并提示她设置计时器。
- 如果埃伦早早地写完作业，可以从自己喜欢的活动中选择一项。
- 如果和朋友交往让埃伦分心，老师将提示埃伦换到别的地方。
- 埃伦在上课时没有写完的作业，将利用自己的自由时间或在家庭作业俱乐部上完成。
- 如果埃伦在家里按时完成作业，可以赢得一些贴画；积攒了一定数量的贴画后，她可以从一系列特定的活动中选择自己喜欢的活动。

为激励孩子使用／练习这一技能，将使用什么激励措施？

- 老师提出表扬。
- 将孩子按时完成作业的进步情况用图形展示出来。
- 孩子在课堂上提前完成作业，便可以选择自己最喜欢的活动。
- 在家里如果提前完成作业，则可以赢得贴画和玩一些特定的活动。

## 干预措施成功的关键

- **确保你的孩子每天在课堂上都有同一个地方来学习，这样的话，如果老师知道她不在那个地方，那她可能开小差了。**我们多年来在公立学校的课堂里采用这种方法，并且发现，这种方法能否成功，很大程度上取决于老师（或者，如果班上还有负责管理班级的老师助手的话，就取决于助手）能不能坚持使用提示和登记的方法。对学生来说，在实际中运用这种方法的唯一方式是他们在教室里的位置保持固定不变。

- 一定要运用某种激励方法，因为孩子不得不自己动手完成这个过程中的某些环节，比如设置计时器。
- 保证不会经常性地需要利用孩子的自由时间来完成作业。尽管这可能是一种有效的策略，但如果时时刻刻都得这样做的话，你应当和老师再商量商量，以确定可以怎样分解计划。

第15章

# 教育孩子着手做事

着手做事是指能够有效地、及时地、不拖延地开始完成任务或投入活动。成年人在社会生活中应当尽到各种义务，因此，大家似乎都擅长立即着手做事，很多时候是不得已而为之。然而，从我们和成年人打交道的经历来看，我们知道，对有的人来说，这项技能并非一项容易培养和提升的技能，当一份长长的待办事项清单摆在他们面前时，他们往往也将自己最不喜欢的事情拖到最后才做。这跟孩子要再玩一盘视频游戏之后才着手写家庭作业，或者把最不喜欢做的家庭作业放到最后再做是一样的。特别是，如果你也存在拖延症的问题和到最后一分钟再来胡乱应付的情况，再加上你和孩子两人都在着手做事这项技能上存在不足，那就一定要运用第3章中的建议来增大成功的可能性。

# 着手做事的技能如何形成

在执行技能的背景中，着手做事并不适用于我们想做的事情，只适用于我们觉得不开心、厌恶或繁重的任务，同时也是我们必须自己动手做的事情。孩子还没到入学年龄时，我们不指望他们自己着手做这类事情。相反，我们会提示他们去做，然后在他们做的时候进行监督（或者，至少看着他们开始做）。

作为父母，我们第一次尝试着让孩子更加独立地着手做事，是通过设立一些常规事务的程序，比如早晨常规事务或睡前例行事务。第一步是告诉孩子，有些事情必须在每天的固定时间、以固定的次序来做。第二步是在一段时间的提示和提醒（到底要在多长时间内提示和提醒，取决于每个孩子本人）之后，你的孩子会将常规事务内化于心，并且更有可能自己着手去做，或者在父母提醒其"现在就开始"的时候去做。

虽然着手做事是一项要花很长时间培育的技能，但它是孩子在学校学习以及校外生活中需要的一项重要技能。给孩子分配一些与他的能力发展相适应的家务活，是开始向孩子传授这项技能的最佳方式之一。从入学前或幼儿园时期开始教孩子这样做，有助于孩子知道，有的时候，他们必须考虑先放下喜欢做的某件事情而做另一件事情，尽管后面这件事情可能不那么有趣。这种做法有利于孩子为学习和课外活动做好准备，有时，他们还得为了另一些事情而放弃自己喜欢的活动。

在下面的调查问卷中，你可以评估你的孩子可能处在哪个发展阶梯之上，依据是孩子能不能在不同的阶段独立执行各种任务。使用这个量表，和使用第 2 章的量表相比，你可以更密切地观察你的孩子到底多么出色地运用了这项技能。

> ### 你孩子着手做事的技能怎么样
>
> 使用下面的量表来评定你的孩子在完成以下列举的每一项任务时的表现情

况。我们希望每个年龄段的孩子能够较好和非常好地完成列举的所有任务（每项的分数达到 2 分或 3 分）。

## 等级

0– 从不或很少

1– 能做到但不是太好（大约在 25% 的时间）

2– 做得相当好（大约在 75% 的时间）

3– 做得非常非常好（总是或几乎总是能做到）

---------------------------------- 入学前 / 幼儿园 ----------------------------------

在听到大人的指令后立即遵照执行

在大人发出指令后，遵守指令，停止玩耍

只需一次提醒，便可以着手做好睡前准备工作

---------------------------------- 小学低年级（1～3 年级）----------------------------------

可以记得并照着做简单的、只有一两个步骤的常规事务（例如早餐后刷牙和梳头）

当老师指示开始后，可以立即着手做课堂作业

只需提示一次，便能在商定的时间着手做家庭作业

---------------------------------- 小学高年级（4～5 年级）----------------------------------

能够照着做已经经过练习的、具有三四个步骤的常规事务

能够接连完成三四项课堂作业

可以遵守事先确定的家庭作业时间表（可能需要一次提醒才能着手做）

---------------------------------- 初中（6～8 年级）----------------------------------

能够尽可能不拖延地制作和遵守每晚的家庭作业时间表

能够在约定时间开始干家务活（例如放学回家后），可能需要书面的提醒

当他记得自己承诺过的一项义务时，可以放下手头的有趣的活动

# 在日常生活中教育孩子着手做事

- **在一天中从早到晚反复提示孩子着手做事。**提示你的孩子开始做他需要做的每件事情，并且表扬他立即动手，或者采用一种激励方法，比如，若是在大人提出要求后的 3 分钟内便开始做事，就奖给他一些积分，积攒一定数量的积分后，可以兑换一件期望的奖品。当然，你得足够长时间地和孩子在一起，确保他动手做事。你还需要定期回头检查，以保证他仍然在专心做事。

- **给孩子一个看得见的提示，提醒孩子开始做事。**这可能是放在厨房桌子上的一张手写的纸条，以便孩子放学回家后看见。

- **将规模大的、难以应对的任务分解成小型的、更加可掌控的部分。**如果任务看起来需要耗费太长时间或者难度太大，让孩子一次只完成一个部分，也许他更有可能马上动手去做。

- **让孩子制订一个计划，规定任务何时完成以及以何种方式完成。**这使他对整个过程有更强的归属感和控制感，并且能够戏剧性地提升着手做事的技能，不至于过度抱怨，也不需要多次提醒。

- **让孩子对做事的过程产生更强归属感的另一种方式是让他决定他希望大人怎样提示他着手做事**（例如，设置一个闹钟和厨房计时器，或者是一些自然会发生的事情，如"吃完晚饭后马上做"）。

## 现在就做而不是以后再做：如何终结在家务活上的拖延

7 岁的杰克（Jake）在他家的三个孩子中排行老二。他上有 10 岁的姐姐，下有 3 岁的弟弟。杰克的父母白天都要上班，而且继父还经常出差。姐弟三人在家里，妈妈便成了唯一的照看者，因此，父母希望孩子帮着做一些跟他们年龄相称的家务活。他弟弟只有 3 岁，因此，家务活主要是杰克和他姐姐的责任。杰克的姐姐艾米莉（Emily）只要理解了妈妈期望她做什么，不需要经常的提示或提醒，便能把事情做好。杰克却不一样。他常常需要频繁的提醒，才能着手做事。例如，他的任务是打扫餐桌卫生，并在睡觉前收好客厅里的玩具。但他的母亲至少要反复念叨多次，有时候甚至变得气愤，进而威胁扣除他玩电脑的时间，他才动手去做。不过，只要杰克开始做了，而且理解了那件任务包括些什么步骤，他还是很善于完成任务。但要让他着手做事，简直像拔了他的牙那么难。在最近举行的一次家长会上，老师明确指出，杰克在学校也面临着同样的困难，特别是当学习任务需要付出大量努力时，尤其很难让他开始行动起来，不过，他在学习成绩上并不落后。他的老师已经开始给杰克一些"开始时间"来行动起来，这对他很有帮助。

杰克的父母知道，随着杰克年龄的增长，学习的要求只会继续加大，因此决定现在就帮他解决这个问题。父母从老师那里得到提示，于是和杰克围绕他的两项家务活（即前面介绍过的打扫餐桌卫生和收拾玩具）的"开始时间"进行了交谈。他们告诉杰克，在一定的界限之内，他可以确定自己过多长时间才开始干家务活，而且可以从一些选择中挑选他喜欢的某个时间，这些条件是作为激励措施给予他的。另外，杰克选择一个计时器，它用一个红颜色的倒计时钟面来显示还剩多少时间。杰克父母和杰克商定，对于打扫餐桌卫生这项家务，他可以推迟 5 分钟，对于收拾玩具这项家务，他可以推迟 10 分钟。一开始，父母会把计时器给他，以此来提示他。他希望自己设法记住已经过去了多少时间并且记住着手做事的时间，他父母同意了。此外，杰克的父母还给他提供了另一项激励：只要杰克连续 5 天都准时开始做家务，可以获得一张"免费券"，意味着他当天可以少干一样家务活。如果他在计时器响铃 2 分钟内还没有着手做，他得停下自己正在做的其他事情，先把家务活干完。

起初，杰克的父母时不时等到计时器闹铃响起后提示他开始，但总体而言，他们发现杰克在着手做事这项技能上有了明显的进步。大约过了一个月，杰克不再使用或需要计时器来提醒他打扫餐桌卫生了。杰克的父母继续用计时器来提醒杰克收好玩具，不过他们注意到，当他们告诉杰克，他只有15分钟就该睡觉时，他常常在那个时候开始收拾。

---

### 第 1 步：确定行为目标

目标执行技能：着手做事

特定的行为目标：杰克将在一次提示下，在和父母协商好的推迟时间已经过去时，着手做两样家务活。

---

### 第 2 步：构思干预措施

帮助实现特定目标，要从环境方面提供怎样的支持？

- 杰克可以使用计时器来发出什么时候着手做事的信号。
- 父母会提示杰克设置计时器。

传授什么样的特定技能、谁来传授以及采用什么程序来传授？

技能：着手干家务活

谁来传授？父母

程序：

- 父母和杰克挑选几样家务活来练习这项技能。
- 杰克为着手干活挑好开始的时间。
- 杰克挑选并由父母购买一个计时器，以便到了开始时间便提示他。
- 在做每一样家务活之前，父母把计时器拿出来，作为让杰克设定时间的提示。
- 杰克自己监控时间，并在计时器的信号发出时着手干活。
- 如果他在计时器发出信号两分钟内还没有开始，他得停下手头的任何事情，先把家务活干完。

---

为激励孩子使用 / 练习这一技能，将使用什么激励措施？

- 父母不再唠叨。
- 若是杰克连续 5 天都及时地着手做事，可以赢得一张 "免费券"。

### 干预措施成功的关键

- **在最初的 "形成习惯" 时期，尽力保持一致性。** 这种干预措施失效时，通常是因为起初的几个星期内没能始终如一地遵循。
- 如果你的孩子在一个月或更长时间内不再着手做分配给他的家务或其他任务，**不要犹豫，重新使用提示和计时器几个星期。** 有时候，孩子需要一个更新的过程。
- **如果你发现自己必须不断地提示或唠叨，那就把减少玩电脑时间或其他孩子看重的权利作为孩子违反规定的后果。**

# 为高中和大学的成功打好基础：写家庭作业不再拖延

星期二下午 4:30，八年级学生科尔比（Colby）练习完长曲棍球后，刚刚回到家里。他拖着沉重的书包走进卧室，把它扔在床上。他知道自己这时应该核对一下家庭作业清单，以提醒自己要做些什么作业，但他一眼瞟到了房间书桌上的电脑，想看一看朋友们是不是在线。他告诉自己，过一会马上就核对作业表，使自己别忘了数学作业。也许学校的家庭作业网站上布置了数学作业，或者他的某个朋友知道作业是什么。他打开电脑，即时信息马上弹出来。一个朋友问他是否有兴趣和一群网友玩几轮在线游戏，他有时候也和那些网友玩。他决定自己先玩半个小时，然后着手做作业。大约下午 5:30，他妈妈回到家里检查他的作业，问他家庭作业做得怎么样，并且告诉他说，他们家今晚要到 6:30 才吃晚饭。科尔比向他妈妈保证，他今天在学校期间完成了大部分作业，只需要完成社会研究这门课的几个问题。到了 6:30，科尔比爸爸从门外探了个脑袋进来，告诉科尔比，晚饭已经好了。他爸爸发现他在玩视频游戏，便问他什么时候能做完家庭作业，语调中带着一丝不耐烦。面对爸爸的恼怒，科尔比也以同样不耐烦的口吻说，他就剩下几道社会研究的问题要回答，他会在晚饭之后完成。他爸爸不再说什么，仿佛没跟儿子争吵过似的，但内心感到越来越失败，因为科尔比如今的成绩与他的能力明显不相称。他似乎总是低估要做的家庭作业的数量和完成家庭作业要花的时间，并且总是过多地留出时间用于其他活动。对科尔比的爸爸来说，科尔比显然存在记忆和时间管理的问题。

吃完晚饭后，科尔比完成了一道社会研究问题，正准备完成第二道，这时，他朋友打电话来了。半个小时后，他爸爸恼怒地喊着让他挂掉电话，完成家庭作业。10 分钟后，他挂断电话，继续做家庭作业。在晚上 9:00 之前，他就这样一会儿做社会研究作业，一会给朋友发信息，总共做完了三道题。他对自己完成的任务感到很满意，又看了会儿《南方公园》<sup>⊖</sup>，然后躺在床上看了一本滑板滑雪杂志。在即将入睡前，他突然想起，自己的数学作业还没有完成。他决定明天再完成，因为数学课要到下午才有。他妈妈和爸爸眼看着他把晚上的时间花在各种各样的活动上，就是不做家庭作业，心想他这个学期的成绩不知道会下滑到什么地步。

几个星期后，科尔比从进度报告中得到一个坏消息，他的主课成绩分别为 B-、C 和 C-。他和父母在学校见到了辅导员和八年级年级组长。尽管科尔比在全州的成绩测验中的得分高于 90 分，但他的辅导员说，如果他的成绩这么差，到了高中，将被排除在实验班的大门之外。在几次突袭测验中，科尔比的成绩很低，当时他白天没有认真阅读教材，迟交和不交家庭作业，这些是他成绩差的大部分原因。科尔比决心做得更好，但他的辅导员、老师

⊖　美国喜剧中心制作的动画剧集。——译者注

252

和父母都怀疑，这种好的意图对他是不是有好处，因为过去从来没有产生过重大的影响。科尔比也承认这一点，并且同意考虑其他选择。

　　科尔比的父母过去采取的监控科尔比学习的努力，在他看来就是"唠叨"（通常也是这种情况），这导致父母与孩子之间产生争吵或对抗。他的辅导员建议由别人来扮演指导老师或教练的角色。科尔比愿意试试这种方法，并且确定了一位老师来担任指导老师，他觉得，在上个学年，自己和这位老师相处和谐。科尔比的辅导员围绕这种学习指导如何进行制订了一个计划，那位老师也同意帮助科尔比。科尔比和指导老师每天放学后见面交谈 10 分钟，这使得科尔比知道怎么来安排当晚的家庭作业，而且，在刚开始的 4 个星期里，每个星期至少两个晚上要由科尔比通过即时消息向指导老师报告，让指导老师掌握他遵守计划的情况。科尔比和他的指导老师还会借助电子邮件，每周更新一次他晚交和未交作业的情况以及当前的表现。到学期期末，科尔比的成绩提高到 B+、B、B– 和 C，他和他的指导老师决定，下个季度的目标是所有科目的成绩都要达到或超过 B。

### 第 1 步：确定行为目标

目标执行技能：着手做事
特定的行为目标：科尔比将不需要父母的干预或提示，及时完成 90% 的家庭作业。

### 第 2 步：构思干预措施

帮助实现特定目标，要从环境方面提供怎样的支持？

- 科尔比找了一位指导老师。
- 科尔比每周和这位指导老师见面 3 次，必要时进行更多的电话联络/电子邮件联系。
- 老师将向科尔比和他的指导老师每周提供反馈，反映晚交或未交作业的情况。

传授什么样的特定技能、谁来传授以及采用什么程序来传授？

技能：不需要父母提醒而着手完成家庭作业

谁来传授？指导老师

程序：

- 科尔比选择一位指导老师。
- 科尔比和指导老师确定下学期的成绩目标。
- 科尔比在指导老师的帮助下清楚地说明通向目标的任何障碍。
- 科尔比和指导老师一开始每天见面一次，科尔比将确定他有多少家庭作业、做完要花多长时间、以及他什么时候开始做。
- 科尔比和指导老师将检查头天晚上的作业以及查看老师每周的反馈。
- 科尔比和指导老师将通过电话或即时通信来交谈，至少每周交谈三次，以监控科尔比的进步情况。

为激励孩子使用/练习这一技能，将使用什么激励措施？

- 科尔比将提高他的成绩，以便至少在两门科目上达到进入高中实验班的标准。
- 科尔比和父母每天都能大幅度减少围绕家庭作业而产生的争吵。

---

### 干预措施成功的关键

- **一定要给孩子找位指导老师，他能够帮助孩子并且愿意每天与孩子保持简短联系（通话 10 分钟和采用手机短信），且至少在几个月的时间内保持这种状态。** 到孩子上中学时，我们发现，学校的老师、辅导员、管理班级的老师助手以及管理人员等，都可以充当孩子的指导老师。
- **如果你给孩子找了一位专门的指导老师，但你的孩子没有遵守他的承诺，建立奖励与惩罚体系。** 我们见证过有些孩子主动避开指导老师，或者以其他方式逃避本已协商好的责任，有时是因为他们的执行技能严重缺乏，有时则因为当他们是时候着手做事时，没有人监督他们。

- **确保指导老师从任课老师和你们那里获得关于你孩子遵循计划情况的反馈。**
当指导老师不知道学生的表现是在好转还是变差时，他可能意识不到自己得
在多长的时间内不间断地帮助孩子获得这种技能。

- **如果你尝试过前面讨论过的各种方法而孩子依然没有改进，可以考虑换个指
导老师。** 有时，尽管指导老师和孩子都把所有的事情做好了，但他们之间的
关系让孩子无法产生更强的学习动力，或者无助于指导老师教给孩子必要的
技能。

第16章

# 加强计划和要事优先

制订计划 / 要事优先的执行技能指的是能够勾画一幅达到目标或完成任务的蓝图，同时能够就应当着重关注哪些重要因素而做出决定。我们成年人每天都为简短的任务（如准备做饭）而运用这种技能，也为一些时间更长的任务（比如在工作中推出一个新项目，或者为在家里做好额外的事情做出安排）而运用这种技能。如果你不能辨别应当优先做好的要事然后坚持做好它们，或者没有为完成多个步骤的任务确定时间期限，那么，你也许就是被人们形容为"得过且过"的那种人。可能你通常依赖那些擅长制订计划的人来帮你实现目标。如果是这样，而且你和孩子有着相同的执行技能不足，那么，第 3 章中的建议将帮助你们。

# 制订计划和要事优先的技能如何形成

在孩子十分年幼时，我们自然要为他们承担制订计划的职责。我们将任务分解为一系列步骤，并且提示孩子完成每个步骤，无论是打扫卧室卫生，还是帮助孩子为度假准备行李或为夏令营做好准备。明智的父母把这种计划过程写在纸上、列出让孩子遵守的清单或任务清单，使孩子一目了然。即使这些清单确实是为我们自己制作的，但当我们的孩子看到我们采用列清单的方式来安排工作任务时，相当于我们在向他们示范一种期望的行为，假如幸运的话，将来他们自己也可能学会这种方法。手写的清单还将强化制订计划的意义，使孩子有机会弄清楚某个特定的计划看起来是什么样的。

在童年时代末期，计划变得更加重要。大约在四五年级时，若孩子在学校接受了包含多个步骤的任务或长期的作业，计划的作用尤为突出。老师在引入这样的任务时，通常将作业或任务分解成一些子任务，帮助学生确定时间期限，常常还附带最后期限。老师意识到，孩子不会自然而然地学会制订计划，如果任由他们自己去制订，许多孩子会把作业或任务留到最后一分钟。给每一项子任务附带最后期限，将迫使学生接连不断地完成大型任务中的子任务，这恰好是计划的本质所在。

到孩子上初中时，我们通常期望他们能更加独立地做到这些；到了高中，这种期望从学校的任务进一步扩展，我们希望他们为需要做的事情做好计划，例如找一份暑期临时工作，在截止日期之前参加学业能力倾向测验和完成大学入学申请。当然，有的青少年比另一些更擅长做这些事。

这一执行技能中包含的第二个要素，即要事优先，也遵循同样的模式。在孩子的早年生活中，我们（以及他们的老师）为他们确定哪些是紧要的事，并提示孩子最先做完最紧要的事。但是，除了大多数成年人一致赞同的重要事项之外（例如，先把作业做完，才能坐在电视机前看电视），父母给孩子优先安排的时间留有多大的余地，通常更多地取决于父母个人的价值观，而不是取决于在孩子身上灌输"要事优先"技能的渴望有多强烈。在我们这个高度竞争的社会，许多孩子的"自由"时间都被舞蹈或音乐、体育、美术或宗教学习等培训班挤得满满的，这是因为父母（有时候甚至是孩子）认为，取得更好的成绩，对孩子来说至关重要。我们也看到，有些父母认为，"孩子应当做孩子的事"，因此根本不鼓励由孩子安排他们自己的时间——有时候，这种理念成为一种针对当前流行的、把孩子时间排得过度紧凑的强烈反对形式。然而，如果任由孩子过早地在其人生中自由生活，这些孩子可能最终将他们的时间耗费在看电视或玩游戏上。每个家庭都有权去争取实现他们对孩子的成就所寄托的希望与梦想，这是理所当然的。但是，由于提升孩子的执行技能的总体目标是为孩子独立生活创造条件，于是我们发现，当孩子年龄还小的时候主动帮助他们决定什么是重要的和紧要的事项，然后，随着孩子渐渐长大，再慢慢地将这种决定权交到他们手中，是最有效的方法。

---

### 你孩子制订计划的技能怎么样

使用下面的量表来评定你的孩子在完成以下列举的每一项任务时的表现情况。我们希望每个年龄段的孩子能够较好和非常好地完成列举的所有任务（每项的分数达到 2 分或 3 分）。

#### 等级

0– 从不或很少

1– 能做到但不是太好（大约在 25% 的时间）

2– 做得相当好（大约在 75% 的时间）

3– 做得非常非常好（总是或几乎总是能做到）

---

#### 入学前 / 幼儿园

........　能够在开始另一项任务或活动之前，先完成手头的任务或活动

........　能够照着做完别人确定的简短的常规事务，或者遵守别人制订的简短计划

........　能够完成包含多个步骤的简单艺术项目

······························ 小学低年级（1～3 年级）······························

可以完成孩子自己设计的、包含两三个步骤的项目（例如美术与手工、
积木搭建等）

能够想办法为购买某件价格低廉的玩具赚钱 / 存钱

能够在大人的支持下完成包含两三个步骤的家庭作业（例如，撰写读
书报告）

······························ 小学高年级（4～5 年级）······························

可以为和某个朋友一同做某件特别的事情而制订计划（例如，去看电影）

能够想办法为购买某件价格较为昂贵的东西（例如视频游戏）赚钱 /
存钱

可以完成学校布置的长期任务，这些任务已经由其他人（老师或父母）
帮助分解为诸多步骤

······························ 初中（6～8 年级）······························

能够要么为完成学校任务，要么为学习某些自己感兴趣的东西而进行
网络搜索

可以为课外活动或暑期活动制订计划

可以在成年人的帮助下完成学校布置的长期任务

# 在日常生活中加强制订计划与要事优先

- **在孩子年幼时为他制订计划**。经常说"让我们制订个计划"之类的
  话，然后把计划的一系列步骤都写出来。最后是制作一个任务清单，
  以便孩子在完成每个步骤后可以勾掉。

- 只要你已经示范了一段时间，**就让孩子尽可能多地参与制订计划的过
  程**。问孩子："你首先得做什么？然后呢？"在孩子讲给你听的时候，
  把每个步骤写下来。

- **用孩子想要的东西作为向孩子传授制订计划技能的出发点。** 和让孩子围绕整理他们的书柜而制定计划相比，让孩子围绕建造一间木头房子而制订计划，孩子们更有可能愿意为后者付出努力，但这两种情况适用同样的一些原则。
- **问孩子需要首先做完什么事情，提示他要事优先。** 向孩子提出类似这样的问题："你今天必须做的最重要的事情是什么？"你还可以先推迟孩子喜欢的活动，让他先做优先的事情，以迫使孩子思考这个问题（例如"等你写完家庭作业，就能够看一会电视"或者"只要你把碟子收进洗碟机里，便可以玩视频游戏"）。

## 时间期限和最后期限：学会怎样为长期任务制订计划

　　13 岁的马克斯（Max）在五年级之前一直能够很好地完成家庭作业，但这个时候，学校引入了长期的学习任务。一开始，他一看到这样的任务就感到恐慌，从接手任务的那一天起，直到完成任务的截止日期，一直诚惶诚恐。不论什么时候，只要他妈妈提及这种任务，并询问他迄今为止做完了什么，他的情绪都会崩溃。这已经成为一种可预见的现象。久而久之，马克斯根本不把这类作业告诉妈妈，因此，直到老师把马克斯的进度报告寄回家里，或者给他妈妈写一张便条，告诉她说，马克斯根本没有交作业或者他的作业根本没有完成，她一直被蒙在鼓里。马克斯的妈妈注意到，当老师把作业分解成一些特定的任务，要求学生在特定的截止日期之前依次完成每一项时，马克斯完成这些任务的情况会更好一些。马克斯的妈妈还发现，马克斯只是完不成长期的学习任务，其他所有的事情都做，当她问到这一点时，他总是拿得出他自己觉得有道理的理由。比如，"我必须把数学做完，因为琼斯老师会在刚上课时就检查"，或者"我明天的英语课要对这篇短故事进行测验，因此我必须读完它——你总不想我在英语测验上砸锅吧，是不是"。

马克斯的妈妈最终确定，妨碍马克斯完成长期学习任务的障碍，是他确实不知道怎样为这类任务制订计划。她还感到，如果任务中的任何特定组成部分过于复杂，也会成为马克斯的绊脚石。她还设法让马克斯接受她的帮助，并且向马克斯保证，如果将学习任务进行适当的规划，他不至于感到很难完成。他妈妈将老师一同为学习任务确定的时间期限作为指导原则（运用这个时间期限，马克斯可以顺利地完成学习任务，不会感到太难），并且和马克斯一道，辨别了他为完成社会研究任务需要遵循的步骤，这项任务将在大约 3 周内完成。对于他们认定的每一个步骤，她让马克斯采用 1 ～ 10 的量表来估计该步骤有多难，其中 1 代表"轻而易举"，10 代表"几乎不可能"。母子俩一致同意，他们的目标是确保每项子任务对马克斯来说难度为 3 或者低于 3。为使整个过程变得更有吸引力一些，她还决定引入奖励。只要马克斯当天在他们约定的时间内完成一个步骤，将赢得 3 个积分的奖励。如果他在约定的最后期限之前完成，将赢得 5 个积分。长时间以来，马克斯很想买一个新的视频游戏，但这个游戏价格比较贵，而他又只能从自己的零花钱中省下钱来买，这使得他一时难以存到足够的钱来如愿购买。马克斯和他妈妈围绕每个积分值多少钱达成一致，这样一来，他可以攒下他的积分，以便更快地把视频游戏买回来。

马克斯只将这个流程整体走了一遍，便能够不需要妈妈的激励了。妈妈高兴地看到，每当她和马克斯制订计划时，马克斯都能够自己做越来越多的计划工作。

### 第 1 步：确定行为目标

目标执行技能：制订计划

特定的行为目标：学会为学校布置的长期学习任务制订并执行计划。

## 第 2 步：构思干预措施

帮助实现特定目标，要从环境方面提供怎样的支持？

- 妈妈帮助制订计划并将监督计划的执行（采用提示和指导等方法）。

传授什么样的特定技能、谁来传授以及采用什么程序来传授？

技能：将长期学习任务分解成一些子任务，并附带特定的时间期限

谁来传授？ 马克斯的妈妈

程序：

- 将完成该任务需要的步骤列出一个清单。
- 评估每个步骤有多难（使用 1 ～ 10 的量表）。
- 调整被马克斯评定为难度超过 3 的任何步骤，使之更容易。
- 确定每个步骤的最后期限。
- 提示马克斯完成每个步骤。

为激励孩子使用 / 练习这一技能，将使用什么激励措施？

- 及时完成每个步骤，便能赢得一些积分（如果提前完成，还有额外的奖励分）。
- 积分可以换成钱，以帮助马克斯购买他想买的视频游戏。

### 干预措施成功的关键

- **如果你感到自己不具备必要的技能来分解这一干预措施或计划，不要犹豫，请老师提供帮助。** 为了使这一干预措施成功，你得帮助孩子做好计划并监控计划的实施，保证干预措施切合实际并且孩子能遵守你和他约定的时间。因此，当你和孩子在同一些执行技能上都存在不足时，可能很难有十足的把握取得成功。你需要老师帮助确定工作任务和时间期限。有时候，老师会觉得，他们已经提供了学习任务的指导或者给出了题目，这就够了。如果是这

种情况，向老师强调，在这个方面，你孩子的技能有所不足，而且过去的表现也证明，你的孩子需要一些更有针对性的、完成时间较短的任务，而且还得有人定期监控和反馈。

## 准"社交主管"：提前想好和朋友一块儿玩

今年 7 岁的爱丽丝（Alise）是个活泼开朗、爱交朋友的小学二年级学生。她附近没有和她同年龄的小孩，因此，如果她要到学校外面去找一些朋友，要么朋友必须来看她，要么她必须去看朋友。在爱丽丝出去找朋友玩的时候，爱丽丝妈妈乐意带着她出去，但有些时候，她有工作任务在身、得开车载着她的哥哥姐姐去剧院看戏或踢球，或者要做其他的事情。问题是，在和朋友约着一起玩时，爱丽丝从来没有提前考虑她的朋友以及她的妈妈是不是有空。她会在星期六或星期天的早晨起床，决定想和哪个朋友玩。但通常情况下，她的朋友很忙，或者她的妈妈有别的事情要做，不能开车送她。这样一来，爱丽丝便闷闷不乐地围着房间走来走去，抱怨自己无事可做。星期一返回学校时，她的朋友会相互谈论自己周末做了什么，而她觉得自己被冷落了。爱丽丝的妈妈反复告诉她，她得提前做好计划。爱丽丝答应了，但通常不记得这样做。

妈妈建议爱丽丝努力寻找解决办法，并提出一系列问题，以便在制订计划的过程中助爱丽丝一臂之力。母女之间的对话可能是这样的，妈妈先问："假设你想让杰米来我们家玩。要做的第一件事是什么？"爱丽丝回答："我会在学校里问杰米是不是想来玩。"妈妈接着问："你需不需要获得大人的许可来这样做？""是的，我会首先问您。"爱丽丝答道。"假设杰米说可以来玩。那接下来会发生什么？""那她就会来。""她不需要得到她爸爸妈妈同意吗？""哦，是的，我忘了她必须问她妈妈同意还是不同意。""如果杰米的妈

妈也同意，你接下来需要决定什么？"母女俩就这样一问一答，继续到了这
一步，此时，他们头脑里有了一些主意，大概知道了制订这样的计划要先做
什么、后做什么，而且，在妈妈的帮助下，爱丽丝为自己列出了一个清单。

　　起初，爱丽丝的妈妈需要早点提醒爱丽丝考虑周末的计划，这意味着爱
丽丝要考虑妈妈的时间安排以及她的朋友是不是有空。经过一番练习，爱丽
丝可以为社交活动做计划，甚至成了她朋友眼中的"社交主管"。

---

### 第 1 步：确定行为目标

目标执行技能：制订计划

特定的行为目标：爱丽丝将提前几天安排好周末和朋友一块儿玩，把其中的步骤
描绘出来。

---

### 第 2 步：构思干预措施

帮助实现特定目标，要从环境方面提供怎样的支持？

- 父母为制订活动计划的步骤提出问题 / 建议。
- 列出要遵循的步骤。
- 妈妈提醒爱丽丝着手制订计划。

传授什么样的特定技能、谁来传授以及采用什么程序来传授？

技能：为和朋友一块儿玩制订计划

谁来传授？ 妈妈

程序：

- 妈妈和爱丽丝讨论在制订和朋友一块儿玩的计划时要考虑的步骤。
- 从这个过程开始，妈妈帮助爱丽丝列出一份书面的清单，列出要遵循的步骤。
- 妈妈在周末到来之前提醒爱丽丝提前做好计划。

为激励孩子使用 / 练习这一技能，将使用什么激励措施？

- 爱丽丝掌控了她的社交日程，并且让她的朋友们来家玩。

### 干预措施成功的关键

- **在制订类似这样的计划之前，想清楚孩子在着手做事以及跟进做事这些方面是否拥有良好的技能。**如果计划失败了，你得提供更多的提示与指导，来帮助你孩子开始行动。你还要回顾一下第 14 章和第 15 章，看看那里是不是有些你想要尝试着付诸行动的点子，帮助提高孩子着手做事和保持专注的技能。
- **当孩子和朋友约着一块儿玩时，确保孩子不是在试图和某个与他并不十分匹配的孩子交朋友。**在我们的例子中，对爱丽丝来说，有些孩子可能比另一些孩子更适合做朋友。如果是这种情况，和老师交谈一番，有可能真正让你发现真相。问问老师，他认为哪些同学可能适合爱丽丝交往，哪些可能不适合。
- **提升孩子的社交机会并同时提高计划能力的另一个选择是在周末时分寻求一些定期的、一再发生的活动来制订计划。**参加和观看体育运动、观看戏剧和舞蹈节目以及其他节目等，都是给孩子间接灌输制订计划技能的一些机会，而且，这些活动的时间是固定的，组织是有序的，同时也保证你的孩子课后能在可预料的时间与同伴共度快乐时光。

第17章

# 培养整理技能

　　整理指的是能够确定和坚持采用一种方法来安排或追踪重要的物品。对我们成年人来说，具备整理技能的好处是极其显而易见的。采用某种方法来记得家里和办公室里的东西放在什么地方，使家里或工作场所的环境整齐有序，那就不必花大量的时间来找东西或者收拾各种物品，只需为做某件事情而做好准备。若是拥有这项技能，我们最终会变得高效得多。而且，这也让我们感受的压力小得多。正因为如此，当我们周围的环境做到一定程度的有序和整洁时，我们感到更加舒服。不幸的是，在我们的经验中，整理技能差的成年人（这样的人有很多）发现，提高整理能力，简直难于上青天。这使得父母在孩子很小的时候就帮助他们提升整理技能变得至关重要。当你和孩子在整理这项技能上同样都存在不足时，我们在第 3 章中介绍了一些秘诀，以便你教育孩子如何整理物品，做到井然有序。

# 整理技能如何形成

到目前为止，这种模式听起来你应该觉得熟悉了：首先我们要给孩子介绍一些整理方法，帮助他们保持卧室和游戏室的整洁，让他们把书架、玩具盒、洗衣篮等物品摆放整齐，还要监督孩子保持整洁。这意味着我们既不亲自为孩子整理房间，也不期望他们动手打扫自己的房间。相反，父母和孩子要共同打扫房间，而且，父母为孩子分解任务（例如，对孩子说"好的，首先，我们把你的脏衣服放进洗衣篮"，"现在，我们先把你的洋娃娃收到架子上"，等等）。我们还确立了一些规则，比如"不在卧室里吃东西"和"只要从屋外进来，就把你的大衣挂起来"。但是，我们起初不要指望孩子经常记得遵守这些规则，而是要假定他们都需要提醒，只在非常罕见的情况下，孩子有可能不需要我们的提醒而遵守规则。如果这种情况出现，我们要毫不吝惜赞美之词，使劲表扬他们。

渐渐地，我们可以不再进行这种逐个步骤的监控与监管，只要做到开始时提示孩子，结束时检查一番，确保孩子照着做。到了初中或高中，孩子便可以自己坚持运用那些整理方法了。但这并不意味着他们时时刻刻都不需要提醒了，而且，明智地运用一些惩罚方法，比如当他们没有整理好自己的物品时取消他们的某种权利，也可能是有益的。

为了对照你孩子的年龄段来评估他的整理技能，完成下面的调查问卷。这份调查问卷建立在第 2 章的简要评估的基础之上，帮助你更加细致地观察你的孩子在他这个年龄的孩子中整理物品的技能有多出色。

---

### 你孩子的整理技能怎么样

使用下面的量表来评定你的孩子在完成以下列举的每一项任务时的表现情况。我们希望每个年龄段的孩子都能够较好和非常好地完成列举的所有任务（每项的分数达到 2 分或 3 分）。

## 等级

0- 从不或很少

1- 能做到但不是太好（大约在 25% 的时间）

2- 做得相当好（大约在 75% 的时间）

3- 做得非常非常好（总是或几乎总是能做到）

───────────── 入学前 / 幼儿园 ─────────────

.............. 把外套放在合适的地方（可能需要一次提醒）

.............. 把玩具放在合适的地方（需要多次提醒）

.............. 吃完东西后清洁餐具（可能需要一次提醒）

───────────── 小学低年级（1 ～ 3 年级）─────────────

.............. 把大衣、冬季装备、运动装备放到合适的地方（可能需要提醒）

.............. 在卧室里规定一些特定的地方来存放物品

.............. 不会遗失从学校带回的同意回执或通知

───────────── 小学高年级（4 ～ 5 年级）─────────────

.............. 可以把物品放在卧室里合适的地方和家里其他的地方

.............. 在玩完后或者进屋时把玩具带回家（可能需要提醒）

.............. 记得带上家庭作业的资料和作业

───────────── 初中（6 ～ 8 年级）─────────────

.............. 能够按照老师或家长的要求，保存好学校的笔记本

.............. 不会遗失体育装备 / 个人电子设备

.............. 保持家中书房的整洁

# 在日常生活中培养整理技能

帮助孩子更好地整理物品，有两个关键。

1. 想好某种方法。

2. 监督孩子使用该方法（可能是每天都监督）。由于这对大人来说十分劳心费力，也由于许多父母自身在这方面存在不足，他们的孩子也存在不足，因此，我们通常建议从很小的事情开始。辨别哪些方面是最重要的，然后一次着重解决一个方面。从实际的角度考虑，最紧迫的可能是涉及孩子学校的事情，比如保持笔记本或书包整洁有序，或者使书房和书桌保持清洁。不太重要的可能是保持衣柜或抽屉整洁。

精心制订整理方案，尽可能让你的孩子参与。如果你和女儿确定保持书桌清洁是紧要的事情，你可以首先带她参观一间文具店，购买铅笔筒、工具袋或者文件柜和文件夹之类的东西。只要你和女儿将保持书桌整洁作为期望完成的任务，就把整理书桌作为睡前常规事务的一部分。起初站在一旁监控和监督孩子，到最后只是提示孩子开始整理，并在孩子整理完以后检查。当你第一次帮助孩子整理时，给你整理过后的地方拍张照片，可能是有益之举，这样的话，孩子便有了一个榜样，可以将她整理后的结果与照片中的样子进行对比。整个过程中的最后一步也许是你女儿看着你拍摄的照片，看看她自己整理的书桌与照片有多么匹配。

我们在这里对那些格外擅长整理的父母提出一则告诫。如果你觉得你的孩子是一个"十足的懒汉"，也许你得调整你的期望值，或者，至少是调整你对"足够整洁"的定义。我们发现，许多物品摆放杂乱无章的孩子，都没有意识到他们身边的一片狼藉。他们可能从来没有达到过父母心中整洁的标准，部分原因是他们并不理解，自己乱七八糟的物品，对爸爸或妈妈来说是件痛苦的事情。此外，拍照片也是一种可接受的方式，但你在拍照之前，要和孩子就可接受的标准达成一致。

帮助你的孩子变得井井有条的更多详尽指南，我们推荐唐娜·戈德堡（Donna Goldberg）所著的《有条理的学生》（*The Organized Student*）一书。

# 控制混乱：让孩子把他们的东西收到属于它们的地方

罗斯先生（Rose）一家有三个孩子，最大的 14 岁，最小的 9 岁，孩子们有一个恼人的习惯：随意乱扔用过的东西。孩子们会在厨房里脱下运动衫和体育装备，把玩具随意地丢在客厅地板上，晚上洗完澡后，就把脏衣服丢在浴室里。罗斯太太发现，当她经历了忙碌的一天后回到家里，原本希望能在晚饭前短暂地放松一下，但一看到这些杂乱的场景，心情马上就糟透了。

于是，她决定召开一次家庭会议，看看能不能找到解决办法。家庭会议开始时，她首先描述了这种现状以及对她的不良影响。随后，家人还讨论了怎样使孩子养成自己收拾东西的习惯，以及采取奖励和惩罚措施是否会有所帮助。罗斯先生建议，不论是谁，只要留下了一堆杂物，必须复原，但其他人都觉得这过于严厉了。孩子们则说，只要自己收拾了东西，便能得到奖励，但他们的父母认为不合适，而且不确定这种方法会不会奏效。最后，父母与孩子之间决定建立一个将奖励与惩罚结合起来的体系。他们的决定是这样的：在每个星期开始时，罗斯先生在存钱罐里放一些 25 美分的硬币，总计 25 美元。孩子们答应，妈妈每天下午下班回家时，他们全都把不在原位的东西收拾好，并且在下午 5:00 前收拾完毕。下午 5:00 以后到睡觉之前，如果还有某件东西没有归到原位，父母先从存钱罐里拿出一个 25 美分的硬币，然后由孩子把这件东西放到洗衣房里的一个大塑料箱中，并且在 24 小时之内不得再把它拿出来（玩或者用）。如果这件东西是孩子必需的（比如家庭作业或者运动装备），孩子会从他每周的零花钱里拿钱"购买"它的使用权。到周末的时候，一家人数数存钱罐里还有多少钱，并决定怎样花这些钱。

罗斯太太在厨房的桌子中央放了一小块"白板"，在上面提醒孩子下午 5:00 是最后期限。此外，她在白板上写下每个孩子的名字，当孩子们收拾好了自己的物品时，要在自己的名字下面做个记号。罗斯太太还在白板旁边放了一个闹钟，放学后第一个到家的孩子负责将闹钟设置为下午 4:30 响铃。当闹钟的闹铃响起时，孩子们必须放下手头的任何事情，转而整理自己的东西。在短时间内，孩子们要想办法重新分配他们的任务，以便更快收拾完。这种方法使他们相互之间更负责任，能够轻松发现哪个孩子没有做好他分内的事。傍晚时分，他们还开始四处看一看，看看家里还有些什么东西没有放在原位，并且相互提醒，把东西收好。

### 第 1 步：确定行为目标

目标执行技能：整理

特定的行为目标：把物品放回适合的地方。

### 第 2 步：构思干预措施

帮助实现特定目标，要从环境方面提供怎样的支持？

- 当孩子们放学回家时，每天提醒一次，并且在厨房桌子上放置一个闹钟。

传授什么样的特定技能、谁来传授以及采用什么程序来传授？

技能：整理

谁来传授？父母

程序：

- 当第一个孩子放学回家时，由他设置闹钟，设定的响铃时间为下午 4:30。
- 整理工作每天下午 4:30 分开始。
- 孩子们要整理到房间整洁干净为止，然后在白板上自己的名字下方做个记号，表示已经完成整理任务。

为激励孩子使用 / 练习这一技能，将使用什么激励措施 / 惩罚办法？

- 每周的周末运用金钱奖励；物品没有放回原位，每次扣掉 25 美分。

- 若是物品没有放回原位，24 小时之内不能再使用（如果一定要用，则需要用零花钱"购买"使用的权利）。
- 集体决定奖励的钱该怎样来花。

**干预措施成功的关键**

- **如果采用的方法过于复杂或者失灵，想办法简化。**特别是，如果你自己也有些不爱收拾的话，这种方法也许对你和孩子都十分复杂，以至于难以长时间坚持使用。在这种情况下，将收拾东西的时间限制确定为睡觉之前，倘若有任何的物品没有收拾到原位，至少一天时间内不给孩子使用那些物品，并且要用零花钱"赎回"使用权。你还可以根据每个孩子的不同情况来给予金钱奖励，以便孩子个个都会在睡觉之前把东西收拾到原位，以获得奖金。
- **如果你也在整理技能上存在不足，将整理变成一项联合任务。**例如，当孩子正在整理他的物品时，你也打扫厨房台面或者你自己的书桌的卫生。

# 联合阵线（有组织阵线）：帮助年轻孩子发挥他的潜力

14 岁的德文（Devon）是个聪明的中学生。尽管学习成绩好，但他曾经很难整理好自己的物品，经常把东西遗忘在什么地方，或者干脆找不着了。自从进入中学，这个问题越发严重。不论在校内还是校外，他要记得的东西越来越多，而他的父母和老师则期望他更加独立自主地管好自己的物品。因此，和过去相比，他们帮助德文整理和收拾东西的意愿变得不那么强烈了，也不愿意为他找东西或者在他找不到的时候替他找。

直到最近，德文的父母和老师才采用了一种方法，让他尝一尝自己这种不爱收拾东西的苦果。如果他找不着他的体育装备，那就参加不了体育运动；如果家庭作业不见了，成绩就会不及格；如果把别的东西弄丢了，就必须自己挣钱再去买新的。尽管德文的父母和老师偶尔看到了他在这方面的进步，但这些自然而然的苦果，也没有帮助他解决不爱收拾的问题。德文的成绩下降了，他的教练感到很生气，他自己还弄丢了一些贵重的物品，比如iPod。他变得越来越沮丧，感到自己越来越无能。德文的父母最终不得不承认，德文显然不知道怎样来解决这个问题，是时候由父母和老师提供一些帮助了。

很快，德文的父母和老师意识到这是一项主要的任务，而且需要德文和他们承担额外的工作。他们决定从两个方面着手：一是完成家庭作业，因为家庭作业的好坏影响着他的成绩；二是收拾房间，因为他某种程度上需要一致的空间来保持整洁。对于写完家庭作业的任务，德文的父母想为德文确定一种相当简单的方法。他的班主任老师答应早晨和他一块儿检查，看他是不是带上了家庭作业，下午再检查一次，看看他是否记好了家庭作业并带上了需要的学习资料。他的父母给班主任老师提供了一份任务清单，让班主任交代德文使用，而且班主任自己首先使用（任务清单的样本如表 17-1 所示）。一般来讲，德文还是认真对待自己的家庭作业，因此，他的父母只需要看到他把做完了的家庭作业本放进文件夹，再把文件夹放进书包。

表 17-1　任务清单样本

| 科目 | 上交的家庭作业 | 记下的学习任务 | 书包里的学习资料 |
|---|---|---|---|
| 英语 | | | |
| 社会研究 | | | |
| 科学 | | | |
| 数学 | | | |
| 西班牙语 | | | |

打扫房间的任务更为复杂一些。德文一直想解决这个问题，因为他感到，假如自己可以让房间变得整洁并某种程度上保持整洁，便可以更好

地记住自己的物品都放在哪儿。虽然他和父母过去也偶尔打扫一下房间的卫生，但他们从来没有制订过系统的或长期的计划，也没有下定决心坚持做下去。

德文和他父母一致认为，与其让德文遵循父母的建议或方案，不如让他自己制订计划，只是在自己陷入困境时，再请父母施以援手。他首先清点了一下房间里的东西，并确定了每件东西该归入什么类别（如衬衣、裤子、体育装备等）。接下来，他和父母观察了可以用来存放不同类别物品的存储空间，以及他将所有物品整理之后还需要些什么存储物，并且买回很多的储物箱。尽管德文也认为将这些储物箱贴上标记确实有好处，但他不想让朋友到家里来玩时看到那些标签。因此，他和他父母最终选取了一个折中方案：使用魔术贴来标记，在需要的时候可以将标记扯下来。

德文把他眼下不需要但不愿意扔掉的东西收进储物箱，他父母起初和他一块儿干，帮助他把房间收拾整齐。父母还按顺序列出了一个任务清单，以便他照着清单收拾，并拍摄了一些照片作为样板，以便他将自己收拾完的样子与照片中的样板进行对比。

德文意识到，至关重要的是控制杂乱物品的规模。他父母首先答应提醒他，但后来，他自己想出了一个办法：在电脑上贴一个提示，以提醒他每天至少收拾房间一次。不过，取得成功的真正关键在于让他的父母第二天检查一下，要么是在放学以后，要么是在周末早晨醒来后的一个小时内，以确定是不是还有东西需要收拾。如果还有，他得先收拾完，才能用电脑跟朋友聊天。

如大家预料的那样，在几个月的时间里，尽管德文并没有坚持采用他最初的整理标准，但他的房间已经比采用这种方法之前明显整洁了许多，他父母也可以每周只提示他一次了。家庭作业的问题同样得到了显著改善，但德文、德文的父母以及老师达成了一致，让老师在下午的时候先检查一遍，如果需要继续做，则到晚上的时候由父母检查。

## 第 1 步: 确定行为目标

目标执行技能: 整理

特定的行为目标: 德文要记得老师交给的任务、需要的学习资料以及需要上交的家庭作业。德文要根据物品的类别来整理自己的房间。

## 第 2 步: 构思干预措施

帮助实现特定目标，要从环境方面提供怎样的支持?

- 家庭作业文件夹。
- 列举了学习任务和资料的任务清单。
- 父母和老师进行监控。
- 拍一张样板房间的照片。
- 购买带有标签的储物箱。
- 按整理顺序排列的任务清单。
- 父母的提示以及电脑提示。

传授什么样的特定技能、谁来传授以及采用什么程序来传授?

技能: 收拾好家庭作业和整理房间

谁来传授? 老师和父母

程序:

- 老师检查德文是不是记下了家庭作业、需要的学习资料以及有没有把家庭作业放回文件夹中。
- 父母检查文件夹，看德文是不是把家庭作业带回家了。
- 对房间中的物品进行归类。
- 腾出物品的存放空间并进行标记。
- 制定并使用整理房间的任务清单。
- 父母监控 / 提示以及电脑提示。

为激励孩子使用 / 练习这一技能，将使用什么激励措施？

- 及时完成作业后，成绩有所提高。

- 存好了自己的物品，并随时可以找出来使用。

### 干预措施成功的关键

- **为了增大成功的概率，首先只从一项任务开始。**我们在书中写下德文的故事，是为了表明，缺乏整理技能可能影响不同的任务，也为了证明可以怎样设计一些策略来解决问题。但从切合实际的角度来看，同时解决所有的问题，对你、你的孩子以及你孩子的老师来说，都是一件工作量很大的事情。因此，应考虑先挑选一项任务（例如收好家庭作业），确定并运行一种整理的方法，过了一两个月后，再转向其他的任务。

第18章

# 逐渐灌输时间管理

时间管理是指能够估计自己有多少时间、决定如何分配时间以及怎样在时间期限和截止日期之前把事情做完。它还涉及对时间的重要性的认识。你也许知道，有的成年人善于管理时间，有的则相反。在时间管理技能上有优势的成年人能够估算做某件事情要花多长时间，并且可以根据可用时间来调整工作的步调（在必要时加快速度）。他们往往不会过分地逼迫自己（在很短的时间内做太多事情），部分是因为他们对自己的能力有着切合实际的估计。时间管理能力差的成年人难以严格遵循时间表、经常性地"延迟"，而且在决定某件事情得花多长时间来完成时常常出现误算。如果你存在这些问题，你的孩子也和你一样，在时间管理上落后于其他孩子，参见第3章中的建议。

# 时间管理的技能如何形成

我们知道，年幼的孩子无法管理好他们的时间，因此，我们帮他们管理。例如，我们提示他们做好上学或上日托中心的准备，并且为他们留出足够的时间来完成手头的任务。或者，我们让他们知道，他们得在什么时间开始做好睡觉的准备，以便换上睡衣、刷完牙、洗完澡之后，还有足够的时间听我们讲睡前故事。假如在睡觉前我们还给孩子安排了一件特殊的事情，我们要估算孩子得花多长时间来做好睡前准备，并提示孩子，他们需要提前为这件事情留出时间，以便全家人都能够按时睡觉。我们注意到，孩子做事的速度快慢不一，因此要相应地调整我们的计划和提示。

渐渐地，我们将这一责任转交给孩子。一旦他们学会分辨时间（大约在小学二年级时），而且随着他们的自主性越来越强，我们可以提醒他们经常看看钟。有的时候，在一天的日程安排表中还会加入一些可预见的活动，比如体育锻炼或者看最喜欢的电视节目，那么，我们要帮助孩子为这些活动安排好时间。当我们坚持让孩子先完成家庭作业或者家务活再去参加体育训练或看电视时，我们便在帮助他学会安排时间。

到了上中学的年龄，孩子有时候会遇到一些意外的困难，因为随着我们对他们的管控和监督逐渐放松，对他们的时间要求却越来越高。孩子必须做的事情日益增多，与此同时，令他们分神的活动的数量也在增加。当你的孩子想玩视频游戏、跟朋友发短信、浏览最喜欢的网站、听刚刚发现的音乐、用手机跟朋友聊天、看最爱看的电视节目时，要怎样才能高质量地写完家庭作业呢？怪不得如今的年轻人总在尝试着一心多用，同时做好几件事情！对有的孩子来讲，这些诱惑实在是太大，遇到这种情况，我们必须介入，帮助他们更有效地管理时间。

到了高中，许多孩子越来越适应同时兼顾多种选择和众多必做的事情的情形，也擅长更有效地安排时间。如果你的孩子没能做到这一点，也许正是父母与青少年之间的摩擦日益增多的原因，因为到了他们这个年纪，他们往往不听父母的话，抗拒父母的指示和指导。

## 你孩子的时间管理技能怎么样

使用下面的量表来评定你的孩子在完成以下列举的每一项任务时的表现情况。我们希望每个年龄段的孩子能够较好和非常好地完成列举的所有任务（每项的分数达到 2 分或 3 分）。

### 等级

0– 从不或很少
1– 能做到但不是太好（大约在 25% 的时间）
2– 做得相当好（大约在 75% 的时间）
3– 做得非常非常好（总是或几乎总是能做到）

#### 入学前 / 幼儿园

能够按时完成每天的常规事务（需要一些提示或提醒）
在必要时，可以加快速度并且在更短的时间内做完事情
能够在规定的时间内完成不太重的家务活（例如，在打开电视之前收好玩具）

#### 小学低年级（1 ～ 3 年级）

可以在大人规定的时间期限内完成简短的任务
可以在最后期限到来之前确定合适的时间来做好某件家务活（可能需要帮助）
可以在规定的时间内完成早晨的常规事务（可能需要练习）

#### 小学高年级（4 ～ 5 年级）

可以在合理的时间期限内不需要别人的帮助而完成每天的常规事务
可以调整家庭作业的时间表，给其他活动留出时间（例如，如果晚上要参加童子军的会议，就提前开始做作业）
可以事先减少时间冲突，为完成长期学习任务留出足够的时间（可能需要帮助）

————————— 初中（6～8年级）—————————

通常能够在睡觉前完成家庭作业

当时间有限时，可以围绕优先的事项做出良好的决定（例如，放学回家后先完成某项任务，而不是先和朋友玩耍）

可以将长期的学习任务分成几天来完成

## 在日常生活中逐渐灌输时间管理

- **不需要做得过火，只是在家里坚持使用可预测的日程安排表。**当孩子每天都在大致相同的时间起床和睡觉，而且吃饭时间也相当固定时，孩子们形成了有序的规律，先做这件事，再做那件事，这样一来，他们长大后的时间观念也很强。这使得他们更轻松地在已经留出时间的活动之间（比如吃饭和睡觉）安排好他们的时间。

- **和你的孩子讨论一下做某些事情要花多少时间**，比如家务活、收拾房间或者完成家庭作业。这是培育估算时间技能的开始，要知道，估算时间是时间管理的一个重要组成部分。

- **对周末或假期的某项包含几个步骤的活动做出计划。**当你和孩子努力培养制订计划的技能时，你也在培育他的时间管理技能，因为制订计划也包括确定完成任务的时间期限。你和孩子探讨"一天的计划"，并讨论完成某项活动得花多长时间，这样，孩子便理解了时间的含义以及时间与任务之间的关系。假如你选择了一项孩子觉得有趣的活动，例如和朋友一块儿玩等，孩子在为这些活动安排时间时，还会觉得很有趣。让孩子想清楚，吃中饭、到公园或海滩、回家的路上停下来买个冰激凌吃等，应该要花多少时间。如果你的孩子仅仅由于将自己的时间事先分成了若干小块，便能够意识到他和朋友已经把整天要做的事情都安排妥当时，那么，从这里学到的经验，对你的孩子有着特别的意义。

- **你自己使用日历和时间表，并鼓励你的孩子也这么做。** 有些家庭在
  屋里的某个地方张贴一张大型日历，还在那里张贴个人和家庭的活
  动。对你的孩子来说，这将会使他对时间产生一种更加"看得见"的
  效果。

- **从 Time Timer 网站上购买一个时钟（网址：www.timetimers.org），要
  能够设置成倒计时模式的那种钟。** 如第 13 章描述过的那样，这种设
  备要么是一面钟，要么是一块腕表，要么是一个电脑软件。

## 按时出门：管理早期的常规事务

7 岁的加勒特（Garret）在家中四个孩子中排名最小，尽管如此，他却
总是急切地盼望跟上哥哥们的步伐。他盼望独立生活，他在很小的时候常常
挂在嘴边的一句话是："我自己做。"加勒特似乎理解时间的概念。他可以判
断一刻钟是多长时间，并且非常准确地知道他最喜欢的电视节目什么时候开
始。不过，他似乎常常跟不上时间的脚步，并且对时间的紧迫性几乎没有感
觉。这使得他在家里和学校里出现了一些问题。在家里，每次为出门做准备
成了一件令人头疼的事情。如果出门要办的事情是加勒特不喜欢的事情（例
如去看医生），情况可能更糟，不但如此，即使是对他喜欢的活动（比如去水
上公园玩），他出门前的准备也相当缓慢。为了让他及时做好出门的准备，他
的父母或者某位哥哥要经常地提示他，或者在他耳边唠叨。尽管这种办法通
常也管用，但到最后，他的家人感到越来越失败。加勒特的学习成绩并不落
后，也没有出现任何的学习问题，但他常常最后一个完成作业。他的老师注
意到，当他需要先完成某件任务才能参加某项喜欢的活动（比如课间休息）
时，效率有可能更高些。

加勒特的父母认为，加勒特已经够大了，可以开始学习一些基本的时间
管理技能了。他们推断，如果加勒特学会了怎样在一定的时间内结束任务，

他首先要了解，那些任务要求他做什么。由于按时出门是加勒特的问题，他父母决定集中精力解决他出门时需要做完的事情。这可能包括一系列的早晨常规事务（起床、穿衣服、吃早餐、刷牙等），还包括找到自己的鞋子之类的简单事情。由于早晨的常规事务包括大部分的"准备工作"，而加勒特早晨总是慢腾腾的，因此，他的父母决定先从这里着手。

加勒特渴望成为一个"大男孩"并独立生活，他父母于是充分利用他的这种渴望，和他谈了谈为早晨的常规事务制订时间表的事。他们试图让加勒特接受一个计划，并告诉他，如果他能按时做好早晨的事情，他们将不再唠叨。加勒特对这个不是格外感兴趣，后来他父母又提出，如果他能够遵守该计划，将赢得奖励。这样，他开始兴高采烈地制订时间表，其中包括一些图片和文字，因为他喜欢"看着"每一个场景再行动（如起床、吃早餐、刷牙等）。他的父母基本上让他自己决定时间表上的那些事情的先后顺序。他们制作了一个魔术贴扣带，以便可以更改图片的次序，而且可以将图片取下来。这个计划是，每件事情一做完，加勒特会把相应的图片取下来，放到时间表的最下方挂着的口袋中，口袋上贴着"已完成"的标签。他的父母并没有要求他在某个固定的时间开始做，而是答应两个早晨为他计时，并使用计时结果来确定他需要多久才能做完。加勒特的父母制作了一个奖品盒，里面塞满了一些廉价的小玩具和小东西（比如口香糖），并且把奖品的图片也贴在时间表的最后。为了增大加勒特成功的概率，他父母同意，起初的一两周，他们将在早晨的这段时间每天提示加勒特两次，权当提醒。他父母在得到学校的批准后，还坚持采用这样一条规则：如果加勒特慢腾腾地完成时间表上的事情，导致上学迟到，他要么在课间休息时，要么在放学以后，把之前的时间补回来。

运用这一方法，加勒特早晨的准备工作变得更加高效和独立。对于其他的"做好准备"时间，他父母使用这个计划的缩微版，包括一两张图片、计时器以及可以赢得的积分。

## 第 1 步：确定行为目标

目标执行技能：时间管理

特定的行为目标：加勒特将在规定的时间内完成早晨的常规事务。

## 第 2 步：构思干预措施

帮助实现特定目标，要从环境方面提供怎样的支持？

- 用可以摘下的图片制作的图画式时间表 / 文字时间表。
- 计时器。
- 在那一时间内，父母提示两次。
- 如果他上学迟到，老师将支持父母的计划。

传授什么样的特定技能、谁来传授以及采用什么程序来传授？

技能：时间管理

谁来传授？父母 / 老师

程序：

- 加勒特和父母制作图画式时间表 / 文字时间表。
- 加勒特以他喜欢的次序来安排要做的事情。
- 父母为他设置计时器。
- 在这段时间里，父母为加勒特检查两次。
- 每做完一件事情，加勒特摘下一张图片。
- 如果加勒特在他和父母约定的时间内做完了时间表上的事情，他可以从奖品盒中挑选自己喜欢的奖品。
- 如果加勒特上学迟到了，他要用自己的空余时间来弥补。

为激励孩子使用 / 练习这一技能，将使用什么激励措施？

- 如果加勒特按时完成了任务，可以从奖品盒中选择一种廉价的奖励。

---

**干预措施成功的关键**

- 为了让你的提醒有效，你提示的次数以及你提示孩子时与孩子的距离有多近（例如，在门口 vs 在楼梯口），应当保持相对固定。事实证明，在这个时间段内，提示两次可能还不够。要让你的孩子习惯在规定时间内做完要做的事情，你也许得多次提醒。尽管要记住提醒孩子的次数也许有些烦人，但采用这种做法，你能够看到孩子的进步，并且清醒地认识到，孩子需要多久才能不再需要你的这些支持。如果没有这种进步的感觉，父母们常常会觉得这种方法不管用，仍旧会回到唠唠叨叨的老路上。

---

## 消除时间偏差：学会估算完成某一任务要花多长时间

南森（Nathan）上八年级了，他父母总是喜欢他的那种柔和天性，这与他姐姐的性格形成鲜明对比。她姐姐每次到考试前的复习时间，总是感到恐慌。自从南森进入初中后，父母越来越担心他拖延的趋势，每次他把家庭作业推迟到快睡觉前才做完，要么匆匆忙忙地完成，要么没有写完全部作业。当他还得完成长期的学习任务时，问题就变得更复杂了，因为他常把那些任务留到截止日期的前一天来完成。久而久之，南森妈妈意识到，部分的问题是南森不知道事情需要花多长时间来做。他觉得他可以在半小时之内写完的作文，可能耗费两个小时；他认为可以在一两个小时内完成的学习任务，可能要花五六个小时。他父母反反复复跟他讲，试图让他明白自己估算时间的能力很差，但他往往辩解说，即使自己上次确实花了两个小时来写作文，但这次，由于已经知道了自己想写些什么内容，并且心里打好了草稿，因此，他确定最多一个小时就能写完。

　　南森的父母和南森吵过很多次，他们一次又一次地指出，他并不是时间的判官，而他却十分明确地告诉父母"别管我的事"。后来，在一次争吵过后，南森的父母决定，必须想别的办法来解决这个问题。周六晚上，南森没有和朋友一块儿玩，于是他父母带他外出吃饭，并且提议，每天南森放学回家，制作一份当晚需完成的家庭作业清单，并且估算每一门作业要花多长时间。接下来，南森根据自己的估计，决定什么时候开始做，而他知道，自己必须在晚上 9:00 前写完所有作业。如果他估计的时间与实际时间相差了 20 分钟以上，那么第二天，他得在下午 4:30 开始做作业。如果他估计的时间准确，他可以决定第二天什么时候开始做作业。南森和父母还达成了一致，那就是：他必须留出时间迎考复习，以及每个星期要用两三个晚上至少完成一些长期的学习任务，除非他当天的家庭作业要花两个小时以上才能做完，才可以不去完成这类任务。南森同意了这个计划，因为他觉得，他可以证明父母想错了——他甚至回家后还玩了一个小时的电脑，并且兴高采烈地制作了一个电子表格，以保存他的数据。他告诉妈妈，只要他完成当天的计划，他会把电子表格用邮件发给她。他和妈妈一致同意，妈妈负责检查计划的执行情况，并且让妈妈在他说自己做完家庭作业的时候进行检查，到那个时候，他会向妈妈表明已经完成全部的作业。

　　起初的几个星期，南森的妈妈需要提醒南森制订计划并把计划发给她。南森很快意识到，他并不像自己认为的那样擅长估算时间。但是，由于他不喜欢刚一放学回家马上就做作业，因此，他渐渐提高了估算家庭作业时间的能力。有几次，当他把作业给父母检查时，他们发现他十分粗心，明显是为了及时完成而马马虎虎做完的。他们讨论引入对粗心的惩罚，并且警告说，如果粗心成为南森的问题，那就会真正地惩罚。南森纠正了他的行为，至少足以让父母觉得他不存在粗心的问题。

---

**第 1 步：确定行为目标**

目标执行技能：时间管理

特定的行为目标：南森将学会准确地估算他每天晚上写完家庭作业要花多长时间，以便在规定时间内完成。

---

**第 2 步：构思干预措施**

帮助实现特定目标，要从环境方面提供怎样的支持？

- 告诉他开始和结束家庭作业的时间。
- 提供估算的写作业时间的电子表格。
- 妈妈进行登记。

传授什么样的特定技能、谁来传授以及采用什么程序来传授？

技能：时间管理

谁来传授？父母 / 南森

程序：

- 南森将制作家庭作业以及完成它们估计的时间的清单，把清单移到电子表格上，并把电子表格用邮件发给妈妈。
- 根据这些估算的时间，他将决定什么时候开始做家庭作业。
- 作业要在晚上 9:00 前写完，如果南森估算的时间与实际时间相差 20 分钟以上，他第二天要早点开始做作业。
- 南森要留出时间来迎考复习，并且每周要花两三个晚上来完成一些长期学习任务。

为激励孩子使用 / 练习这一技能，将使用什么激励措施？

- 如果南森可以管理好自己的时间，父母亲不会干预或唠叨。

### 干预措施成功的关键

- 在干预措施刚刚开始付诸实施时，对孩子保持警惕至关重要，因为大多数孩子会发现计划中的某些要素需要付出大量的努力，因而忘记或避开这些要素。

- **让孩子的老师单独验证孩子完成的作业的数量与质量。**这个计划在设计时需要孩子准确地告诉父母情况。在我们的经验中，防止计划失效的最有效方法是让老师提供反馈，或许可以用电子邮件。老师的反馈应当主要发给你，同时也给你孩子发一份复制件。

Smart but Scattered

第19章

# 鼓励灵活性

　　灵活性这项执行技能指的是能够在面临障碍、挫折、新的信息或错误时修订计划。它涉及适应不断变化的情况的能力。具有灵活性的成年人能够"随从大家的意见"。当他们由于一些超出自己控制范围的变数，不得已在最后一分钟改变计划时，他们会迅速调整，解决新情况下的问题，并且在情绪上也做出必要的调节（例如，克制失望或失败的感觉）。缺乏灵活性的成年人通常是这样的：当情况出现意料之外的变化时，他们会"大吃一惊"。和缺乏灵活性的人共同生活的人们（无论大人还是孩子）常常发现，要减轻出人意料的改变对缺乏灵活性的家人的影响，需要耗费额外的精力，做更多的计划。如果你并不比你的孩子更具灵活性（或者，只是比孩子稍稍灵活一些），可以到第3章中寻找一些建议，这些建议有助于你弥补自己和孩子共同的不足，以便更好地帮助你孩子。

# 灵活性的技能如何形成

我们不指望襁褓中的婴儿对任何事情表现灵活性。因此，我们根据他们的需要来安排时间、在他们饿了的时候喂他们东西，在他们困了的时候哄他们睡觉。不过，在婴儿很小的时候，父母就开始引入更多的秩序和可预见性，以便在满足婴儿的需要的时候，也可以顾及其他人的时间安排，做到两不误。例如，大部分婴儿半岁时便能遵守全家人睡觉的时间表（也就是说，晚上尽可能多睡）。到最后，特别是随着婴儿开始吃固体食物，我们还会规定吃饭的时间，以便婴儿与全家人吃饭的时间更紧密地协调一致。

随着孩子渐渐成长为学步期的孩子，再长大到学龄前儿童，我们期望他们在一系列的局面下灵活应对，他们大多数时候也能做到。这包括适应新的监护者、开始上学前班、晚上在爷爷奶奶或姥爷姥姥家度过。我们预料他们可以适应常规事务中出人意料的变化、应对失望情绪，并且几乎不会大惊小怪地处理失败情绪。所有这些局面的应对，都需要具有灵活性，有些孩子比另一些处理得更好。父母会发现，要让大部分不善于处理这些局面的孩子适应新的局面，往往需要一段时间，不过，他们最后能够适应新的局面，这样的话，下一次同样的局面再出现时，他们适应的时间短一些。在 3 ～ 5 岁期间，大多数孩子学会掌控新的局面和应对出人意料的事件，要么从容以对，要么只是短暂的气恼，但能够迅速恢复。

---

### 你孩子的灵活性技能怎么样

使用下面的量表来评定你的孩子在完成以下列举的每一项任务时的表现情况。我们希望每个年龄段的孩子能够较好和非常好地完成列举的所有任务（每项的分数达到 2 分或 3 分）。

#### 等级

0– 从不或很少

1– 能做到但不是太好（大约在 25% 的时间）

2– 做得相当好（大约在 75% 的时间）

3– 做得非常非常好（总是或几乎总是能做到）

──────── 入学前 / 幼儿园 ────────

..............  可以适应计划或常规事务的变化（可能需要警示）

..............  从轻微的失落情绪中迅速恢复

..............  愿意和其他孩子分享玩具

──────── 小学低年级（1～3 年级）────────

..............  和其他孩子很好地玩耍（不必一定要由自己领头，可以和玩伴分享，等等）

..............  在没有遵照指示时能够容忍老师重新发出的指示

..............  轻松适应意外的情况（例如，换了位老师）

──────── 小学高年级（4～5 年级）────────

..............  不会"深陷"一些情绪之中（例如失望、轻慢等）

..............  当无法预料的情况出现导致计划必须做出变更时，可以"换挡"

..............  可以完成"开放式"的家庭作业（可能需要帮助）

──────── 初中（6～8 年级）────────

..............  可以适应不同的老师、课堂纪律和常规事务

..............  当团队中的某个同伴表现得不太灵活时，愿意在团队合作中做出调整

..............  愿意迎合或接受弟弟妹妹的计划（例如，允许弟弟妹妹选择看哪部电影）

# 在日常生活中鼓励灵活性

尤其是当你第一次努力培养这一执行技能时，假如你的孩子在灵活性方面存在明显的问题，你得着重去改变环境。缺乏灵活性的年幼孩子难以应对新的局面，很难从一种局面过渡到另一局面，也难以应对计划或日程安排中

的意外变化。因此，有益的改变环境的措施包括：

- 只要可能，坚持按照日程安排表和常规事务来做。
- 对接下来可能发生的状况提出预先的警告。
- 为孩子处理当时的局面提供脚本，也就是说，事先排练可能出现的局面，并带着孩子走一遍应对的流程，帮助孩子适应可能出现的状况，教他怎样使用这一脚本。
- 降低任务的复杂度。缺乏灵活性的孩子一想到自己记不得必须记住的所有事情，或者认为自己不可能成功做到别人期望他做到的事情时，通常陷入恐慌。遇到这种情况，将任务分解，以便他们每次只需完成一个步骤，将有助于减轻他们的恐慌情绪。
- 给孩子一些选择。对有的孩子来讲，当他们觉得别人在试图控制他们时，会表现得缺乏灵活性。对于怎样应对各种局面，让孩子自己来选择，可以将某些控制权还给他们。显然，你必须能够容忍孩子做出的选择，不论那一选择是什么，这样的话，你得仔细地考虑你提出的各种选项。

随着你家相对缺乏灵活性的孩子日渐成熟，你可以运用下列策略来鼓励孩子更加灵活：

- **带着你孩子演练引发焦虑的情形**，起初提供最大的支持，使得他决不会感到是在"靠自己"完成任务。随着他成功地完成，他的自信心自然会增长，此时，你可以缓缓地减弱支持。实际上，这种方法就是父母用自己所有的时间帮助孩子适应新的或者引发焦虑情绪的局面。如果孩子从来没有参加过别人的生日派对，对这样的活动颇感担心，你不要只是把他丢在那里，过两个小时再去把他接回来。你要和他一块儿去，并且和他稍稍待一会，眼看他慢慢适应了，你再悄悄地退出来，最终离开派对。如果孩子在海滩边玩耍时害怕走进水里，你首先要和他在一起，抓住他的手，让他知道你不会扔下他不管，直到他真正做好了准备。换句话讲，你得提供实实在在的支持，或者，你最初要出现在他身边，然后，随着你的孩子感到适应了，相信自己能够独自掌控这一局面了，再慢慢地"隐身"。关键在于"为孩子的成功只给予足够的最低限度的支持"，这应当听起来很熟悉吧。

- 利用社交故事来应对可以预见孩子缺乏灵活性的场面。卡罗尔·格雷（Carol Gray）提出，用社交故事来帮助患自闭症的孩子理解社会信息，以便他们更成功地处理社交。这样的话，社交故事也可用来帮助执行技能不足的孩子们。社交故事是包含三种句子的一些简短的花絮，这三种句子是：①描述性句子，它们联系社会场合的关键要素；②阐述看法的句子，它们描述该场合中其他人的反应和感受；③指示性的句子，它们辨别孩子可以成功渡过该场合的策略。关于社交故事的更多详情，请访问卡罗尔·格雷的网站，网址是：www.thegraycenter.org。

- 在你的孩子应对灵活性不足而导致大量问题出现的局面时，帮助他想出一种默认的办法。这包括一些简单的措施，比如从 1 数到 10、远离该局面，使自己冷静下来之后再回来，以及请某个特定的人出手干预，等等。

- 使用丹·修本那在《当你的大脑停滞时怎么做》（*What to Do Your Brain Gets Stuck*）一书中介绍的某些应对策略。尽管这本书是为极不灵活的患有强迫症的孩子所写的，但它很好地描述了缺乏灵活性给人的感觉是怎样的，同时也描述了一些好的应对策略。和此前提到过的丹·修本那所著的其他书籍一样，这本书供父母与孩子亲子共读，而且孩子的年龄为 6 ～ 12 岁。

## 要当独行侠：当青少年试图掌控他自己的所有计划时

安娜（Anna）今年 14 岁，是个八年级学生。当她事先知道别人对她寄予了什么期望以及事先安排好了哪些事件或活动时，她的表现总是更好些。但她常常在面临出乎意料的计划变更时情绪崩溃。由于安娜如今长大了，她有更多的机会做出自己的计划和决定，这也是她所喜欢的。她的父母认为这既有好的一面，也有不好的一面。好的一面在于，由于这些计划直接涉及的决定更少一些（大部分由安娜本人做出），因此某种程度上冲突也少一些。不好的一面在于，安娜通常不经过父母的同意就做出决定和计划，即使这些计划本该需要父母的参与或同意。例如，在最近的两个月内，安娜邀请朋友举行来家里过夜的晚会、制订了一些计划去参加派对，并且和一位朋友达成一致，和她到电子游戏室去玩。不论是哪种情况，她都没有问过自己的父母，而当父母告诉她，她的计划要么不能实现，要么需要说明更多的细节才能得到父母的允许时，她的情绪马上爆发。如果安娜的父母忘了就看医生或看牙医等事情提前告诉安娜的话（通常提前一两天），安娜也会发脾气。随着她进入青春期，这种情绪爆发变得越发激烈，她会高声尖叫、扔东西、对父母说她"恨"他们。取决于她的行为，她父母到最后可能根据她的行为采取相应的措施，平息她的怒火，但并没有解决问题。安娜的问题似乎是，在确定自己的学习和生活计划或日程安排时，并没有意识到或考虑到其他人可能有着与她不同的计划。在她看来，一旦她确定自己的计划，其他任何人的计划都成为一种出人意料的变化，而她总是像往常一样，对这种变化消极应对。

安娜的父母在一个风平浪静的时刻跟安娜谈了谈，他们一致认为，不喜欢现在的这种状况。安娜说，她希望有更大的自由来做出选择。她父母希望她在制订计划时考虑一下父母的计划及日程安排，并且想到他们期望她遵守的基本原则。安娜的父母知道她在可预见的常规事务和期望上表现得最好，于是提出了以下这些建议：

- 在她没有已经确定时间的活动（比如体育训练或者跟同学约好做某件事或者玩耍）时，可以在放学后选择某项她的"常规"活动，比如到图书馆、上朋友家或者参加学校的比赛。她得打电话给妈妈，告诉她自己打算去哪里、和谁去、怎样去等。到了那个地方后，还要打电话给妈妈，让妈妈知道。如果是上朋友家玩，妈妈还要和那个朋友的父母在电话里通话。一旦到了那个地方，没有经过妈妈的允许，不能擅自离开，她妈妈会来接她回家，或者，她得告诉妈妈什么人开车送她回家。如果她不遵守这些规则，她将在一星期内被剥夺这些权利（也就是说，在一星期内不能参加她选择的某项常规活动）。

- 对于一些特殊的活动，比如跳舞，逛商场，举行到别人家过夜的晚会、派对等，安娜必须在获得允许后参加，而且，除非安娜告诉父母她打算上哪、和谁在一起、要多长时间、怎么去等，否则父母不会同意。她还得说出谁负责监管，而她父母会和这个人打电话进行核实。

- 由于沟通是这个计划中的关键要素，安娜父母同意给安娜买台手机，她则同意不在学校里用手机。

- 至于父母为安娜安排的活动，要在安排的时候告诉安娜，并且在活动的两天前提醒她。

- 安娜和父母至少每周回顾这个计划两次，并决定是不是需要做出更改。

在实施这个计划的过程中，安娜的父母解释了为什么掌握这些信息对他们来说十分重要。安娜感到父母比他们需要做到的更加小心谨慎，但她愿意试一下这个计划。

### 第 1 步：确定行为目标

目标执行技能：灵活性

特定的行为目标：假如安娜选择了一项她和别人已经约好的活动，要告诉她的父母；或者，假如她要参加一些尚未约好的活动，在参加之前要先征得父母的同意。

## 第 2 步：构思干预措施

帮助实现特定目标，要从环境方面提供怎样的支持？

- 安娜要列出一个"预先批准的"活动的清单。
- 她父母会给她买台手机。
- 假如她父母为她安排了一些活动，会事先告诉她。

传授什么样的特定技能、谁来传授以及采用什么程序来传授？

技能：安娜要学会在制订自己的计划时也考虑别人的计划，并且要接受父母对她自己的计划的种种限制。

谁来传授？ 父母

程序：

- 安娜从一个不需要获得预先批准的活动清单中选择一项活动，并且让她父母知道她的选择。
- 在这个活动清单之外的活动，总是需要得到父母的预先批准。
- 安娜会用父母给她买的手机，与父母保持通信。
- 她父母会把他们为她安排的活动 / 必须做的事情提前告诉她。
- 安娜和她父母会每周评估这个计划两次。

为激励孩子使用 / 练习这一技能，将使用什么激励措施？

- 安娜将对有的活动增强控制感 / 选择。
- 安娜将事先得知父母安排的一些活动。
- 安娜将获得一台手机。

### 干预措施成功的关键

- **尽最大的努力坚持最初的约定，并且一直坚持到底。**通常，14 岁的孩子会采

> 用种种办法来试探／触及这个计划的限制，包括不打电话或者晚打电话向父母报告，或者制订一个试验性的计划，然后由父母来执行。这可能是无意的（忘记打电话），也有可能是故意的。当这种情况发生时，做父母的难以坚守底线，因为父母自然想给孩子更多的机会或者不想让孩子大闹一场。但是，只有你始终如一地坚持原定计划，这种干预措施才有可能收到实效。

# 应对常规事务中的变化

曼纽尔（Manuel）今年 5 岁，正在上幼儿园，而且下午放学较早，他妈妈每天下午 2:30 接他回家。曼纽尔一直是个墨守成规的孩子，但他的父母并不是天生就井井有条的那种人。曼纽尔的父母了解到，常规事务以及井然有序的生活空间对曼纽尔来说十分重要。要让他尝试新的活动，得费很大的气力去哄他，而且，假如他第一次体验新事物时感觉不好，他不会再试第二次。若是他在学着骑卸下了训练轮的自行车时摔了一跤，那么，即使下回他爸爸抓着自行车，他也不会再去骑第二回了。在学校里，他要过段时间才和玩伴们融洽地玩耍，而且似乎很享受这种感觉。不过，在曼纽尔和同伴或大人参加的另一些社交活动中，除非他跟其他人十分熟悉，否则往往躲在父母的背后，拒绝跟人接触。有时候，曼纽尔的妈妈每天下午接他回家的日程安排，对他和他妈妈来说都成了一个大问题。大多数时候，他们确定了一个常规的例行程序。妈妈接到他后，母子俩会在附近的商店买点小吃。妈妈在车里播放一张他喜欢听的 CD 碟，然后驾车行驶一段很长的路，以便他在车上把小吃吃完。如果天气很好，曼纽尔会在院子里玩耍，如果天气不好，他就在地下室里玩积木。如果这个下午的行程有任何的变化，比如妈妈要到银行里办事、到学校去接他姐姐，或者载着姐姐参加某个活动等，都会使得曼纽尔哭闹和扔东西，并且几个小时都不高兴。尽管曼纽尔的妈妈理解他需要按部就班地生活，一步步照着这种例行的程序来做，但她对曼纽尔的这些情绪爆发日渐感到厌倦。她知道，随着他逐渐长大，无论是家人还是他身边的其他人都不会迁就他，因此，他们需要想些办法来增强他对改变的容忍度。

　　问题似乎出在，在妈妈接曼纽尔回家时，他只盯着一种计划或一个结果。他妈妈决定想方设法让他习惯不同的日程安排，于是经常采用几种不同的日程安排接他回家。她知道，意外的改变是曼纽尔不能接受的，因此，她首先想出这样一种办法，她对曼纽尔说："曼纽尔，有的时候，我接到你了，然后给你买点小吃，我们就回了。但还有些时候，我必须在我们回家之前先办点别的事情，比如到银行办理业务，或者再去接你姐姐玛丽娅。大多数时候，我头天晚上就知道这些了。你想让我以什么样的方式来让你知道？我可以只是跟你说一声，或者也可以用图片来制订一个计划。"曼纽尔本不打算接受任何改变，但他妈妈很坚决，于是他选择用图片来制订计划。他和妈妈最终决定拍一些照片。一开始，他在姐姐的帮助下画了一些图，把汽车、家、银行、玛丽娅的学校以及玛丽娅踢足球的样子全都画了出来，因为这些是他妈妈在接到他之后最有可能停下来的原因和停车的地方。他们把干净的接触印相纸贴在每一张图片上，然后在其背后贴上魔术贴。起初，曼纽尔的妈妈每个星期用两天时间采用这种改变了的计划，然后增加到每星期三天。每天晚上，她都和曼纽尔一同讨论第二天接他的计划是什么，曼纽尔会把图片放到"日程安排表"中。第二天上学前，妈妈和他又仔细查看一下日程安排，而且，他妈妈会在去接他的时候，把日程安排表带在车上。刚开始，当妈妈接曼纽尔的行程有些改变时，曼纽尔还是提出了一些抗议，但和从前的哭闹和扔东西相比，这种抗议温和一些。久而久之，他妈妈在接他回家的途中增加了更多的其他差事，但只要头天晚上妈妈把这些改变告诉他，他似乎能够更加轻松地应对这些变化了。再后来，曼纽尔的妈妈可以将计划的改变在第二天早晨才告诉曼纽尔，也就是在他出门上学的那一刻才说给他听。她的终极目标是，等到她去接他的时候才把计划或日程安排的变化告诉他，因为这使得她能够更加灵活地安排好自己的时间。

## 第 1 步：确定行为目标

目标执行技能：灵活性

特定的行为目标：曼纽尔在妈妈接他放学回家时参加一些已经安排好的活动，并且做到不发脾气。

## 第 2 步：构思干预措施

帮助实现特定目标，要从环境方面提供怎样的支持？

- 曼纽尔对放学后可能的活动画一些图。
- 妈妈在头天晚上把计划告诉曼纽尔。
- 妈妈早晨时再查看一下日程安排，并在接曼纽尔时把它带上。

传授什么样的特定技能、谁来传授以及采用什么程序来传授？

技能：对日程安排的变化保持灵活性

谁来传授？妈妈

程序：

- 妈妈告诉曼纽尔，日程安排出现了一些变化，并问他愿意妈妈怎样把这些变化告诉他。
- 把不同的活动画成图片。
- 取决于每天的日程安排，把那些画好的图片整合到当天的日程安排之中。
- 头天晚上、当天以及接到了曼纽尔时的那个下午，仔细查看日程安排。

为激励孩子使用／练习这一技能，将使用什么激励措施？

- 计划中不会包含特定的激励措施。

## 干预措施成功的关键

- **不要指望你的孩子对干预措施中的变化也能灵活以对！** 记住，你的孩子可能非常难以面对每天的常规事务中的变化。一旦这种新的方法准备好了，它同样可能变成孩子的一种固定的期望。这意味着，如果你不采用这种方法，孩子会觉得这种干预措施本身又出现了变化，因而怒气冲冲。计划中的任何显著的改变，都应当和孩子一同来仔细观察，以便他知道接下来会发生什么。

- **做好准备应对干预措施中临时增加的未经事先宣布的变化。** 有时候，你就是无法足够提前地预料到计划的变更，以便让孩子做好准备，然而，他也需要学会怎样适应这类临时的改变。只要你的孩子展示冷静应对日程安排中某些变化的能力，你可以事先告诉他，计划有的时候总会出现临时更改。然后，开始在日程安排中引入一些最后一分钟做出的更改，但首先一定要使这些更改是孩子喜欢的（比如出去买个冰激凌等）。然后，慢慢地引入其他类型的更改。

## 第20章

# 咬定目标不放松

　　咬定目标不放松是指确立一个目标并为实现目标而努力，不为相互竞争的兴趣改变初衷。当我们一直在朝着实现长期目标而奋斗时，我们便在展示这种技能。若是某位25岁的女运动员想参加马拉松比赛，并为此训练了一年，那就是咬定目标不放松。倘若某家商店的营业员决心有朝一日当上商店经理，因而在工作中自愿承担额外的任务，以展示他具有朝着实现目标而努力的动机，那他也表现出了咬定目标不放松的技能。当一些夫妇为了筹够买房的首付款而节衣缩食，削减家里的休闲和娱乐开销时，同样是在咬定目标不放松。如果你发现自己为了响应新的兴趣而改变你的目标，或者你觉得随着时间的推移而使自己的绩效不断得到提高，并不是一件很重要的事情，那么，你可能缺乏咬定目标不放松这种执行技能，而如果你的孩子和你一样，也在这项技能上存在不足，可以运用第3章中的建议，尽最大的努力帮助你的孩子。

## 咬定目标不放松的技能如何形成

尽管咬定目标不放松是最后一批发展成熟的执行技能中的一种，但从你的孩子很小的时候开始，你就在一直鼓励他提升这项技能，不过，你自己很大程度上未必意识到了。不论你是在帮助家中的学步儿童拼拼图，还是帮助5岁的孩子学骑自行车，每次你都在鼓励孩子："尽管有的事情很难，但仍要坚持做下去"，那么，你就在推动着他有目的地坚持发展与提升这项技能。同样，当你让孩子牢牢记住，要熟练掌握一些新的技能，需要花时间和精力刻苦练习，并且在孩子坚持做某件艰难的事情时表扬他，那么，你也在帮助孩子珍视咬定目标不放松这项技能。最明显的是，孩子一方面通过练习体育项目或学习某种乐器而了解咬定目标不放松的理念，另一方面，身为父母的你们则通过给孩子分配一些任务（例如家务活）来教育他们坚持。随着孩子慢慢长大，你会自然而然地发现，他可以完成需要更长时间来做的家务或必须在更大的空间范围内来完成的任务了（例如整理自己的房间、打扫院内的落叶、出门遛狗，诸如此类）。

给孩子一些零花钱并帮助他学会为购买期望的物品而存钱，是助推孩子培养咬定目标不放松的另一种方式。到小学三年级时，大多数孩子学会了至少存下少部分钱，以便买些他们想买的东西。到上中学时，大部分孩子已经足够透彻地了解咬定目标不放松的概念，开始练习某个体育项目或某种乐器，或者对他们怎样安排自己的时间而做出选择，以便考出更高的分数。刚上高中的年轻人开始理解，他们每天在学校里的表现，可能影响到以后的一些结果，比如选择上什么样的大学等，而到了大二末期或者大三初期，他们可能迈出更大的步伐来改变自身的行为，以实现自己想要实现的长期目标。

为了对照你孩子的年龄段来评估他咬定目标不放松的技能，完成下面的调查问卷。这份调查问卷建立在第 2 章简要评估的基础之上。

---

### 你孩子咬定目标不放松的技能怎么样

---

使用下面的量表来评定你的孩子在完成以下列举的每一项任务时的表现情况。我们希望每个年龄段的孩子能够较好和非常好地完成列举的所有任务（每项的分数达到 2 分或 3 分）。

#### 等级

0– 从不或很少

1– 能做到但不是太好（大约在 25% 的时间）

2– 做得相当好（大约在 75% 的时间）

3– 做得非常非常好（总是或几乎总是能做到）

------------------------ 入学前 / 幼儿园 ------------------------

............ 会在玩耍或假装玩耍的活动中指引别的孩子

............ 会在想获得某件期望的物品时寻求帮助，以解决和其他孩子的冲突

............ 会为了达到某个简单的目标而尝试多种解决办法

------------------------ 小学低年级（1～3 年级）------------------------

............ 会坚持完成某项艰难的任务，以实现期望的目标，比如搭建复杂的乐高积木建筑

............ 如果在完成任务时受到干扰，在干扰之后会继续投入到之前的任务中

............ 会持续数小时或数天致力于完成某个期望的项目

------------------------ 小学高年级（4～5 年级）------------------------

............ 可以连续三四个星期把零花钱存下来，以便购买某样期望的东西

............ 可以按照练习时间表来练习，以更好地掌握某项期望的技能（比如体育项目、乐器等）——可能需要多次提醒

............ 可以连续几个月坚持某种兴趣爱好

初中（6～8 年级）

能够付出更大的努力来提高成绩（例如，更加刻苦地学习，以便在测验或成绩单上争取更高的得分）

为了挣一些钱，愿意完成某些艰难而费力的任务

不需要旁人的提醒，愿意刻苦练习，以提高某一技能

## 在日常生活中咬定目标不放松

虽然这一技能是最后一批得到完全发展的执行技能中的一种，但你可以采取一些步骤，在你孩子很小的时候帮他培养咬定目标不放松：

- **从孩子很小的时候开始培养，首先给他一些非常简短的任务，而且任务的目标是看得见的（无论是从空间上，还是从时间上）。** 帮助孩子完成任务，并在他完成任务后给予表扬。例如，孩子很小的时候喜欢玩的游戏一般是拼图。首先从只有几块图的拼图开始，如果孩子不知道怎么拼，给他一些提示或帮助（比如，指出孩子需要的那块图在哪里以及要把它放在什么地方，并让孩子自己动手拼好）。

- **在帮助孩子进一步拓展能力以实现更遥远的目标时，先从孩子想要实现的目标开始。** 你儿子可能对坚持完成某些任务更感兴趣，对别的任务兴趣则不那么强，比如，和让他打扫卧室的卫生相比，他可能对建造更加复杂的乐高积木建筑更感兴趣一些。鼓励他，在必要时给予小小的提示、暗示和帮助（也就是说，提供使孩子获得成功的最低限度的必要帮助），然后表扬他坚持了下来。

- **当孩子完成家务活时，让孩子有机会做某件他期待已久的事情。** 这将鼓励孩子坚持完成一些不是十分有趣的任务，比如家务活。如果孩子十分缺乏毅力，在完成某一部分的家务活之后，给孩子一些奖励。

- **逐渐延长实现目标的时间。** 起初，目标应当是"看得见、摸得着"的，能在几分钟之内或者不到一小时之内实现。接下来，你可以延长时间，到最后，你的孩子能够坚持更长的时间去实现目标或赢得奖励。为了帮助他学会推迟数分钟或数天来满足自己，在他朝着目标奋斗的过程中取得一些进步后，给出具体的反馈。在罐子里放一些令牌，用一些拼图，给一幅画的某些部分着色，等等，所有这些方法，都可以用来代表进步（这和社区的筹款者经常使用的温度计没什么不同，在筹款活动中，筹集到的资金多少用温度计中的水银来显示）。

- **提醒孩子，他正在朝什么目标迈进。** 如果他是为了买一件玩具而存钱，把那件玩具画出来，把图贴在他卧室的墙上或者冰箱门上。视觉提示通常比口头提示更有效一些。口头提示常常被敏感的青少年解读为唠叨！

- **运用高科技来提醒孩子。** 一个例子是出现在电脑桌面上的类似于"便利贴"的软件，当电脑屏幕开着时，它便会显示你的提醒；还有一些"倒计时"的程序，比如苹果的麦金塔电脑可以下载类似的软件。

- **确定你用来激励孩子咬定目标不放松的奖励是你的孩子真正喜欢的、不会从其他地方免费获得的东西。** 例如，若你孩子喜欢玩视频游戏，拥有了三个不同的游戏系统，二十多款游戏，任何时候想玩便能玩，那么，当你用视频游戏或者游戏时间来奖励他推迟满足以及咬定目标不放松的行为时，他能受到的激发并不会太强。

## 半途而废者不可能赢得自信：如何帮助孩子坚持工作和玩耍

5 岁的塞缪尔（Samuel）是个充满好奇的幼儿园孩子，总喜欢尝试新东西，但他似乎很快就放弃每一项活动，要么是自己失去了兴趣，要么是活动太难。他不但放弃简单的家务活和学校中的活动等一些"工作任务"，也放弃另一些有趣的活动，比如视频游戏和运动项目（击球／抓球、骑自行车等）。

塞缪尔 3 岁的妹妹和他完全不一样，她仿佛是头小小的"斗牛犬"，不论她想要实现的目标是什么，总会坚持到最后，绝不放弃。这使得塞缪尔的父母更担心他们的儿子。他这种缺乏毅力的性格，会不会使他更加消极对待并且更不接受新的活动？看起来，和小的时候相比，他已经变得更不自信了。

塞缪尔的父母想帮助他，但无论是活动期间的鼓励，还是坚持让他做完事情，都没有对他产生持久的影响。他们想和塞缪尔一同制订计划，但需要更多的信息。例如，塞缪尔开始一项活动时，是不是他的期望值过高了？一旦他开始迈出步伐，他的目标是不是太遥远了？在和塞缪尔讨论了一些他已经不再考虑的活动后，塞缪尔的父母意识到，这两个因素都是部分的原因。在打棒球时，只要轮到他击球，他就想打出一记本垒打（即打到发球区外和球场外）。假如失败了几次，他就觉得自己永远打不出这么漂亮的球，于是不再练了。

塞缪尔的爸爸向他伸出援手，假如他同意制定更短时间、更容易实现的目标（例如只要能触到球），并且将练习的时间控制在较短的时间界限内（5 ～ 10 分钟），爸爸愿意陪他练习击球。塞缪尔表示这样很好，他和父亲在电脑上制作了一张图，以便记住每天练习时摆臂的次数和击球的次数。塞缪尔把那些数据绘制成图表。他似乎喜欢这个计划，而他的父母有时候还发现他自己去练习。如今，他变得足够自信了，能够和朋友一块儿在娱乐项目球中玩儿童棒球，并担任击球手。

塞缪尔的父母也试着对一项家务活运用一个类似的计划，那便是：让塞缪尔把碟子收进洗碟机里。由于他不喜欢干这个，他的父母起初只提一个很低的要求（只要他收自己的碟子和玻璃杯），并且除了做好这些外，每多收一只碟子 / 玻璃杯，便可以挣得积分，作为奖励。他的父母非常缓慢地提高要求，并且使得奖品容易赚到。在一个月的时间里，他便把其他家人的碟子都收进洗碟机里，并且常常赢得奖励。他的父母将这些方法作为一种通用的策略，只要看到塞缪尔难以很好地参与某项活动或者完成某项任务，便用这种策略来教他付出努力和坚持不懈。

## 第 1 步：确定行为目标

目标执行技能：咬定目标不放松

特定的行为目标：塞缪尔要提高自己的技能，能够坚持完成喜欢的和不太喜欢的任务。

## 第 2 步：构思干预措施

帮助实现特定目标，要从环境方面提供怎样的支持？

- 提一些简单的要求，并确定容易实现并在短时间内实现的目标。
- 在简单的图表上追踪孩子的进展情况。
- 父母为培育这一技能提供支持。

传授什么样的特定技能、谁来传授以及采用什么程序来传授？

技能：成功完成小型任务的步骤而实现目标或者达到任务的要求。

谁来传授？塞缪尔的父母将帮助传授该技能，而塞缪尔则会开始自己练习。

程序：

- 父母和他一道确立可实现的目标并明确任务的要求。
- 他同意父母提出的练习时间表和标准。

为激励孩子使用/练习这一技能，将使用什么激励措施？

- 采用正反馈，表明取得优异成绩的目标是可以实现的。
- 采用画图的办法，使得孩子的进步"看得见，摸得着"。
- 完成了任务以后可以奖励一些积分，积攒了一定的积分后，可以从奖励菜单中选择奖品。

## 干预措施成功的关键

- 如果你孩子之所以逃避某项活动，是因为他不可能足够快地获得成功，那么，把那一任务放在孩子更喜欢的任务之前。不难发现，让塞缪尔先收拾碟子，然后才允许他玩电脑或者看电视，可能为他收拾碟子提供更强的激励。对于练习击球之类的事情，也是同样的道理。事实上，对某个难以做到咬定目标不放松并且难以为了某个目标而持之以恒奋斗的孩子来说，即使是一项休闲活动，也不意味着他就喜欢去做。这些孩子很容易失去耐心。

# 存　钱

9 岁的杰瑞德（Jared）在父母眼里是那种注重"此时此地"的孩子。他没有很大的耐心来等待，当他必须为某个目标而努力或者等待他想要的某样东西时，容易感到挫败。例如，他以为自己像他最好的朋友那样擅长玩滑板，尽管他比朋友晚学，练得也不如朋友多。要杰瑞德从零花钱里存下钱来，或者是为了送别人生日礼物而存钱，是件格外艰难的事，而且，只要他手里有钱，他总想到商店里把钱花掉。这样一来，他常常没钱花，并时常央求父母要么给他买自己想要的东西，要么"借"钱给他花，直到他有了零花钱再还上。但是，让杰瑞德把借父母的钱还上，可能十分困难，因此，他父母决定采用"不借"的政策，除非是在特殊情况下才借。他们想看着杰瑞德学会遵循通向未来目标的计划，即使这个目标是相对短期的。

杰瑞德想买一个视频游戏系统。过去，他父母告诉他，如果他自己存钱，就可以买。尽管他尝试过自己存钱，但往往过不了一星期，他便会决定用刚刚存下来的钱买些更加急着用的东西。虽然父母对他在家里玩视频游戏有些许的担心，但他们也还把杰瑞德买视频游戏的渴望当成一种教育他如何实现目标的工具。他们发现，杰拉德有可能为了买这样东西而努力攒钱，而且还会为他想买的其他各种游戏而存钱。如果存钱计划奏效的话，杰瑞德必定会很快看到自己离目标越来越近。简单地从他的零花钱里每星期攒下 5 美元，可能还不够快。因为他的生日即将到来，他从父母、其他亲戚以及朋友那里收到的生日礼金，有助于他"快速启动"他的"筹资"计划。虽说如此，他的父母知道，他还是得以视觉的方式看到自己在购买游戏系统的目标上取得的进展。

杰瑞德父母决定，如果杰瑞德确实有兴趣的话，他们可以帮他制订一个计划来购买游戏系统。他们和他交谈了一番，他表示确实很想买这个游戏。他父母建议，如果他愿意把所有的生日礼金都拿来买游戏的话，再加上从零花钱里补贴一些钱，他最快可能在五六个星期内攒够买视频游戏的钱。说到这里，杰瑞德稍稍有些不舒服，因为这意味着，他在自己的生日派对上收不到礼物了。他建议让他的四个朋友带生日礼物来，同时，他会用父母和亲戚们给他的生日礼金来买视频游戏，不够的部分再用零花钱来贴补。他父母仍担心他忘记这个目标。他们讨论了采用这种方法：把游戏系统画出来，并将图片压膜，然后将这张图片剪成一些碎片，好比一个拼图那样，每个碎片对应 5 美元。有了生日礼金作为"启动资金"，杰瑞德可以完成拼图中的大部分，接下来，每个星期从零花钱中省下 5 美元来，"购买"其他的拼图图片。到了第 10 周，杰瑞德完成了整个拼图，高高兴兴地买回了视频游戏系统。他和父母都喜欢这种让他存钱的方法，并且能够用它来实现另一些长期目标。

### 第 1 步：确定行为目标

目标执行技能：咬定目标不放松

特定的行为目标：杰瑞德将在他生日之后的 10 周之内为他的视频游戏存下足够的钱

### 第 2 步：构思干预措施

帮助实现特定目标，要从环境方面提供怎样的支持？

- 杰瑞德和父母制作一个拼图板，当拼图板已经完整地拼好时，意味着他实现了自己购买一个视频游戏系统的目标。

- 杰瑞德父母会提醒杰瑞德，每次他获得 5 美元，便可以再购买一块拼图。
- 每周，杰瑞德和他的父母会认真查看拼图板已经完成了多少。

传授什么样的特定技能、谁来传授以及采用什么程序来传授？

技能：制订计划和存钱来实现短期目标

谁来传授？父母

程序：

- 杰瑞德和父母使用拼图板来确定一个具体目标。
- 杰瑞德的父母将帮助他确立一个时间界限，使得目标"看得见"。
- 杰瑞德将从某个时间（他的生日）开始执行这个计划，这使得他有一个很好的起点来实现目标。
- 杰瑞德和他父母会每周正式地检查拼图的进展情况，父母将充当啦啦队队员，在每次他买下另一块拼图时，都鼓励他。
- 至少每隔两周，他父母会带着他到商店里玩这个游戏的演示模型，以便他与自己的目标"亲密接触"。

为激励孩子使用 / 练习这一技能，将使用什么激励措施？

- 杰瑞德将拥有自己的视频游戏，这是用其他方式根本无法获得的。
- 父母将采用类似的方法，让杰瑞德购买想玩的其他游戏而存钱。

---

### 干预措施成功的关键

- **记住，孩子的时间界限比你们的短得多**。类似这样的计划要获得成功，必须让孩子能"看得到"目标实现的情景。因此，在向孩子传授这项技能时，不要把目标定得太高。期望孩子连续几个月存钱，或者把他所有的钱全都攒下来，是不现实的。
- **记住，让孩子学会存钱，需要持续不断的长期实践**。做好在长时间内采用这种存钱方法的准备。

Smart but Scattered

第21章

# 培育元认知技能

元认知指的是能够不介入某一局面并对该局面采用宏观视角来观察。它是一种观察如何解决你的问题的能力。它还包括自我监控和自我评估，也就是说，问你自己"我现在做得怎么样"或者"我过去表现如何"。具备这种技能的成年人能够估摸某个问题局面的严重程度和规模大小，考虑多方面的信息，并且对局面如何发展下去做出良好的决策。他们还在事后评估自己做得怎么样，并在需要时决定将来做些不同的事情。缺乏这种技能的成年人可能错过或忽略一些重要信息（特别是社交场合中的暗示），并且往往根据"感觉是对的"而不是根据对事实的细致分析来做决定。如果你感到自己经常说错话、做些令自己后悔的决定、无法自始至终驾驭你正在努力做的事情，又假若你的孩子跟你一样在这些方面存在不足，参照第3章中建议的程序来帮助你的孩子学习这项技能。

# 元认知技能如何形成

元认知是一组复杂的技能，它在婴儿出生后的第一年内开始形成，这个时候，婴儿通过整理、归类以及开始辨别一些因果关系等方式来理清他们的体验。在儿童学走路期间，这些技能得到拓展，这个时期的秩序、例行公事以及仪式等（这些都是孩子借以控制他们的各种体验的机制），对孩子来说变得重要起来。到上学前班时，元认知技能的发展重点从探索转向熟练掌握。在这个年纪，孩子们开始意识到，其他人有着不同的感知体验，并且开始辨别其他人的情绪，也能进行角色扮演活动了。很快，到了 5～7 岁，孩子将会意识到其他人有着不同的想法与感受，并且能对别人的意图做出初步的解读（比如，一旦有人伤害他们，他们能初步判断到底是出于有意还是无意）。到了中学，孩子的元认知能力戏剧性地拓展。这个年龄的孩子不仅对自己的想法、感觉和意图有着更深入的理解，而且还明白，他们的想法、感觉和意图，可能会引起别人的思考。这正是年轻的中学生对自己的行为产生强烈自我意识的原因，也正是这个阶段的许多孩子将服从摆在首要位置的原因。不过，他们还没有了解到的是，仅仅因为其他人可能以看似侵入的方式来思考他们，并不见得那些人就真的要侵入他们！到了高中，随着元认知技能的构成要素不断累积并已准备就绪，孩子可以退后一步，以更宽广的视角来观察事物。

为了对照你孩子的年龄段来评估他的元认知技能，完成下面的调查问卷。这份调查问卷建立在第 2 章的简要评估的基础之上。

---

### 你孩子的元认知技能怎么样

使用下面的量表来评定你的孩子在完成以下列举的每一项任务时的表现情况。我们希望每个年龄段的孩子能够较好和非常好地完成列举的所有任务（每项的分数达到 2 分或 3 分）。

## 等级

0– 从不或很少

1– 能做到但不是太好（大约在 25% 的时间）

2– 做得相当好（大约在 75% 的时间）

3– 做得非常非常好（总是或几乎总是能做到）

———— 入学前 / 幼儿园 ————

在搭建积木或拼图时，第一次尝试挫败后，可以做出微小的调整

可以想出某种工具的新颖的（但是简单的）用法来解决问题

围绕怎样修复某件物品向其他孩子提建议

———— 小学低年级（1～3 年级）————

能够为响应父亲、母亲或老师的反应而改变自己的行为

能够观察其他人发生了什么事情，并适当改变自己的行为

能够围绕某个问题，用言语表述多种解决办法，并做出最佳的选择

———— 小学高年级（4～5 年级）————

可以预期某一行动方案的结果并做出相应调整（例如避免自己陷入麻烦）

可以清晰地阐述多个问题的解决办法，并解释其中最好的一种

喜欢学校的学习任务中或者视频游戏中那些解决问题的部分

———— 初中（6～8 年级）————

能够准确地评估他自己的表现（例如，在体育比赛或者学习任务中的表现）

能够理解他的行为对同伴产生的影响，并做出调整（例如融入团队之中或者避免被人嘲讽）

能够执行需要更加抽象推理的任务

# 在日常生活中培养元认知技能

你可以帮助你的孩子培养两组元认知技能。第一组涉及孩子完成任务情况的能力：评估他在某一任务上的表现情况，比如某项家务活或者某门家庭作业，并根据评估结果做出改变。第二组涉及孩子评估社交局面的能力，也就是说，评估他自己的行为和其他人的反应，以及其他人的行为。

**为帮助孩子培养涉及完成任务情况的技能，试一试以下方法：**

- **对任务完成情况中的关键要素提出有针对性的表扬。**例如，若你想要教育孩子在完成任务时考虑全面而周到，那就这样来表扬他，"你把每一块积木都收进了盒子，我很喜欢"，或者"你还看了看床底下，看看那里有没有脏衣服，我很满意"。

- **教你的孩子评估他自己完成某项任务时的表现情况。**假如他的拼写作业是把每个拼写的单词写进句子中，在他完成这些作业后，你可以问他："你觉得你做得怎么样？是不是按照指示来做的？你喜欢读包含了这些句子的文章吗？"你还可以着眼于改进而提出简单而具体的建议，最好是先肯定孩子："你写的句子真好，但有些时候，你的单词写得都挤到一块儿去了。你可以试着在每个单词结尾的地方放一根手指上去，让这个单词与下一个单词之间保留一根手指那么宽的间隔。"在提供反馈和建议时，暂停对孩子做出评判，因为批评总是会带来混乱。

- **让孩子辨别某件任务完成之后是什么样子。**如果孩子的任务是把碟子从洗碗机里拿出来，让他描述那意味着什么（也就是说，洗碗机里的盘子都要拿出来，放到碗柜里或碗柜的屉子里）。你要把这个写下来，贴到显眼的位置，帮助孩子记住。

- **告诉孩子怎么提出一系列问题，以便他在遇到问题情形时问他自己。**这些问题可能包括"我需要解决的问题是什么""我的计划是什么""我是不是遵守了我的计划"以及"我做得怎么样"。

**为帮助孩子培养涉及评估社交局面的技能，试一试以下方法：**

- **玩一个猜谜游戏，教孩子怎么解读别人的面部表情。** 许多在这一技能上存在问题的年幼孩子不知道如何读懂别人的面部表情，或者不知道怎样解读别人的感觉。向孩子传授这种技能的一种方法是将其改编成猜谜游戏，由父母和孩子轮流表演一些面部表情，再轮流猜那个人试图在传递怎样的感受。另一种方法是在看电视的时候把声音关掉，根据节目中人物的面部表情和肢体语言来猜测那个人的感受（你要把节目录下来，以便可以倒回去，在有声音的情况下验证你和孩子的猜测到底对不对）。

- **帮助孩子辨别语音语调会怎样改变一个人所说的话的意思。** 有人说，在交流中，面部表情传达 55% 的意思，语音语调传达 38% 的意思，而真正说的话只传达 7% 的意思。教你的孩子给不同的语音语调添加标注（例如揶揄、挖苦、抱怨、生气等），然后让孩子用这些标签来辨别他在交流中运用的以及别人运用的语音语调。

- **谈一谈某人无意中透露出来的信号，即使当这个人在试图掩盖他的感受时，也可以借助这些信号发现。** 他有没有发出一些微妙的信号（例如紧闭嘴唇以表示生气，反复摆弄手中的东西则表明内心焦虑）？把这些过程改编成一个侦探游戏。

- **让你的孩子辨别他的行为可能使别人产生什么样的感觉。** 这将教给孩子一些传递感觉的语言和因果关系。

## 不再自以为是：帮助孩子学会倾听

11 岁的耀茜（Yoshi）在她家的三个孩子中排名老大。她是个十分用功的学生，有很强的记忆力，总是喜欢读一些富含信息的读物，看一些知识面很广的电视节目，比如"探索"频道和"动物星球"频道。由于她的深厚功底以及广泛兴趣，并掌握了大量的信息，在许多学科上有如一位"初级专家"。

耀茜的父母和亲戚鼓励她这样很好，并且还时不时地向她请教一些问题。耀茜乐于和别人分享自己丰富的知识，喜欢充当专家的角色，也喜欢大人有时候对她的赞赏。但她不知道如何把握合适的度，也不清楚什么才算适可而止。在和别人交谈时，她常常纠正别人，或者对别人说的话置之不理，一味地主导着交谈。在家里，这成了她与妹妹之间发生冲突的主要原因。现在，耀茜的父母发现，她这种自愿和别人分享知识的行为，有时候反而成为她的问题。她最亲密的朋友也对她这种自以为是感到厌烦，在学校里，这种行为已经导致她和同学在课堂上发生冲突。从耀茜自己来讲，她有时候知道别人对她的评论或纠正给予了怎样的反应，但往往觉得这是别人的问题，不是她的问题。耀茜的父母担心，她的这种行为正给家人制造不和谐，同时也让她和妹妹以及同伴之间产生隔阂。

当耀茜的父母想帮耀茜时，她却坚持说自己没有"做错"任何事，而且她还试图帮助别人。但当他们更深入地探讨时，耀茜承认，她之所以担心，是因为有时候感到人们不喜欢她。

由于谈到耀茜知道的事情时，她就会脱口而出并滔滔不绝地说下去，所以，怎样想办法来帮助她呢？问题变得有点复杂。耀茜建议，他们也许可以先从家里开始解决这个问题，因为她常在妹妹面前表现得自己无所不知，尤其是在一家人吃饭的时候。她父母提出，第一步是考虑让她成为一名倾听者，而不是说话者。她同意了。然后，第二步是接受别人说的话而不去纠正他们。

为了开始实施这一计划，耀茜答应练习做一位倾听者，这意味着她在餐桌上要等妹妹们和父母先说话，然后自己再说，做最后一个说话的人。当她开口说话时，她可以请妹妹们和父母提供更多关于他们探讨的话题的信息与 / 或称赞他们。她还可以谈论自己的活动与兴趣爱好。耀茜和父母还想出了一套提示的办法，以便当她开始纠正或"教训"别人时，父母可以给她发信号。在开始之前，一家人先坐在一起交谈，耀茜则解释了她将怎样努力改变以及打算做些什么。

刚开始时，耀茜发觉自己很难遵循这个计划，常常一顿饭下来，坐在那里只顾吃，默不作声。不过，随着时间的推移，也随着父母不断地示范怎样称赞别人和提问，耀茜也能够这样做了，并且能在不纠正别人或者不给别人"提建议"的情况下进行交谈。她开始对自己的朋友和同学也使用同样的方法。她觉得，把这个计划告诉她的老师也没关系，所以她就告诉了她的老师而且她的老师也同意，如果她在学校里开始一味地主导某次探讨或者开始批评他人时，老师也提醒一下她。现在，由于耀茜并不是时时刻刻都自以为是了，她身边的大人和同伴更愿意向她请教。

### 第 1 步：确定行为目标

目标执行技能：元认知

特定的行为目标：在谈话中更多地听，更少地教训和纠正别人

### 第 2 步：构思干预措施

帮助实现特定目标，要从环境方面提供怎样的支持？

- 家里的其他人先说话。
- 如果耀茜开始教训或纠正别人，父母 / 老师会提示她。
- 父母 / 老师会示范怎样倾听以及进行可接受的交谈。

传授什么样的特定技能、谁来传授以及采用什么程序来传授？

技能：在社交中先听后说以及对别人所说的话表现出兴趣

谁来传授？父母 / 老师 / 朋友

程序：

- 一家人吃饭时，耀茜做最后一个开口说话的人。
- 耀茜开口说话，要么是想从刚刚说话的人那里获得更多信息，要么是称赞刚

刚说话的人所说的话。

- 当耀茜开始训人 / 纠正别人时，父母提示。
- 耀茜模仿父母的口头语言。
- 耀茜也在学校以及和朋友在一起时试用这些方法。

为激励孩子使用 / 练习这一技能，将使用什么激励措施？

- 父母和老师夸奖耀茜的倾听技能。
- 朋友们欢迎耀茜加入团队，对她的负面评论消失了。

## 干预措施成功的关键

- **由于你不可能时刻监视孩子的行为，因此需要一种替代方法来追踪观察他的进步。** 一种可能是，让你的孩子记下（即使是非正式地）他只是听妹妹们或朋友们说话而不去打断或纠正的场合，并且向你报告，还要举出几个特定的例子。另一种可能是，让孩子找一位他信任的朋友，如果他又开始一味地主导某次交谈，则由这位信任的朋友给他暗中发出提示。
- **你在帮助孩子评估他的表现时，要牢牢记住，对你来说重要的，但对你的孩子来说不见得总是重要。** 处理这个问题的最佳方式也许是折中。努力追求的标准绝不能是完美，而是一种能让孩子也产生好感觉的出色表现。正如大人会在某些任务上花更多的时间和精力，在另一些任务上则少花些时间和精力一样，孩子也得能够自行安排他们的时间和精力——并不是每一次家庭作业都要做成"杰作"，也不是在每一次的社交中都得成为胜利者。

# 学会评估绩效

14 岁的科里（Cory）上八年级，他有个 10 岁的妹妹。兄妹俩主要和他们的妈妈生活在一起，并且一星期只有一个晚上去看望爸爸，过周末的时候，则是妈妈和爸爸轮着来。他们的妈妈有一份全职工作，所以希望两个孩子分担一些家务活。除此之外，有时在妹妹放学后，科里还得照顾一下她。科里在一支乐队里吹小号，并且每周在当地一家杂货店工作 10 小时，负责回收购物车。

科里觉得自己干劲十足，工作很勤奋，但在学习上却表现平平。自从进入初中以来，他感到自己在学业上付出的努力与他获得的回报不相称，这使得他越来越感到失败。事实上，他在家做作业和复习时，不需要任何人提醒或激励，但在学校里的分数，似乎没有体现这一点。在工作中他比较可靠，但他从开始工作后，一直没有获得加薪，他的主管有时候说他还得更细心一些。

一直以来，科里的不足之处是没有细致地检查自己的事情做得怎么样。在他还小的时候，这并不是个太大的问题，因为他的父母或老师在他身边密切地关注着。但如今，他长大了，母亲、老师以及主管都期望他能独立地检查自己的学习和工作。

科里的妈妈给他举了一些具体的例子，说明他不稳定的绩效会对学习和工作的质量产生怎样的影响。比如，他用吸尘器打扫房间卫生，有时候能打扫得干干净净，有时候却马马虎虎。再比如，他有时没完成学校布置的编辑文章的任务。科里始终愿意接受类似这样的反馈，然后纠正自己的行为，因此，他只需要事先想清楚自己需要检查些什么，以便自己可以监测自己的绩效，而不是等着别人在他完成任务之后再来告诉他，他并没有达到标准。

以用吸尘器打扫房间为例，科里妈妈要求科里先想一想这项任务，并且为完整地做好这件事情制作一个"从开始到结束"的清单。当他做完时，妈妈和他一同对照清单来检查，妈妈会建议他还得完成一个额外的步骤。于是，这变成了科里做这件家务活的清单。理解了这种想法后，科里找到杂货店的主管，询问自己可以怎样把回收购物车这件特定的工作做得更好。主管也很乐意帮忙，于是科里决定让主管在两周之内和他一块儿检查，看看他是不是做对了。学校的任务稍稍复杂些，因为学习的科目很多，学习任务和作业种类繁多。科里和他妈妈先跟老师见了面，他解释了他想努力做些什么。母子俩和老师仔细察看了科里的成绩单和进展报告，看看他在哪些特定的方面更有可能出现问题。掌握了这些信息后，科里的老师发现，写作是科里的主要问题。英语老师建议和他当面交谈一次，因为这是老师自己分内的事情。英语老师为他的写作列出了一个任务清单（即写作规则），而且同意在他开始写作之前，先跟他一同仔细地了解这份清单，同时还会检查他写出来的初稿，以确定他是不是很好地监督了自己的学习任务并遵守了写作规则。接下来，科里把这样的清单还用到其他方面，在着手完成学习任务和工作之前先仔细察看清单，并且让相关的人（老师、主管等）来评估他对自己任务的监测情况，所有这些做法帮助他改进了自己的学习和工作。科里还从这个过程中意识到，当别人告诉他得更加仔细或者考虑更加周到时，他将为完成学习任务或工作任务制订一个类似的计划并严格遵循。

### 第 1 步：确定行为目标

目标执行技能：元认知
特定的行为目标：在完成特定的任务期间，科里将对照该任务的标准来评估自己的绩效，并致力于达到该标准

### 第 2 步：构思干预措施

帮助实现特定目标，要从环境方面提供怎样的支持？
- 母亲 / 主管 / 老师为他们各自的领域中挑选的任务提供标准（以清单的形式）
- 母亲 / 主管 / 老师就科里的表现向他本人提供反馈

传授什么样的特定技能、谁来传授以及采用什么程序来传授？

技能：科里将学会评估自己在特定任务上的绩效，并在必要时采取措施来纠正，使自己的绩效达到该任务的标准。

谁来传授? 母亲／主管／老师提供绩效标准和绩效反馈

程序:

- 科里和大人们一道,选择一系列的任务来监测并提高自己的绩效。
- 大人们提供涉及这些任务的可接受的绩效标准。
- 科里在着手执行任务之前,先详细了解大人们的期望。
- 科里执行任务、监测绩效,大人们针对他达到标准的情况提供反馈。
- 科里在必要时采取措施提高绩效。

为激励孩子使用／练习这一技能,将使用什么激励措施?

- 大人们对科里的绩效提出正反馈(表扬和鼓励)。
- 在学校里,成绩有所提高;在工作上,绩效有所提高,有可能获得加薪。

## 干预措施成功的关键

- **不要想着一次性解决太多不同的行为问题。**刚开始时,只对一两种行为进行干预。最好的方法也许是一次只解决一个方面的行为问题,比如家里的或学校的,而不是试图同时解决两个方面的问题。
- **对你想要改变孩子的非常特定的行为提出十分明确和具体的反馈。**如果你的孩子有十足的动力来提高绩效,并且能够接受其他人的反馈,这个计划成功的可能性很大。但是,如果你对孩子说:"你得更仔细些。"孩子的老师说:"把更多时间花在学习上。"或者孩子的老板说:"在工作时留神点。"那么,这个计划可能注定会失败。孩子需要具体的指导,好比:"检查这六排汽车,看看中间有没有购物车,同时还要检查购物车回收区。"

第22章

# 什么时候你做得还不够

　　若孩子存在明显的执行技能不足，那么，你本人为解决问题能做的一切，事实证明可能是不够的。假若你试着采用过本书中到目前为止介绍的策略和建议，但根本没有取得成功，而且第 11 ～ 21 章中提供的答疑解惑建议也没什么帮助，你可能得更加细致地观察到底问题出在哪里。

　　当你为孩子的家庭作业和家务活制订的计划没能奏效时，我们建议你密切关注你的干预措施，确保其具备成功的必备关键要素。如我们说过的并且可能证实过的那样，你可以提高孩子的执行技能。我们还说过，提高孩子的执行技能，需要付出努力、关注细节，特别要着重关注计划在前端的实施情况。尽管听起来你也许觉得过于简单化，但迅速地评审计划的每一个步骤，确实十分重要。

　　如果你来找我们，我们可能会向你提出下面这些问题。

　　你正在努力解决的特定问题是什么？例如，你的孩子是不是一遇到计划的更改就哭闹？他会不会手头一有钱马上就花掉？他是不是每天都遗失东西或者把东西乱扔乱放？你有没有足够明确地阐述过问题的定义，以便你自己能够判断解决问题的努力是成功还是失败？在描述行为时，需要做到足够精确，这样的话，你、你的孩子以及任何涉及其中的人，才能毫无疑问地确定这种行为是不是已经发生。假如在描述时包括"总是"（always）、"从不"（never）、"一切"（everything）、"任何时候"（all the time）以及"诸如此类"（so forth）等词语，可能过于笼统了。例如"吉姆经常找不到东西""杰克在什么场合都迟到""迈克动不动就哭""艾米不管什么时候都迟到"以及"泰勒不遵守指令"等描述，都没有为解决问题或评估计划的成功与否提供足够的信息。明确阐述什么（例如，她找不到什么东西）、什么时候（这种行为在什么时候最有可能发生，或者它在什么时候导致最严重的问题），以及什么地方（在什么情况下出现的次数最多），有助于更好地定义存在的问题。即使这种行为在大多数局面下都出现，关键在于选定一个具体的地点（记住，也就是"起始步骤"）。

你借以判断问题是否已经改进以及你可以忍受何种行为的标准是什么？整体的行为改变不仅难以做到，而且不可能一夜之间实现，至少也要在短期内才能实现，因此，我们鼓励你在期望孩子取得进步时做到切合实际。列举如今出现问题的两三种特定的局面，阐述你希望在这些局面下各种事情如何发展，并且告诉孩子，你想要他做些什么。这方面的一些例子包括：①可以对改变提出不满的意见，但要能在不发脾气的前提下接受改变；②至少把自己挣到的30%的钱存下来；③假如需要你帮着寻找找不见的东西，那就每星期不能超过两次。重要的是从小小的进步开始，而且不断地积累小进步，而不是期望问题会得到彻底的解决。朝着目标最初迈出的步子，应当视为成功。

鉴于你孩子的年龄、当前的技能以及孩子达到你的期望需要付出的努力，你的期望是不是切合实际？看看你怎样回答这个问题。如果你发现自己有点恼火地说，"我在他这个年纪时，一定不会出现这样的问题"或者"他这个年纪的其他所有孩子，都可以平静地应对这个局面，不至于情绪崩溃"，那么，你的期望可能太高了些。如果是这样，你得回到上一个问题：你可以接受什么样的进步的迹象？

你准备为孩子提供什么样的环境方面的支持？例如，你是不是准备了一种看得见的提示，来提醒孩子，计划即将更改？当孩子手里有些钱时，你有没有给他准备一个存钱的地方？存放各类物品的空间，是不是带有一些特定的图片或者写好的标签？

你试图向孩子传授哪些特定的技能？确定孩子的问题之后，你还要清晰地阐明你希望教给孩子怎样的行为。尽管我们鼓励你首先辨别其中涉及的执行技能，但这些技能是在更加具体的行为中教给孩子的。在上面的例子中，你要教会孩子辨别计划改变的迹象并以可接受的方式给予反应，教会他把挣来的钱立即存到他的"银行"里，或者告诉他把玩具放在特定的存放位置。

谁负责向孩子传授这项技能，采取什么样的程序，以及多长时间传授一次 / 练习一次？特别是在你帮助孩子提高执行技能的开始阶段，不但给孩子强加了责任，同样也给向孩子传授技能的那个人强加了责任。如果我们希望孩子学会的技能适合于心理学家所说的"一次试验学习"，那么，身为父母的我们，教育孩子可能会容易得多。在现实中，我们期望孩子将来离开我们独立生活时熟练掌握的大多数重要的行为，都需要长时间的练习。你有没有把这方面考虑到你的计划中？

你将使用什么激励措施来帮助激发孩子学习新的技能 / 行为，并且在需要运用它们的局面出现时练习它们？我们发现，这是在制订计划时一个通常被忽略的步骤。孩子看重的奖励，可以成为让孩子试着执行计划的强大激励手段，随后还可以作为一种显示计划成功与否的信号。一旦孩子学会某项技能，你只需采用赞同和表扬等自然的激励措施，便足以使他持续运用该技能。我们不把奖励当成"贿赂"，但有些父母运用奖励时感到不舒服。如果你也是他们中的一员，建议你用孩子喜欢的一种活动来当成奖励，并且让孩子在这种活动中展示你想要的行为。

如果你认为自己已经解决了问题，并且制订了一个合理的、特定的计划，其中包含了对孩子的支持与激励，但这个计划还是无法运行，那么，还可以考虑其他一些因素。

- **要始终如一地遵守计划。**我们都很忙，当日程安排出现变化时提醒孩子，并不总是一件容易或者方便的事情；我们也不见得时时刻刻都能监控孩子，以确保孩子把钱或物品保存好。而且，我们并不是始终能够及时地给孩子以激励。偶然的疏忽在所难免，而这些疏忽，不会导致计划失败。相反，如果我们只是断断续续地遵循计划，那才会导致计划失败。那样的话，你会看不到孩子的变化，因此也没有什么动机继续去努力推行计划。你的孩子会发现，计划对你来说不重要，因而也不怎么努力去执行，而是回到老路上。出于这些原因，计划应当保持相对简单，而且，执行计划的时间期限，要与你能够出面支持和监督的时间相一致。

- **在运用计划的成年人中保持一致性。**如果父母中的另外一个人、哥哥或姐姐，或者老师应当运用这个计划或运用其中的某个部分，那么，他必须坚持一些关键要素，否则，计划可能失败。我们认识的一位母亲想让孩子执行将零花钱存下来的计划，但她的丈夫起初不想这样做，因为她丈夫小的时候根本没有收到过零花钱，所以觉得孩子也不应该有。这位母亲先把计划暂时搁置起来，直到她说服了丈夫，让丈夫知道孩子学会为将来的某个目标而存钱的好处，才开始实施计划。假如她不顾丈夫的反对而实施这个计划，可能会出现问题。如果有好几个人共同负责孩子的照顾 / 管理责任，他们应当坐到一起来讨论计划，并且就每个人从一开始时扮演的角色达成一致。如果计划涉及家庭作业或学校的学习资料（例如书本等），父母和老师应当清楚地阐述每个人对孩子的期望是什么，应该隔多久沟通一次，以及这种沟通怎样进行，而且，在大多数情况下，不应当让孩子参与这种沟通，因为众所周知的是，孩子并非出色的传递信息者。

● **要把计划实施的时间考虑进来。**关于某个计划应当试验多长时间，并不存在一些不可违反的规则。如果计划是合理的，也就是说，它达到了上述的大部分标准，那么，试行 14 ～ 21 天。这看起来可能不是很长，但在我们的经验中，父母通常只试行 4 ～ 5 天，然后就开始时而执行，时而放弃。你同样也可能陷入这种诱惑之中，原因有二：首先，假若你看不到任何变化，或者计划并没有给你带来直接的回报，你可能难以一直投入必要的精力去执行它；其次，也许你几乎一夜之间就看到了孩子的进步，觉得他们已经达到了你的期望，于是松懈下来。在这种情况下，进步不可能持久，只在几个星期时间内，孩子便会回到老路去。为了让你对自己保持诚实，你要在计划准备就绪时，每天花些时间，用一个 5 分的量表来评估自己坚持得怎么样。（1 分代表"我今天真的弄砸了"，5 分代表"我 100% 坚持了计划"！）

我怎么知道自己的孩子不能或者不去执行计划？也许她只是懒！在我们多年来的专业实践中，我们遇到可以称为"懒人"的学生少之又少，只是遇到过一些孩子感到灰心丧气、怀疑自身能力、觉得尝试后失败了反而比根本不尝试会遭受更多的惩罚，或者更喜欢花时间做一些自己觉得有趣的事，不愿去做那些繁重或艰难的事情。关键的问题并不在于孩子到底是不能做还是不愿做，而是在于要采取措施帮助他们克服障碍，那些障碍阻止孩子熟练掌握当前没有完成的任务，或者妨碍孩子完成这些任务。帮助孩子克服障碍，通常还要将多种方法结合起来，包括对任务进行调整，使之看起来不那么令人生畏，告诉孩子要遵照一些步骤来执行任务，并在他执行任务时提供监督，以及引入一种激励措施，使孩子觉得他的努力是值得的。如果做好所有这些，孩子可以做到既聪明又能集中精神。

# 寻求专业帮助

若你已经尽了最大的努力，依然没有看到孩子太大的进步，怎么办？没错，有些孩子在执行技能方面存在的问题，并不是父母能够靠自己的努力轻松解决的。如果你确定你的孩子也这样，可以寻求有执业资格的专业人士的帮助，比如心理学家、社会工作者或者心理健康顾问。专业人士的头衔是什么并不太重要，重要的是他临床实践的方向。我们建议找一位专家，他要么运用一种行为方法，要么运用一种认知行为的方法，而且在育儿培训方面经验丰富。

运用行为方法的临床医生着重辨别导致问题行为的特定环境触发因子（称为前因）和响应的行为方式（称为后果）。接下来，他们帮助父母要么改变前因，要么改变后果，要么同时改变两者。认知行为治疗师可能采用一种类似的方法，但他们还研究孩子和父母怎样思考问题情形，并且教他们换种方式来思考（例如，为他们提供一些应对的策略，包括自言自语、放松以及思考停止等方法）。我们不建议找那些运用传统谈心疗法或关系疗法的治疗师，因为我们认为，孩子和父母学习一些特定技能与策略是有好处的，那些技能与策略用来处理由于执行技能差而导致的问题。

# 什么时候进行测试是合理的

存在较为严重的执行技能问题的孩子家长常常问我们，是不是应当对他们的孩子进行测试。我们并不极力提倡将测试作为辨别执行技能不足的手段，因为那些专为评估执行技能而设计的测试，往往并没有与父母和老师对将要评估的孩子所了解的情况很好地关联起来。尽管如此，在下面这些情形中，测试可能是有益的。

● 如果你觉得你的孩子需要学校提供额外的支持，那么，进行一次评估，以提供必要的文字记录，证实孩子身上确实存在某个需要解决的问题。

- 如果你觉得孩子还有其他的学习问题（比如学习障碍或注意力障碍），那么，开展一次评估，有助于清楚地发现这些问题。

- 如果你认为你关注的行为可能还有其他的解释，那么，这种解释可能暗示不同的治疗选择。像躁郁症、焦虑、抑郁、强迫症等所有这些心理障碍，都对执行技能产生影响。医学界研发了针对这些障碍的治疗方法（包括药物治疗和特定的治疗方法等），而且，准确的诊断有助于为适当的干预措施指明方向。

如果你决定采用一种手段来评估孩子的执行技能优势与不足，通常进行这类评估的专业人士包括心理学家、神经心理学家和校园心理学家。如果问题足够严重，甚至导致孩子在校学习的失败，那么，学校必须提供这种评估。（参见下一章中对校园学习失败的原因所做的更清晰的阐述。）

评估者可能使用各种各样的测试，比如智商测试或成就测试等，但除了这些以外，专家应当使用专为评定执行技能而设计的评级量表（比如执行功能的行为评定量表等），还应当与父母进行详细访谈，以便收集日常生活中孩子的执行技能问题如何显现等信息。收集这类信息的好处是，它自然会指出如何制定干预措施，毕竟制定干预措施才是评估的主要目的。

## 关于药物疗法的思考

有的药物用于治疗心理障碍或基于生物学的障碍，如注意缺陷 / 多动障碍、焦虑症和强迫症等。这些药物可以改善执行技能，但它们并非专门用于该目的。

多年来开展的许多研究发现，兴奋剂药物能够十分有效地控制大量与注意缺陷 / 多动障碍相关的症状，包括注意力分散、难以完成工作、过度反应以及冲动控制等。由于患有注意缺陷 / 多动障碍的孩子在服用兴奋剂后可以更有效地工作，并且能够更长时间地坚持完成任务，因而我们发现，服用过这类药物后，这些孩子在时间管理技能和咬定目标不放松技能上也有所改善。治疗焦虑症的药物可以解决由于潜在的焦虑而导致的情绪控制问题。在我们知道的研究中，没有哪项研究准确地指向了特定的执行技能，以确定药物疗法的运用是否提高了孩子的执行技能，或者优化了需要使用特定执行技能的任务。

我们在临床实践中见到的父母通常更喜欢首先试着采用非药物的干预措施，我们也支持这样做。药物的使用可能使得父母和老师认为，光靠这种干预就已经够了，但我们相信，当药物治疗法与行为的或心理的干预措施结合使用时，其效果可以得到增强。此外，有些研究表明，当药物治疗与其他干预措施结合起来时，可以减小药物处方的剂量。出于这些原因，我们建议在考虑药物治疗之前先使用其他一些方法，比如改变环境、使用家校报告卡以及建立奖励体系等。

不过，有些时候必须使用药物。对于患有注意缺陷／多动障碍的孩子，父母可以从他们身上察觉大量的警示信号，这些信号表明，值得考虑试验性地运用兴奋剂药物。包括：

- **当注意力障碍（尤其是冲动行为和运动活动水平）对孩子结交或留住朋友的能力有影响时**。人们在儿童时期构建社交关系的能力，是整个一生中能否进行良好的调整的可靠预测指标，而由于注意力障碍妨碍人们建立社交关系，因此有必要采用药物治疗。

- **当注意力障碍开始影响自尊时**。即使孩子的注意缺陷／多动障碍的症状很轻微，他们也知道自己的注意力问题在学校里比较扎眼（例如，老师总是提醒他们专心听讲）或者妨碍学校任务的成功完成（例如，使他们犯下许多粗枝大叶的错误）。当孩子开始对自己做出负面的评价时，注意力障碍可能对其自尊产生影响，而这种情况可以通过使用药物来减轻。

- **当注意力障碍直接影响孩子的学习能力时**。这种影响可能以几种方式呈现：①他们在课堂上难以保持专注，因此忽视老师的指令，或者无法端坐在课堂上；②他们变得十分容易被挫折打败，以至于轻易放弃，而且在学习上也喜欢走所谓的捷径；③他们缺乏耐心来计划和执行不可能迅速完成的任务。这些影响还表现在，由于孩子无法做到仔细检查成功完成任务涉及的各个步骤，他们要么在任务需要放慢速度时却难以放慢，要么无法处理包含多个步骤的问题。

- **当孩子控制他的分心、冲动或运动活动所需要付出的精力足够大，足以影响他整个的情绪调节水平时。**

对那些由于抑郁或焦虑而导致情绪控制出现问题的年轻人，父母应当在决定是否采用药物治疗时，先考虑问题的严重程度。有人对成年人开展了一项研究，结果发现，在治疗焦虑和抑郁等症状时，认知 – 行为疗法可能跟药物疗法一样有效，但当孩子无法运用这种认知 – 行为疗法，而抑郁或焦虑会变得无孔不入、无处不在，严重影响他的生活质量时，值得考虑药物治疗。

第23章

# 与学校密切协作

　　执行技能存在不足的孩子不仅在家里有问题，在学校也同样有问题，事实上，往往正是由于他们在学校产生问题，父母才会来到我们的办公室求助。令许多向我们求助的父母感到失败的是，孩子在家时，父母的确费了很大的努力来解决孩子的问题，但他们对学校的环境无法掌控，而有些问题恰好就是在学校里产生的。如果我们这本书不告诉父母如何与学校密切协作，那会是不完整的。

　　为解决学生的执行技能问题，我们常年与父母、老师和学生接触，在此过程中我们了解到，要让孩子的执行技能真正有所改进，**每个人都得更加努力**。老师必须为执行技能不足的孩子做更多；身为父母的你们，得对孩子进行更多的监督和监控；执行技能不足的孩子，则必须比正常孩子更加努力地学习。我们还发现，如果这三方中的任何一个人没有努力做好自己分内的工作，大人与孩子之间更有可能出现关系紧张、冲突、不快。

从讲究策略的角度来看，在说服老师改变处理孩子问题的方法时，非对抗的方法通常比指责或控告更好。从每个人都得付出更大努力的前提出发，我们建议你和孩子的老师开诚布公地交谈，把你看到的问题摆到桌面上来，并且说："这些是我们能做的，而这些是我们准备要求孩子做的。"接下来提出一个启发式的问题："您认为会有什么好处？"例如，对于难以把作业做完并记得及时上交的孩子，你可以说："我们愿意每天晚上检查他的作业，和他一起制订完成家庭作业的计划，监督他把作业本放进家庭作业文件夹，并且把文件夹放到书包里。您觉得还有什么办法来保证他按时交作业吗？"如果孩子的老师觉得，他没有义务来为解决孩子的问题提供个人的帮助，你要向老师推荐这本书，或者推荐我们特别为教育者写的另一本书，书名为《儿童和青少年的执行技能：评估与干预的实用指南》(*Executive Skills in Children and Adolescents：A Practical Guide to Assessment and Intervention*)，这些将使老师更好地理解执行技能和怎样解决课堂问题。

下面是我们在和父母合作的过程中经常提到的一些与学校相关的问题。

**我女儿的老师显然认为，如果我的女儿进行药物治疗，每个人都会好过很多。我首先想试试其他方法。怎么处理这个问题？** 对这个问题。我们的回答是简明直接的：药物治疗绝不应当成为学校老师做出的决定。相反，是否采用药物治疗的决定，只能由父母和孩子的医生做出，其他人一概无权决定。如果你正在犹豫要不要对孩子进行药物治疗，最后还是决定采用药物治疗，那么，孩子的老师或教育者可能更容易接受这种决定。你可以对老师说："我对我的孩子服用药物感到紧张。我知道可能会有一些副作用，那让我担心。我想尝试一下别的方法，就是……"如果你让老师知道你愿意更加努力地对待孩子的问题，他们同样也可能愿意更努力。

**我孩子的老师说，他会努力适应我孩子的执行技能问题（比如每天放学前和他一块儿检查，确保他把完成家庭作业需要的东西都带上了，或者每周**

给家长发送一份进展报告，以便我可以掌握哪些作业孩子没做），但接下来，老师把这件事忘记了，因此我的儿子还是没做好家庭作业。我该怎么办？如果这位老师本想帮助你的孩子（但也许他自己也存在一些执行技能的不足），你应当对他表示同情和理解。"我知道您在孩子放学的时候很忙。我能帮什么忙吗？"有些老师只会勉强答应更多地提示、监控和监督孩子，不过，当他们没有做到时，真相便浮出水面。在被追问时，他们可能会说："我觉得你的孩子应当自己做这些事情。"对这种评论，你的反应可以是："我们在此之前试过，但没有效果。我们需要做更多而不是让他自己做好所有这些事情。"尽管如此，你还可以做一些事情，使得老师更容易帮助你的孩子。我们通常建议父母每周给老师发邮件，以便老师知道哪些家庭作业孩子没有做。由于回复电子邮件比写邮件更简单，这便减轻了老师的负担，而且使这种沟通更加可掌控。我们还认识一些母亲，她们每个星期都高高兴兴地到孩子学校，帮助整理书桌或储物柜。这样并不是在帮孩子"摆脱困境"。相反，父母和老师要采用一些方法来帮助孩子对自己负责，同时又监督他们。

　　**对课堂老师应该持怎样的合理期望，期望他帮助我的孩子更有效地提升执行技能？** 我们发现，最有效地支持学生提升执行技能的那些老师，也是规定整个班级的常规事务，以帮助孩子提高诸如整理、制订计划、工作记忆和时间管理等技能的老师。他们还将执行技能的教导融入科目的主题教学之中。他们教孩子怎样将长期的学习任务分解成一些子任务，并且为子任务的完成确定时间界限。他们规定家庭作业的程序，确保学生记得上交作业，同时还规定一些放学前的常规事务，帮助孩子学会检查自己的作业本，并把自己做家庭作业需要的所有东西都放进书包里。他们为帮助孩子控制冲动和管理情绪而制定课堂规则，并且定期和在有机会时（例如，在某位嘉宾即将到班上来演讲时，或者就在下课休息之前）评审那些规则。

　　要再次强调的是，由于老师同样在一些特定的执行技能上存在优势和不足之处，因此，有些老师比另一些老师更多地将这些活动结合起来。如果你孩子的老师无法很好地做好这件事，那么，合理的做法是，除了寻求老师的帮助外，还去找寻另一些资源，比如向课堂助理、学校辅导员、校长或副校长求助。许多学校组建了老师辅导团队，在这样的团队中，课堂老师、管理者和专家定期开会，探讨如何解决特定学生的学习问题或行为问题。你可以让老师将你孩子放到那项议程之中，并且和老师辅导团队一道，围绕该问题进行头脑风暴讨论。

**若是执行技能问题足够严重，什么时候需要一些额外的服务，例如 504 节计划<sup>○</sup>或特殊教育？我怎样使用这些服务？** 我们采用的一般经验原则是，当孩子存在不足的执行技能影响他在学业上的成功时，就必须采用额外的服务。成绩的下降，一定是学术失败的迹象。但我们还会争辩说，当孩子的成绩差归咎为他们的执行技能不足时，一方面，他们的成绩并没有体现他们自身的潜力；另一方面，也预示着他们需要额外的支持。这些支持以非正式的方式提供（好比上一个问题的答案中暗示的那样），但也可能以更加正式的方式提供，要么通过 504 节计划，要么通过特殊教育。

504 节计划和特殊教育受到法律法规的约束，它规定什么人有资格享有这些服务，以及该享有哪种服务。504 节计划是一部人权法律，禁止歧视残疾人士。它设计用于确保残障儿童享有与正常儿童同样的教育。根据这条法律提供的服务，一般是在正常的课堂背景中做出调节与修改，而且，这些服务旨在使孩子能够受益于课堂教学。这些服务的例子包括允许对残障儿童延长考试时间，或者采用替代的考试方法、调整家庭作业、允许孩子多次休息（例如，以便患有注意缺陷／多动障碍的孩子可以在课堂上站起身来、四处走动或者暂时离开教室），并且修改计分的程序（例如，如果学生的考试成绩很差，把每天作业的完成情况计更多的分，以降低考试成绩所占的比重）。

特殊教育用于那些具有学习障碍的孩子，这些障碍对孩子的教育效果产

---

○　504 节计划是指 1973 年美国卫生部出台的《康复法案》中的第 504 节的规定。504 节是一条全国性法律，该法律禁止因为残疾而被歧视。——译者注

生不利影响，需要采用特殊的教学方法来纠正。执行技能存在不足的孩子可能有资格运用 504 节计划，以便将恰当的修改或调节融入课堂之中，或者，当需要采用直接的教学时，他们可能有资格接受特殊教育。帮助学生学会整理、有效管理时间，或者制订完成长期学习任务需要的计划或在同一时刻尽量兼顾多种任务，常常要对孩子进行个性化的教学，这突出了特殊教育的必要性。不论是哪种情况，首先和你孩子的老师合作，询问怎样联系 504 节计划的协调员或特殊教育协调员。请求学校召集一次会议，讨论你孩子的问题和可以采取的措施，以确定孩子究竟是符合特殊教育的条件，还是符合 504 节计划的条件。

从传统上讲，特殊教育包括对孩子进行一项全面的评估，以决定孩子是否患有教育障碍，是否具备接受特殊教育服务的资格。最常见的障碍是学习障碍、情绪或行为障碍、演讲/语言障碍、精神操作或智力缺陷，或者其他的健康损伤（也称为 OHI，或者其他健康欠佳计划），比如注意缺陷/多动障碍或者可能影响学习的其他身体状况。不过，在最新修订的美国联邦特殊教育法律的版本中，州和当地的学校可以选择使用一种响应性介入模式（response-to-intervention model，RTI）。这是一种评估 – 介入模式，首先是在日常的课堂中提供高质量的教学和行为支持。当孩子在那一背景中感到困难时，随时采用一系列干预措施来解决问题，先从基于课堂的、细心修正的干预措施开始，并在必要时增大强度，以解决问题。这种模式既强调高质量的教学，又注重基于数据的决策，以便不论尝试什么样的干预措施，都能够确保成功。

我们认为，这种方法非常适合执行技能不足的孩子的需要。例如，让我们假设 15 岁的凯文（Kevin）难以学好几何，因为他只交了一半的几何家庭作业。他的考试成绩不错，部分是因为他确实做了大部分家庭作业，但他在大约一半的时间里丢掉了或者忘记交它们。显然，帮助凯文的第一步（他在整理和工作记忆技能上明显存在问题），是采用一些方法防止他丢失家庭作业，并且在班上提示他，以便帮他记得交作业。在传统的特殊教育框架下，凯文的父母（甚至他的数学老师）可能将他转交给特殊教育，先评估一下他是否存在学习障碍。采用响应性介入模式，凯文和他的父母及老师可以聚在一起，设计一种他们认为管用的干预措施。根据"每个人都得更努力"的原则，凯文的父母必须同意每天晚上在凯文睡觉前检查作业，确保他把几何作业放到了指定的文件夹中（凯文决定用一个荧光绿的文件夹来存放几何作业，那是他从当地的文具店挑选的）。如果他不需要父母的提醒便记得把作业放进这个文件夹，就将赢得父母奖励的一些积分。他把这些积分攒下来，可以兑换成现金，以购买他想买的一款视频游戏。他的几何老师同意设计一个程序，凭借此程序，几何老师每天在班上一检查完学生的作业，便从每个学生手中收集头天布置的学习任务。如果这些措施成功地解决了凯文的问题，凯文便不再需要接受特殊教育。而且，假设干预措施中涉及的每个人都持续不断地发挥他的作用，我们有十足的理由相信这些措施终会成功解决问题。

然而，对另一位由于不懂得怎么做而不交家庭作业的学生来说，需要设计一种不同的干预措施，而这一回，学生可能需要采用特殊教育服务。

我觉得我的孩子需要加入个别化教育计划（Individualized Education Plan，IEP）。你怎样为某个执行技能存在不足的人制订个别化教育计划？根据美国最新修订的联邦特殊教育法律（即《残障人士教育改善法案》，缩写IDEIA），个别化教育计划必须包含可测量的年度目标和关于如何测量进展情况的声明。对执行技能存在不足的学生，个别化教育计划应当描述要提高的执行技能以及学生怎样在课堂上或特定的学习任务中表现出这种技能的不足。这种测量方法与功能行为相联系，而且应当尽可能客观。学生的进展情况，可以通过以下方式来测量：①计算行为的次数（例如，孩子在操场上和其他孩子打架的次数）；②计算百分比（例如，按时上交的作业在所有作业中所占百分比）；③使用评定量表来评价学生的成绩，评定量表上的每一分都要精心地定义；④使用自然出现的数据，比如考试或测验的分数、缺课的次数、学科推荐的次数等。

表 23-1 展示的是一个难以完成课堂作业的学生的例子，因为他着手做作业时十分缓慢，而且很难坚持足够长的时间把作业做完。

表 23-1　着手做事 / 保持专注的个别化教育计划的示例目标

| 目标 1 | 学生将在老师确定的时间期限内完成课堂作业 |
| --- | --- |
| 如何测量目标 | 老师将计算在规定时间内完成的作业的百分比。结果将由学生和老师在每天放学的时候用图表画出来 |
| 目标 2 | 学生将在规定开始时间的 5 分钟内开始做所有的课堂作业 |
| 如何测量目标 | 老师将在规定的开始时间设置厨房计时器。当闹铃响起时老师和学生一同检查，看看学生是不是开始做作业了。按时开始做作业的百分比，将由学生和老师在每天放学的时候用图表画出来 |

**我的孩子参加了个别化教育计划（或 504 节计划），明确了提高执行技能的目标，但学校不遵守该计划。我能做些什么来促使他们说到做到呢？** 第一步是确保目标和测量程序得到了精准的定义。这包括用可测量的指标来宣布个别化教育计划的目标，并且不但定义将怎样来测量目标，而且定义什么时候以及由谁来测量（参见上面的例子）。这些工作做好了，你可以要求个别化教育计划团队和你分享信息，要么在他们刚刚收集到信息时分享，要么定期分享（例如每周一次、每两周一次、每月一次）。我们建议，应当尽可能地将那些数据保存在电脑里（比如采用电子表格的形式），以便团队将结果可以轻松地用电子邮件发给你。你要问一下你孩子的个案管理者，假如你在适当的时候给他发送电子邮件提醒，他会不会更容易记得和你分享数据。

一方面，确立精准的、可测量的个别化教育计划目标，对学校来说是一项相对新颖的工作。另一方面，老师可能从来没有制定过旨在弥补执行技能不足的个别化教育目标。综合这两方面因素考虑，意味着你需要对学校有一定的耐心，并且需要提供帮助——譬如，和学校分享表 23-2 中的示例目标。

表 23-2　个别化教育计划的目标与测量程序示例

| 执行技能 | 年度目标示例 | 如何测量进步情况 |
| --- | --- | --- |
| 反应抑制 | 在课堂讨论中，学生若想口头回答问题，要在90%的时间内举手并等待老师点名 | 老师将计算"举手"回答问题的百分比。学生和老师每周将结果图示出来 |
| 工作记忆 | 学生要按时交所有家庭作业 | 老师将计算每周按时交的家庭作业的百分比；结果将绘制成图表，并通过电子邮件每周五发送给学生及家长 |
| 情绪控制 | 当学生发现特定的学习任务令他感到挫败时，也要保持自我控制 | 老师将在独立学习的时间内把学生"情绪崩溃"的次数记下来；每周将结果绘制成图表，并在周五时向学生展示 |
| 保持专注 | 学生将在老师确定的时间期限内完成课堂作业 | 老师将计算在分配的时间内完成作业的百分比。每天的结果由学生和老师用图表绘制出来 |
| 着手做事 | 学生将在规定的开始时间的5分钟内开始做所有的课堂作业 | 老师将在规定的开始时间设置厨房计时器。当闹铃响起时老师和学生一同检查，看看是不是开始做作业了。按时开始做作业的百分比将由学生和老师在每天放学的时候用图表画出来 |
| 制订计划／要事优先 | 在老师的监督下，学生将为每一项长期的任务填写好计划表格，包括对各个步骤或者子任务的描述，以及每一项子任务的时间期限 | 老师将评审项目计划表格，并和学生一道，使用1～5的量表（1代表计划很差，存在要素缺失或者时间期限不切实际／未规定等缺陷；5代表计划很好，所有关键要素都精准、完整地定义了，而且确立了符合实际的时间期限）来给计划描述的质量评分，得分将在一张动图上展示出来 |
| 整理 | 学生要在课堂上保持课桌整洁，课桌有专门摆放书本、笔记本、铅笔等文具的地方，而且没有多余的东西 | 学生和老师创建一个清单，写清楚整洁的课桌看起来是什么样。老师将随机进行现场检查，每周至少检查一次，并且学生一起来判断清单上的多少项内容已完成。结果将在一张动图上展示出来 |
| 时间管理 | 学生要正确地估计每天的家庭作业要花多长时间完成，并且制定并遵守家庭作业时间表 | 学生将制订一个日计划，列举所有需要完成的作业，并预估每项任务要花多长时间及每项任务的开始和结束时间。辅导员和学生每天都将评定前一天的计划，并使用1～5的量表来评估计划的遵守情况（1代表计划制订差、执行差，5代表计划制订好、执行好，并且精确地估计了任务完成的时间）。得分将在一张动图上展示出来 |

（续）

| 执行技能 | 年度目标示例 | 如何测量进步情况 |
|---|---|---|
| 咬定目标不放松 | 在学校辅导员的帮助下，学生要完成大学报考过程，至少报考四所学校并在截止期限到来之前获得申请表格 | 学生和学校辅导员将为完成大学报考过程制订计划，确定计划中每一个步骤的截止期限。学校辅导员将记下学生完成计划中的每一步所需的提示或提醒次数；每周将结果绘制成图表并与学生分享 |
| 灵活性 | 当学生遇到完成课堂学习任务的障碍时，要运用应对的策略回到正轨上来 | 学生将填写应对策略任务清单；老师将追踪观察学生在 5 分钟之内回到正轨的次数所占的百分比 |

　　如我们较早前阐述过的那样，当你对学校采取一种非对抗的方法时，可能获得更多的合作，因而得到更好的结果。不过，假如你已经付出最大的努力，仍无法获得孩子的老师或特殊教育团队的合作，你可能再没有别的办法可想，只能聘请一位律师来帮助你的孩子获得他需要的服务。

第24章

# 路在何方

美国小说家马克·吐温（Mark Twain）曾在一篇小说中描述："我 14 岁的时候，发现我的父亲极为无知，我几乎无法忍受身边这个老男人。但当我长到 21 岁时，吃惊地发现他在七年时间里学了很多。"我们在本书中已经选择马克·吐温给出的年龄范围下限的那些孩子作为描述对象，但毋庸置疑，你的心里一定还有些疑问，那便是：我对自己孩子将来长大进入成年期时，应当抱着怎样的期望。

几个因素合起来造成父母和孩子难以应对青少年时期对执行技能的要求。在十几岁的这个年纪，特别是上了初中和刚上高中的时候，和其他任何时候相比，服从都更重要。这个年龄的年轻人渴望"做正常人"，或者，当有人觉得他们这个时候的生活在某些方面不太正常时，他们往往抵制这种想法。这个年龄的孩子觉得，同伴远比父母更能影响自己的态度和动机，同时，这些孩子极大地提升了抽象思考的技能，而"练习"这种新发现的技能的一种方式是通过"论辩"，而且，他们似乎格外喜欢和父母练习这种技能。这可能是因为，这个时期的另一项重大发展任务是宣称自己要独立于父母。当这种对独立生活的追求与青少年的自负（以为自己知道得比父母多得多）结合起来时，这个年龄的孩子尤其令父母感到头疼。前面引用的马克·吐温的话，例证了这种态度。我们难以对处在青少年早期的孩子的父母宣扬忍耐，不过，随着孩子日渐成熟，事情终会好转。

执行技能不足的青少年通常在学习和生活中比以往更加困难，还有另一个原因：到这个年龄，学校和家庭要求他们具备更强的执行技能。到孩子进入初中和高中时，我们期望他们独立学习、记住更加复杂的任务和职责，并且为诸如迎考复习和完成多步骤的项目等长期学习任务制订并执行计划。他们在做这些的时候，父母和老师向他们提供的支持，往往从他们上中学后就逐渐减少了，因为我们都认为，这个年龄的孩子可以自己处理这些职责。

青少年还开始抵触他们在年龄更小的时候往往能从中受益的那些支持和监督。这和孩子追求独立和挣脱大人权威约束的努力是一致的。最后，十几岁的孩子有着广泛的兴趣爱好，这些都会占用他们花在学习上的时间。对他们来说，和朋友出去玩、玩视频游戏、上网浏览或者和朋友网络聊天等，比写家庭作业更有吸引力。执行技能不足的年轻人一想到自己的学习时，通常都有一种"足够好"的心态，而当他们面前还有许多更有吸引力的活动可供选择时，这种心态得到了强化。

所有这些，可能都是你要帮助孩子解决执行技能问题，使他们全身心地投入到所有提升执行技能的任务中去的合理理由。如果在孩子读高中时，你发现你自己比他更加害怕未来大学一年级的生活，这里有一些你应当考虑的适合提升执行技能的策略。

- **运用自然的或合乎逻辑的后果。**一个星期内不能完成家庭作业，自然而然的后果是周末必须把作业补上来。合乎逻辑的后果是孩子失去星期六晚上和朋友出去玩的机会，因为这些时间得用在学习上。

- **让孩子通过良好的表现来争取自己的一些权利。**一旦孩子学会开车，便开着家里的车出去，这就变成一种强大的激励。同时，孩子想玩所有那些电子设备，也可以随着时间的推移，通过自己的良好表现来赢得玩的时间，而且，若是表现好的话，孩子也可以临时玩一下。

- **愿意和孩子谈判并达成交易。**缺乏灵活性的父母以及对激励手段的运用深感疑虑的父母，相当于剥夺了自己运用强大驱动因子帮助孩子更有效提升执行技能的机会。

- **致力于培养积极的沟通技能。**压制、讽刺、不听其他人的意见（即使你的孩子采用了和你一样的沟通模式）等这些行为，只会马上使孩子关闭和你沟通的大门。表 24-1 列举了一系列有效的沟通策略。

**表 24-1 沟通策略**

| 如果你的家人这样做 | 试着这样做 |
| --- | --- |
| 彼此之间喊出对方的名字 | 不带伤害地表达愤怒 |
| 让彼此失望 | "你做了_____，我很生气" |
| 相互打断对方 | 轮流说话，说短话 |
| 批评过多 | 同时指出好的和差的一面 |
| 反驳 | 倾听，然后平静地表达不同意见 |
| 训人 | 直接而简短地说出来 |
| 把目光从说话者身上移开 | 进行眼神交流 |
| 无精打采地坐着，没有坐相 | 坐直身子，专注地看 |
| 用讽刺的语气说话 | 用正常的语气说话 |
| 说话离题 | 先结束一个话题，再转到另一个话题 |
| 想着最坏的方面 | 不要轻易得出结论 |
| 重提过去 | 专注当前 |
| 猜测别人的想法 | 询问别人的意见 |
| 命令、控制 | 礼貌地提出要求 |
| 冷战 | 说出你的烦心事 |
| 拿正经事当儿戏 | 认真对待正经事 |
| 否认你做过的事情 | 承认你做过的事情，或者很好地解释你没做过的事情 |
| 盯着小错误唠唠叨叨 | 承认没有人是完美的，忽略鸡毛蒜皮的小事 |

资料来源：Robin，A.T.（1998）．*ADHD in Adolescents*：*Diagnosis and Treatment*. Copyright 1998 by The Guilford Press. Reprinted with permission.

不要低估你可能继续拥有的影响，即使你从孩子那里获得的反馈可能是另一种说法。（以下是佩格说的话）我的大儿子在他 25 岁那年参加了我所在的州学校心理联合会赞助的"烤肉"派对。在这个公开场合中，他承认自己确实从我身上学到了许多方法来控制自己的注意力问题，并说我教给他的那些方法的确十分管用。听到这个，我真的十分满足！我在向他传授那些方法时，他才 17 岁，我从来没有从他的言行举止中猜到他的这些想法。

鉴于你也可能在这个阶段对你的孩子产生某种影响，那么，你可以做些什么来保证他会听进去你的建议，并且更为重要的是，保证你的建议能够继续促进孩子的执行技能和独立生活能力得到提高。在本书中，我们从头至尾都在强调孩子主动参与解决问题的过程的重要性，这在向成人期过渡的过程中尤其关键。如果你在青少年的孩子面前是位高效的老师，就必须扮演介于父母和导师之间的角色。你和孩子的关系是合作的，而且你鼓励孩子关注替代方案和做出选择与决定。从父母的角度，让孩子收集信息，形成自己的见解，并在决策的整个过程中给予合作，这看起来也许还不够。我们的目标并不是获得一个由父母提出的行之有效的解决办法，尽管这种办法也能解一解孩子与父母的燃眉之急。我们的目标是为孩子提供一个框架，让孩子能够反复地体验，最终能够自行运用它。

如果你跟孩子谈一谈你刚刚进入成年期时遇到的各种困顿，孩子更有可能听你说些什么。这使得你有机会和他探讨一般的问题，比如预算和现金管理、及时动手做事、认真上课、应对挑剔的老板／同事，诸如此类。到这个时候，你还清楚地知道了你孩子执行技能的不足之处，以及可能给他带来最大麻烦的局面。因此，你还可以利用这个机会，向他描述哪些局面可能很难应对。如果你以一种不经意的方式把你的观点带出来，然后留给你的孩子思考，而不是进行一番劝导或训诫，这样也许孩子更有可能听进去。经验和教训来自现实生活的体验，而不是来自你的警告。当孩子的确遇到困难或挫折时，你必须抑制住对孩子说"我早就告诉过你"的冲动。如果你能做到这些，即使孩子暂时遇到困难或挫折，你仍然可以和孩子进行一番探讨，以解决问题。

一旦孩子离开家，踏入高中的校门，迈出他们进入社会（上大学、找工作、做社区服务）的第一步，他们将面对一些直接的挑战，包括预算、计划、时间和金钱管理、在新的机会面前抑制冲动等。与此同时，他们拥有了更大的选择权，这可是他们有生以来一直十分有限的一种优势。在整个儿童时代和青春期早期，我们为孩子做出许多的选择，上学则是他们的主要"工作"。假如他们的执行技能与他们面临的要求没能形成良好的匹配，那他们就会束手无策。不过，一旦他们结束高中生活，离开了家，他们对自己选择做的事情有着更大的控制感。

当年轻人多多少少知道他们擅长的和不足的执行技能时，他们可能根据自己的技能是否很好地"匹配"一些局面和任务的要求，来选择是进入还是退出那些局面和任务。你可以和孩子谈一谈他擅长的和不足的技能，帮他做出这些选择。你还可以指出，孩子的技能可能与某些要求完全不匹配。例如，整理技能差或时间管理技能弱或者忽视细节的青少年，在需要监管银行余额或者按时提交驾驶证或汽车登记更新资料时，可能觉得十分艰难。如果孩子在灵活性方面存在不足，一项要求改变日程安排或者职责经常变化的工作，可能给孩子带来问题。取决于孩子接受的选择或任务，你还要知道他在什么方面最需要你的支持。

孩子进入成年时期后，现实世界的种种经历比起父母的话或管束对他们的行为有着更加巨大的影响。不过，孩子能够自由地体验现实，对孩子和你们来说，可能都感到有风险。如我们较早前指出的那样，这一代的年轻人，与他们的父母关系密切。反过来也一样，今天的父母，感觉与他们的孩子关系亲密。出于这个原因，你可能更不愿意让现实世界给孩子带去经验和教训。我们会竭力防止孩子经历不愉快的场合、被人拒绝和遭受失败。这也许是如此多的孩子并没有做好准备进入成年时期的部分原因，而梅尔·列文（Mel Levine）在他的著作《准备步入成年生活》（*Ready or Not，Here Life Comes*）中恰好阐述了这个观点。与其设法阻止孩子被人拒绝或遭受失败，也许我们可以和亨利·福特（Henry Ford）那样，把这些经历视为一个机会。福特曾说过："失败只是更加聪明地重新开始的机会。"

幸运的是，你可以对你的青春期孩子和刚刚成年的孩子采用一些策略，帮助他们体验现实生活并从中学习，不至于觉得你只是把他们扔下码头就不管了。第一种策略是主动地交给年轻孩子一些他们最终不得不自己掌控的任务，或者将他们带入同样不得不最终自己掌控的局面之中。让他们到银行去调查汽车贷款的情况，计算他们的教育支出和债务，为公寓租金、生活支出和汽车费用支出制订预算方案，等等，都是一些重要的学习经历。这样的话，年轻孩子有机会将他们自己的点子与现实进行对照，而且由父母以外的其他人来提供相关的信息。

最近，一位父亲告诉我，他的女儿计划创办公司。他试图指出她"不切实际的"期望，但他的警告反而使得她下定了更大的决心。做父亲的看到自己拯救女儿的努力不奏效后，反过来为女儿提供一切力所能及的帮助。父女俩辨别了女儿需要的信息，使得女儿得以和一家房地产经纪商接洽，以咨询创办一间小型商店需要多少资金，然后计算了支出和存货的价格。她还没有确定自己是不是想要追求或者能够实现这个梦想，但这次的经历十分宝贵，而她的父母也对她的选择更有信心。

第二种策略是让孩子品尝失败的滋味，某种程度上，这在短时间内更加令人痛苦。对父母来说，这种策略并没有什么新意。在孩子的整个成长过程中，你已经让孩子经历过失败，以帮助他学会容忍失败并坚持不懈地解决问题。不过，一旦你的孩子远离家庭，失败的后果可能稍稍严重一些，但让他品尝失败苦果的策略，其目的仍然和前一种策略相同。由于驾驶未注册的车辆或者超速而得到一张罚单，填平透支账户的金额，在等待餐馆上菜时发现借计卡被拒绝使用，以及遗失了手机（iPod、汽车钥匙、汽车驾驶证等）等物品之后再去花钱买，都让孩子一定程度地认识到，父母的唠叨虽然令他们心烦，但与他们承受的这些损失相比，完全不可同日而语（这个时候，他们宁愿父母多唠叨几句，帮助他们避免这些损失）。虽然这些经历和其他经历也许不能完全地纠正某个问题，但孩子反复体会到失败的后果所产生的影响，是让他们改变行为的强大因子。

为了有效地运用这种策略，你得保证失败的经历不会极其频繁地出现或者不至于十分严重，以至让孩子心灰意冷。为了确保这一点，你得使用之前介绍的一条教育原则（为孩子的成功提供必要的最低限度的支持）稍稍修改的版本。修改后的新原则是：在孩子犯了错误之后为他们振作精神和继续前行而提供必要的最低限度的支持，使得他们能够继续朝着独立生活的目标迈进。

对我们所有人来说，但尤其是对执行技能不足的孩子来说，失败总是不可避免的。正因为这一点，对孩子采用一种纯粹的、类似于"严厉的爱，想不沉到水底就使劲游"的方法，可能是有风险的。在我们的工作中，当孩子在履行成年人的职责显得更加成功时，而且当父母将各种教育方法与不间断的但渐渐减小的支持结合起来时，孩子一直是最成功的。

## 临别赠言

如果你从头到尾读了这本书，可能已经头晕目眩了。此时，网络聊天时的缩写词 TMI 马上浮现在我的脑海里——没错，信息太多了！（too much information，首字母缩写 TMI）。至少，已经多到让人无法轻松地吸收。我们将为你快速回顾一下我们认为你可以做的一些最重要事情。

- 辨别执行技能的优势和不足以及它们在什么样的场合中表现出来。和孩子讨论这些，以便他们开始审视自己，并给自己贴上相应的标签。
- 首先尽可能地从最容易的方法开始，但要记住，不论从什么时候开始，你的孩子都将受益。

- 帮助孩子学会运用"小步快跑"、强化他们的努力等方法来投入其中，并且只是渐渐地减弱你的指导。

- 当有的资源可供利用时，为孩子指明他们可以寻求建议／帮助的资源（比如求助于什么人、借鉴什么经验以及参考什么书籍）。

- 确定你可以给予哪种类型的支持（金钱、时间、现场的情形），以及可以在什么局面下给予孩子多长时间的支持。

- 特别是让孩子知道，他们谈判的目的是什么（金钱资助、分数、在家工作）。

- 如果他们老是拖着不兑现协议，公开且及时地讨论这一点。其他人（老板、教授等）都会关注他们的表现，你也应当关注。

- 如果他们失败了，倘若不能回归正轨，说一句理解他们的话，给他们一些帮助。记住，假如他们想要自行应对，并且只在他们自己决定需要的时候才寻求帮助，还不希望你出手拯救他们，那这是个积极的信号。

- 和往常一样鼓励他们的努力，表扬他们的成功，并且让他们知道你爱他们。

# 参考文献

## 书籍

Baker, B. L., & Brightman, A. J. (2004). *Steps to Independence: Teaching Everyday Skills to Children with Special Needs*. Baltimore: Brookes.—Written for parents of children aged 3 or older, this book provides an overview of teaching principles, followed by a step-by-step guide to teaching seven different types of skills: get-ready, self-help, toilet training, play, self-care, home-care, and information-gathering skills.

Barkley, R. A. (1997). *ADHD and the Nature of Self-Control*. New York: Guilford Press.—This book is fairly technical but provides a good description of executive skills within a developmental framework and argues that executive skills are at the core of ADHD. Russell Barkley has written a number of other books that parents may find helpful, especially parents of defiant children or those with ADHD. These include:

- *Taking Charge of ADHD (rev. ed.): The Complete Authoritative Guide for Parents*. New York: Guilford Press, 2000.
- *Your Defiant Child: Eight Steps to Better Behavior* (coauthored by Christine Benton). New York: Guilford Press, 1998.
- *Your Defiant Teen: 10 Steps to Resolve Conflict and Rebuild Your Relationship* (coauthored by Arthur Robin). New York: Guilford Press, 2008.

Buron, K. D., & Curtis, M. (2003). *The Incredible 5-Point Scale*. Shawnee Mission, KS: Autism Aspergers Publishing Company.—This brief book, written by a couple of special education teachers, describes how to use rating scales to help children learn to understand and control their emotions.

Dawson, P., & Guare, R. (1998). *Coaching the ADHD Student*. North Tonawanda, NY: Multi-Health Systems.—This manual describes in some detail the coaching process, an intervention strategy ideally designed to help teenagers build stronger executive skills.

Dawson, P., & Guare, R. (2004). *Executive Skills in Children and Adolescents: A Practical Guide to Assessment and Intervention*. New York: Guilford Press.—This book, written primarily for educators and school psychologists, describes how executive skills are assessed but also provides descriptions of school-based interventions for executive skill weaknesses following the same framework that we describe in this volume.

Dawson, P., & Guare, R. (2012). *Coaching Students with Executive Skills Deficits*. New York: Guilford Press.—This practical manual presents an evidence-based coaching model for helping students whose academic performance is suffering because of deficits in executive skills, including time and task management, planning, organization, impulse control, and emotional regulation.

Deak, J., & Ackerly, S. (2010). *Your Fantastic Elastic Brain*. Belvedere, CA: Little Pickle Press.—This picture book introduces children to the anatomy and various functions of the brain in a fun and engaging way. It teaches children that they have the ability to stretch and grow their own brains and that mistakes are an essential part of learning.

Ginott, H. (2003). *Between Parent and Child*. New York: Three Rivers Press.—This is an updated edition of a classic book. It's the best book we know of on how to communicate with children in ways that encourage confidence and competence.

Goldberg, D. (2005). *The Organized Student: Teaching Children the Skills for Success in School and Beyond*. New York: Fireside.—Lots of hands-on strategies from an educational consultant who developed them by working with students, including plans for keeping a backpack organized, managing school binders, arranging study space at home, and managing time.

Goldberg, E. (2001). *The Executive Brain: Frontal Lobes and the Civilized Mind*. New York: Oxford University Press.—A somewhat technical but very readable description of how the frontal lobes of the brain control judgment and decision making. For people who want a more thorough description of research delineating executive skills, this is an excellent resource.

Gordon, R. M. (2008). *Thinking Organized For Parents and Children: Helping Kids Get Organized for Home, School, and Play*. Silver Spring, MD: Thinking Organized Press.—A book and workbook providing strategies and step-by-step instructions parents can use to help children develop executive skills, particularly in the context of school-related tasks such as reading comprehension and writing, as well as strategies for enhancing working memory, time management, study skills, and organization.

Greene, R. W. (2001). *The Explosive Child: A New Approach for Understanding and Parenting Easily Frustrated, Chronically Inflexible Children*. New York: Harper Collins.—This very readable book is a source of comfort to parents of inflexible children, as it describes the causes of inflexibility as well as ways to treat the problem in clear, straightforward language.

Guare, R., Dawson, P., & Guare, G. (2013). *Smart but Scattered Teens: The "Executive Skills" Program for Helping Teens Reach Their Potential*. New York: Guilford Press.—This book gives parents step-by-step strategies for promoting teens' independence by helping them get organized, stay focused, and control their impulses. It also presents proven tools, vivid stories, and insightful tips for reducing parent–teen conflicts.

Harvey, V. S. & Chickie-Wolfe, L. A. (2007). *Fostering Independent Learning: Practical Strategies to Promote Student Success*. New York: Guilford Press.—This book, written primarily for educators and school psychologists, describes strategies to help students become independent learners. There is considerable overlap with the concepts described in our book, and parents may be able to use some of the strategies described by Harvey and Chickie-Wolfe.

Huebner, D. (2006). *What to Do When You Worry Too Much: A Kid's Guide to Overcoming Anxiety*. Washington, DC: Magination Press.—This is one of a series of books written by a therapist that are designed to help children manage their emotions more successfully. Other books by the same author are:

- *What to Do When You Grumble Too Much: A Kid's Guide to Overcoming Negativity*. Washington, DC: Magination Press, 2006.
- *What to Do When Your Brain Gets Stuck: A Kid's Guide to Overcoming OCD*. Washington, DC: Magination Press, 2007.
- *What to Do When Your Temper Flares: A Kid's Guide to Overcoming Problems with Anger*.

Washington, DC: Magination Press, 2008.

Kurcinka, M. S. (2006). *Raising Your Spirited Child*. New York: Harper.—The author describes spirited children as "intense, sensitive, perceptive, persistent, and energetic." The book helps parents understand the role of temperament in the behavior of their children and offers advice for how to handle common problems of daily living with children who have problems with emotional control and response inhibition.

Kutscher, M. L. (2005). *Kids in the Syndrome Mix of ADHD, LD, Asperger's, Tourette's, Bipolar and More!* London: Jessica Kingsley.—This book, written by a psychiatrist for parents, teachers, and other professionals, is a concise guide to a range of neurobehavioral disorders in children, most of which involve executive skill deficits. It includes tips for managing children at home and in the classroom and includes a chapter on commonly prescribed medications.

Landry, S. H., Miller-Loncar, C. L., Smith, K. E., & Swank, P. R. (2002). The role of early parenting in children's development of executive processes. *Developmental Neuropsychology, 21*, 15–41.

Levine, M. (2002). *A Mind at a Time*. New York: Simon & Schuster.—Mel Levine has written many books parents may find helpful. We like this one the best. Here, he describes eight different brain "systems," the roles they play in learning, and how parents and teachers can take advantage of learning strengths and bypass weaknesses to help children be successful students. A PBS documentary describes Dr. Levine's work (available at *www.pbs.org/wgbh/misunderstoodminds*).

Levine, M. (2005). *Ready or Not, Here Life Comes*. New York: Simon & Schuster.

Martin, C., Dawson, P., & Guare, R. (2007). *Smarts: Are We Hardwired for Success?* New York: AMACOM.—This book applies the same executive skills construct to an adult population, particularly focusing on workplace issues and how people can take advantage of their executive skill strengths and work around their weaknesses to function more effectively on the job.

Rief, S. F. (1997). *The ADD/ADHD Checklist*. San Francisco: Jossey-Bass.—This book contains descriptions of deep breathing, progressive relaxation, and other self-soothing techniques that you can teach your child.

Robin, A. T. (1998). *ADHD in Adolescents: Diagnosis and Treatment*. New York: Guilford Press.

Schaefer, C. E., & DiGeronimo, T. F. (2000). *Ages and Stages: A Parent's Guide to Normal Childhood Development*. New York: Wiley.—This book provides an excellent guide for parents about normal child development, and includes, according to the book's authors "tips and techniques for building your child's social, emotional, interpersonal, and cognitive skills".

Shure, M. B. (2001). *I Can Problem Solve: An Interpersonal Cognitive Problem-Solving Program: Preschool*. Champaign, IL: Research Press.

Twachtman-Cullen, D., & Twachtman-Bassett, J. (2011). *The IEP from A to Z*. Hoboken, NJ: Jossey-Bass.—This book has a chapter on executive skills with suggestions for IEP goals that some parents might find helpful.

## 杂志

**ADDitude** is a magazine for families affected by ADHD. Every issue includes articles on a range of topics, many of which relate to executive skills, including product reviews, practical advice, and helpful suggestions for managing ADHD in children and adults. They also offer a helpful website (*www.additudemag.com*).

***Attention!*** is the official publication of CHADD (Children and Adults with Attention Deficit/Hyperactivity Disorder). It serves the same audience served by *ADDitude* and contains similar practical articles. They, too, have a useful website (*www.chadd.org*).

***Parents*** magazine offers general advice on child development and parenting issues. Their website is *www.parents.com*.

# 促进执行技能发展的玩具和
# 其他设备

## 提示并帮助管理时间的设备

***MotivAider*** is a device that periodically vibrates to remind children to ask themselves whether they are paying attention (or staying on task). Because it fits in a child's pocket and can't be heard by others, it protects the child's privacy while providing reminders. A more public (and more costly) device called the Attention Training System Starter Package sits on the child's desk and automatically awards the child a point every 60 seconds, with remote controls for teacher or parents to deduct points and turn on a warning light if the child gets off-task. This system is more suited for classroom use because the teacher can monitor up to four students at a time with it, but you may find it useful too. Available from the A.D.D. WareHouse (*www.addwarehouse.com*), which also sells numerous books, games, and other tools for use with kids who have problems related to ADHD.

***Randominder*** (*https://itunes.apple.com/us/app/randominder/id563788637?mt=8*) is a smartphone app developed by Peg Dawson, EdD, and Richard Guare, PhD, in conjunction with Colin Guare, a freelance writer with experience of working with children and students. It's designed to help kids and adults stay on track and complete tasks on time by using its unique and flexible array of auditory, visual, and vibration-based alerts. The app has a high degree of customization that allows users to input their own text, images, vibration patterns, and even record custom audio for use as reinforcements.

***Time Timer*** (*www.timetimer.com*), available in a desktop or computer version, helps children understand time by providing a graphic depiction of time passing. Its use can help children learn to monitor work production and build time management skills.

***WatchMinder*** (*www.watchminder.com*) is a programmable watch that can be set with daily alarms and preprogrammed messages. Can be used for self-monitoring and for cueing children to remember important events or tasks.

## 玩具和游戏

***Childswork/Childsplay*** (*www.childswork.com*) is a catalog of games and activities primarily designed for guidance counselors and therapists to help children learn to recognize and manage their feelings. Most of the materials are not restricted to professionals and may be helpful for parents who want to work on emotional control with their children.

***MindWare*** (*www.mindware.com*), a catalogue of "brainy toys for kids of all ages," offers a wide variety of toys designed to build creativity and problem solving (that is, metacognitive skills).

***SmileMakers*** (*www.smilemakers.com*) offers a wide array of low-cost reinforcers such as stickers and inexpensive toys that could be used for home reward systems.

*Office Playground* (*www.officeplayground.com*) is an online catalog of toys and gadgets (for example, stress balls, desktop toys, sand timers, etc.) that can be used as reinforcers or can be used to help children manage emotions such as anger and anxiety.

*The Relaxation Station* (*www.therelaxationstation.com*) is a 2-hour DVD that provides exercises and calming images to help children learn relaxation techniques. Developed by the Children's Hospital of Michigan for hospitalized kids, it has been shown in studies to help children (and their parents!) with a wide variety of needs soothe and calm themselves.

## 网站

*About Kids Health* (*www.aboutkidshealth.ca*), developed by The Hospital for Sick Children in Toronto, is a valuable source of information on topics involving child health, behavior and development. The series on executive skills in children is excellent.

*American Academy of Pediatrics* (*www.aap.org*), the official website of the American Academy of Pediatrics, is an excellent source of information about all aspects of children's health. Check this site for information on relaxation techniques for children.

*Autism Research Centre* (*www.autismresearchcentre.com*) is an excellent source of information on research into autism spectrum disorders and the deficits in "theory of mind" and the related executive skills that children with these disorders typically experience. Based at Cambridge University in England and directed by preeminent scholar and researcher Simon Baron-Cohen, PhD.

*Autism Research Institute (ARI)* (*www.autism.com*) has devoted its work to conducting research, and to disseminating the results of research, on the triggers of autism and on methods of diagnosing and treating autism. It provides research-based information to parents and professionals around the world. Search the site for recent articles related to executive skills/functions.

*Autism Society of America* (*www.autism-society.org*) is a national grassroots organization dedicated to promoting advocacy, education, support, services, and research for individuals on the autism spectrum including Asperger syndrome. It provides reliable, up-to-date information about autism spectrum disorders. A wealth of articles on educational approaches appropriate to addressing the executive skill weaknesses present in autism.

*Autism Society Canada* (*www.autismsocietycanada.ca*) is committed to advocacy, public edu- cation, information and referral, and provincial development support.

*Autism Speaks* (*www.autismspeaks.org*) is dedicated to funding global biomedical research into the causes, prevention, treatments, and cure for autism; to raising public awareness about autism and its effects on individuals, families, and society; and to bringing hope to all who deal with the hardships of this disorder. Search for executive functions and executive skills.

*Autism Spectrum Australia* (*www.aspect.org.au*) is a nonprofit organization that provides information, education, and other services through partnerships with people with autism spectrum disorders, their families, and communities. Participates in research and offers an information line and a paid-subscription, interactive web-based service called Autism Pro that allows parents to work with professionals in choosing objectives and activities and designing intervention programs for their children with autism.

*Autism Today* (*www.canadianautism.com*) is a free-membership organization that offers access to over 5,000 articles and other resources and a store for purchasing books and additional tools on autism spectrum disorders. The organization also plans workshops and conferences to disseminate information and practical advice about autism spectrum disorders.

***Brain Connection*** (*www.brainconnection.com*) provides a variety of articles and resources for parents and professionals about brain development and new brain research, particularly how these relate to children's learning.

***Canadian Paediatric Society*** (*www.cps.ca/en*) serves members of the Canadian Paediatric Society and other health care professionals with information they need to make informed decisions about child health care. Parents, journalists, and others involved in the care of children will also find the site useful.

***CanChild Centre for Childhood Disability Research*** (*www.canchild.ca*) is a research and educational center. The majority of its research work is focused on issues that make a difference for children and youth with physical, developmental, and communication needs and their families.

***Centers for Disease Control and Prevention (CDC)*** (*www.cdc.gov*), part of the U.S. Department of Health and Human Services, is the primary federal agency for conducting and supporting public health activities in the United States. The site contains links to research studies on executive skills/functions in children as well as comprehensive information on disorders associated with executive skill deficits, including autism and ADHD.

***CHADD*** (*www.chadd.org*) is an organization dedicated to providing advocacy, education, and support for individuals with ADHD. The website is an excellent source of information for individuals, parents, and professionals about topics related to ADHD.

***Children's Technology Review*** (*www.childrenssoftware.com*) provides professional reviews of interactive technology (software, videogames) to help guide parents and professionals in monitoring and choosing products that children are exposed to daily.

***Council for Exceptional Children*** (*http://sped.org*) is an international, professional organization whose mission is to improve educational outcomes for students with disabilities, individuals with exceptionalities, and/or the gifted.

***Early Childhood Australia*** (*www.earlychildhood.org.au*) a broad-based, private nonprofit advocacy organization full of information and resources for parents and educators, addressing developmental needs of children up to age 8.

***Family Education*** (*www.familyeducation.com*) is a website that's packed with information, parenting tips, and family games and activities aimed at parents of children from birth to age 18.

***Gray Center for Social Learning and Understanding*** (*www.thegraycenter.org*) is an organization devoted to promoting understanding between individuals on the autism spectrum and those who work alongside them. The site is an excellent source of information about the development of social stories that parents and professionals can use as teaching tools with all children.

***Intervention Central*** (*www.interventioncentral.org*) offers a wide range of tools and resources for parents and school staffs to promote effective learning and positive classroom behavior for children.

***LD OnLine*** (*www.ldonline.org*) provides up-to-date information and advice about learning disabilities and ADHD, serving more than 200,000 parents, teachers, and other professionals each month. The site features hundreds of helpful articles, multimedia, monthly columns by noted experts, first-person essays, children's writing and artwork, a comprehensive resource guide, very active forums, and a yellow pages referral directory of professionals, schools, and products.

*Learning Disabilities Association of America* (*www.ldanatl.org*) is an organization dedicated to promoting an understanding of learning disabilities, creating success for individuals with learning disabilities, and reducing the incidence of these disabilities in the future. This is a comprehensive site for information about all aspects of learning disabilities.

*Learning Disabilities Association of Canada* (*www.ldac-taac.ca*) is a private nonprofit organization whose members are mostly parents but also professionals whose mission is to serve as the Canadian national voice for individuals with learning disabilities and those who support them. The association publishes books and other materials containing a broad range of information, practical help, and news in the field, and the site contains numerous links to other organizations in Canada and worldwide, other publications, and legal assistance.

*Learning Works for Kids* (*http://learningworksforkids.com*) helps parents identify video games designed to help children develop specific executive skills. The website was created on the principle that popular video games and other digital media, when used mindfully and responsibly, can be powerful tools for sharpening and improving children's academic performance and cognitive skills.

MyADHD (*www.myadhd.com*) is a subscription website that offers tools for assessment, treatment, and progress monitoring, as well as a library of articles, audio programs, and charts that parents can use to better understand and manage their children's attention disorder.

*My Reward Board* (*www.myrewardboard.com*) is a website containing chore lists and reward charts in a variety of formats. Points can be earned for completing chores and deposited in "bank accounts" for later withdrawal. The program emphasizes a positive approach for encouraging kids to complete their chores, achieve their goals, improve their behavior, and save their money. A 15-day free trial is available prior to purchase.

*National Association of School Psychologists* (*www.nasponline.org*) offers a wide variety of resources for parents, students, and educators.

*National Autistic Society, United Kingdom* (*www.nas.org.uk*) is a nonprofit parents' organization dedicated to providing a wide range of services and information for U.K. families with children diagnosed with an autism spectrum disorder, from schools and outreach services to social and respite support, research data, diagnostic and treatment information, and parent courses and training. Based in London, the society has chapters throughout the United Kingdom.

*National Center for Learning Disabilities* (*www.ncld.org*) is a parent-led organization that promotes research and programs to facilitate effective learning, advocates for educational rights and opportunities, and provides information to parents, professionals, and individuals with learning disabilities.

*National Institute of Child Health and Human Development (NICHD)* (*www.nichd.nih.gov*) supports and conducts research and clinical work on the neurobiological, developmental, and behavioral processes that affect children and families. Provides authoritative information about a broad range of child health and behavioral issues.

OASIS@MAAP (*www.aspergersyndrome.org*) is dedicated to providing information and advice to families of more advanced (high-functioning) individuals with autism, Asperger syndrome, and pervasive developmental disorder (PDD).

*PBS* (*www.pbs.org*) has provided and continues to provide excellent, scientifically based programming on child health and development including brain-behavior relationships.

*PTA* (*www.pta.org*) provides parents with extensive information and resources about topics such as student achievement, safety, media technology and nutrition, and health and wellness.

***Psychiatric Times*** (*www.psychiatrictimes.com*) is an authoritative, monthly online publication offering feature articles and clinical news and reports on special topics across a broad range of psychiatric issues involving children and adults.

***Smart but Scattered Kids*** (*www.smartbutscatteredkids.com*) offers information that helps parents, teachers, and therapists to better understand the role executive skills play in healthy development. There are a number of resources on the website, including a homework guide for parents and a brief description of coaching parents can use to locate a coach for their child.

***Smart Kids with Learning Disabilities*** (*www.smartkidswithld.org*) is a valuable source of information, support, and encouragement for parents of children with learning disabilities and attention deficit disorders.

***Specific Learning Disabilities Federation (SPELD) New Zealand*** (*www.speld.org.nz*) is a nonprofit advocacy organization dedicated to those with learning disabilities, including LDs associated with attention disorders and autism spectrum disorders, via chapters throughout New Zealand. The federation's main objectives are in advocacy, assessment and tutoring, and family support. Offers courses and certification to train teachers and parents as learning disabilities tutors.

***Thanet ADDers*** (*www.adders.org/thanet.htm*) is a support-group resource based in Kent, England, and operated by a parent of an adult diagnosed with ADD who also has the disorder herself. She offers links for buying books and other resources, support and information, and provides "as much free practical help" as possible to those dealing with ADD and ADHD.

***Wrightslaw*** (*www.wrightslaw.com*) contains articles focusing on special education law and advocacy for children with disabilities.

***Zero to Three*** (*www.zerotothree.org*) provides authoritative information on a host of topics (brain development, nutrition, child rearing) for adults who influence the lives of infants and toddlers.

# 作者简介

更多详情，请访问作者的网站。网址是：www.smartbutscatteredkids.com。

佩格·道森（Peg Dawson）博士是学习与注意力障碍中心的临床学校心理学家，该中心位于新罕布什尔州朴次茅斯市。道森博士曾在全美学校心理学家协会和世界学校心理学协会担任过主席，曾荣获全美学校心理学家协会的终身成就奖。

理查德·奎尔（Richard Guare）博士是位神经生理学家，也是学习与注意力障碍中心的主任。他的研究和作品侧重于理解和治疗学习与注意力困难以及神经障碍。奎尔博士还拥有行为分析师的专业证书，经常为学校和机构提供咨询。

道森博士和奎尔博士在应对具有学习、注意力和行为困难的孩子方面拥有 30 余年的丰富经验。两人曾与科林·奎尔（Colin Guare）合著《聪明却混乱的青少年：帮助青少年释放其潜力的"执行技能"计划》（*Smart but Scattered Teens：The "Executive Skills" Program for Helping Teens Reach Their Potential*）一书。两位作者合著的另一本《儿童与青少年的执行技能》，堪称学校专业人士的实践指南。

# 儿 童 期

## 《自驱型成长：如何科学有效地培养孩子的自律》
作者：[美] 威廉·斯蒂克斯鲁德 等 译者：叶壮

樊登读书解读，当代父母的科学教养参考书。所有父母都希望自己的孩子能够取得成功，唯有孩子的自主动机，才能使这种愿望成真

## 《聪明却混乱的孩子：利用"执行技能训练"提升孩子学习力和专注力》
作者：[美] 佩格·道森 等 译者：王正林

聪明却混乱的孩子缺乏一种关键能力——执行技能，它决定了孩子的学习力、专注力和行动力。通过执行技能训练计划，提升孩子的执行技能，不但可以提高他的学习成绩，还能为其青春期和成年期的独立生活打下良好基础。美国学校心理学家协会终身成就奖得主作品，促进孩子关键期大脑发育，造就聪明又专注的孩子

## 《有条理的孩子更成功：如何让孩子学会整理物品、管理时间和制订计划》
作者：[美] 理查德·加拉格尔 译者：王正林

管好自己的物品和时间，是孩子学业成功的重要影响因素。孩子难以保持整洁有序，并非"懒惰"或"缺乏学生品德"，而是缺乏相应的技能。本书由纽约大学三位儿童临床心理学家共同撰写，主要针对父母，帮助他们成为孩子的培训教练，向孩子传授保持整洁有序的技能

## 《边游戏，边成长：科学管理，让电子游戏为孩子助力》
作者：叶壮

探索电子游戏可能给孩子带来的成长红利；了解科学实用的电子游戏管理方案；解决因电子游戏引发的亲子冲突；学会选择对孩子有益的优质游戏

## 《超实用儿童心理学：儿童心理和行为背后的真相》
作者：托德老师

喜马拉雅爆款育儿课程精华，包含儿童语言、认知、个性、情绪、行为、社交六大模块，精益父母、老师的实操手册；3年内改变了300万个家庭对儿童心理学的认知；中南大学临床心理学博士、国内知名儿童心理专家托德老师新作

更多>>>　《正念亲子游戏：让孩子更专注、更聪明、更友善的60个游戏》作者：[美] 苏珊·凯瑟·葛凌兰 译者：周玥 朱莉
　　　　　《正念亲子游戏卡》作者：[美] 苏珊·凯瑟·葛凌兰 等 译者：周玥 朱莉
　　　　　《女孩养育指南：心理学家给父母的12条建议》作者：[美] 凯蒂·赫尔利 等 译者：赵菁

# 心理学教材

## 《发展心理学：探索人生发展的轨迹（原书第3版）》

作者：[美]罗伯特 S. 费尔德曼 译者：苏彦捷 等

哥伦比亚大学、明尼苏达大学等美国500所大学正在使用，美国畅销的心理与行为科学研究方法教材，出版30余年，已更新至第11版，学生与教师的研究指导手册

## 《儿童发展心理学：费尔德曼带你开启孩子的成长之旅（原书第8版）》

作者：[美]罗伯特·S.费尔德曼 译者：苏彦捷 等

全面、综合介绍了儿童和青少年的发展。北京大学心理与认知科学学院苏彦捷教授领衔翻译；享誉国际的发展心理学大师费尔德曼代表；作哈佛大学等数百所美国高校采用的经典教材；畅销多年、数次再版，全球超过250万学生使用

## 《发展心理学：桑特洛克带你游历人的一生（原书第5版）》

作者：[美]约翰·W.桑特洛克 译者：倪萍萍 翟舒怡 李瑷媛 等

全美畅销发展心理学教材，作者30余年发展心理学授课精华，南加利福尼亚大学、密歇根大学安娜堡分校等美国高校采用的经典教材

## 《教育心理学：主动学习版（原书第13版）》

作者：[美]安妮塔·伍尔福克 译者：伍新春 董琼 程亚华

国际著名教育心理学家、美国心理学会（APA）教育心理学分会前主席安妮塔·伍尔福克代表作；北京师范大学心理学部伍新春教授领衔翻译

## 《教育心理学：激发自主学习的兴趣（原书第2版）》

作者：[美]莉萨·博林 谢里尔·西塞罗 德温 马拉·里斯-韦伯

译者：连榕 缪佩君 陈坚 林荣茂 等

第一部模块化的教育心理学教材；国内外广受好评的教育心理学教科书；集实用性、创新性、前沿性于一体。本书针对儿童早期、小学、初中、高中各年龄阶段的学生，分模块讲解各种教育策略的应用。根据各阶段学生的典型特征，各部分均设置了相关的生动案例，使读者可以有效地将理论和实践结合起来

更多>>> 《斯滕伯格教育心理学（原书第2版）》 作者：[美]罗伯特J.斯滕伯格 温迪M.威廉姆斯 译者：姚梅林 张厚粲 等

# 高效学习

## 《刻意练习：如何从新手到大师》

作者：[美] 安德斯·艾利克森 罗伯特·普尔 译者：王正林

销量达200万册！
杰出不是一种天赋，而是一种人人都可以学会的技巧
科学研究发现的强大学习法，成为任何领域杰出人物的黄金法则

## 《学习之道》

作者：[美] 芭芭拉·奥克利 译者：教育无边界字幕组

科学学习入门的经典作品，是一本真正面向大众、指导实践并且科学可信的学习方法手册。作者芭芭拉本科专业（居然）是俄语。从小学到高中数理成绩一路垫底，为了应付职场生活，不得不自主学习大量新鲜知识，甚至是让人头疼的数学知识。放下工作，回到学校，竟然成为工程学博士，后留校任教授

## 《如何高效学习》

作者：[加] 斯科特·扬 译者：程冕

如何花费更少时间学到更多知识？因高效学习而成名的"学神"斯科特·扬，曾10天搞定线性代数，1年学完MIT4年33门课程。掌握书中的"整体性学习法"，你也将成为超级学霸

## 《科学学习：斯坦福黄金学习法则》

作者：[美] 丹尼尔·L.施瓦茨 等 译者：郭曼文

学习新境界，人生新高度。源自斯坦福大学广受欢迎的经典学习课。斯坦福教育学院院长、学习科学专家力作；精选26种黄金学习法则，有效解决任何学习问题

## 《学会如何学习》

作者：[美] 芭芭拉·奥克利 等 译者：汪幼枫

畅销书《学习之道》青少年版；芭芭拉·奥克利博士揭示如何科学使用大脑，高效学习，让"学渣"秒变"学霸"体质，随书赠思维导图；北京考试报特约专家郭俊彬博士、少年商学院联合创始人Evan、秋叶、孙思远、彭小六、陈章鱼诚意推荐

更多>>> 《如何高效记忆》 作者：[美] 肯尼思·希格比 译者：余彬晶
《练习的心态：如何培养耐心、专注和自律》 作者：[美] 托马斯·M.斯特纳 译者：王正林
《超级学霸:受用终身的速效学习法》 作者：[挪威] 奥拉夫·舍韦 译者：李文婷